Vincent van Gogh, geboren am 30. März 1853 in Groot-Zundert/Nord-Brabant, ist am 27. Juli 1890 in Auvers-sur-Oise gestorben.

Julius Meier-Graefe, geboren am 10. Juni 1867 in Resitz Banat, ist am 5. Juni 1935 in Vevey gestorben.

»Es kann heute nützlich erscheinen, das Schicksal Vincent van Goghs zu verbreiten, da seine Erlebnisse aus dem Schoße unserer Zeit stammen, aus der Reibung mit Faktoren, mit denen heute jeder mit Bewußtsein Lebende zu tun hat.« Und so geht es denn auch Julius Meier-Graefe in seinem Werk vorrangig darum, das Schicksal – worin sich die allumfassende Menschenliebe Vincent van Goghs offenbart – eines Malers zu schildern, dessen mit Bitternissen übervolles Dasein an die Grenzen des Märtyrertums schritt und dennoch demütig und ohne Klage getragen wurde; verfolgt wird die grandiose Unternehmung eines im Grunde als Notbehelf sich der Malerei zuwendenden Holländers, der für diese Kunstgattung zum rechten Zeitpunkt die »vom Instinkt der Zeit am dringendsten verlangte Losung« findet und alle »letzten Werte der Gegenwart« im Pariser Farbentaumel binnen zwei Jahren summiert.

»Wohl sind auch seine Bilder in das Museum gewandert. Von dem Menschen aber ist ein Stück übriggeblieben, eine Legende. Die Legendenbildung zu fördern ist der Zweck des Buches Vincent. Denn nichts ist uns nötiger als neue Symbole, Legenden eines Menschtums aus unseren Lenden.«

Meier-Graefe

insel taschenbuch 1015

Meier-Graefe

Vincent van Gogh

Julius Meier-Graefe

Vincent van Gogh

Mit farbigen Abbildungen

Insel Verlag

Für meinen Sohn Tyll

insel taschenbuch 1015
Erste Auflage 1987

Vertrieb durch den Suhrkamp Taschenbuch Verlag
Umschlag nach Entwürfen von Willy Fleckhaus
Satz: LibroSatz, Kriftel
Druck: Nomos Verlagsgesellschaft, Baden-Baden
Printed in Germany

1 2 3 4 5 6 – 92 91 90 89 88 87

Vincent van Gogh

Vorwort

Es kann heute nützlich erscheinen, das Schicksal Vincent van Goghs zu verbreiten, da seine Erlebnisse aus dem Schoße unserer Zeit stammen, aus der Reibung mit Faktoren, mit denen heute jeder mit Bewußtsein Lebende zu tun hat. Van Gogh hat uns etwas vorgemacht, das uns alle angeht, nicht nur Künstler und Literaten, nicht nur Kunstfreunde und Kenner; die am wenigsten. Alle Menschen, die sich nicht widerstandslos dem großen Treibeis unterwerfen, geht er an, alle Sehnsüchtigen, alle Bedrückten, alle Erniedrigten und Beleidigten, alle Glücklichen, die eine Hoffnung schwellt. Er hat uns mehr als Bilder vorgemacht. Die Bilder ahmte man nach und glaubte damit genug zu tun. Die Bilder kaufte man, hängte sie an geputzte Wände und bildete sich ein, ihm damit näher zu kommen. Flinke Finger vergriffen sich an Symbolen eines Kults und faßten nichts. Es ist besser, die Bilder wegzulassen. Sie sind doch nur Fackeln der Straße, die er zufällig schritt, und ihr Zierat begrenzt das Maßlose seines Herzens.

Ein maßloses Herz brauchte er, um gegen die ungeheure Mauer anzurennen, die er selbst aufbauen half. Es steckt harte Gegenwart in seiner Kunst, der Verzicht eines rationalistisch Geschulten. Und zugleich steckt der Anprall empörerischer Leidenschaft darin. Ja, diese Leidenschaft übertrifft den Verzicht gleich ausbrechenden Flammen, aber mischt sich mit Scherben, die sie zerbrach, und höher erhebt uns der Anblick des trophäenlosen Kämpfers, der durch ein mit Bitterkeit überfülltes

* Vor einigen Jahren erschien mein »Vincent« als zweibändiges Werk großen Formats. Der zweite Band enthält eine Auswahl der Werke des Malers. Schon damals war eine wohlfeile Ausgabe ohne Bilder geplant. Das vorliegende Buch ist der stellenweise überarbeitete Text jener großen Ausgabe.

Dasein bis an die äußersten Grenzen des Märtyrertums schritt, bis zuletzt demütig und ohne Klage.

Den Schreiter haben wir vor Augen, der mit jeder Regung, mit jedem Gedanken, jedem Wort nach dem Heil seiner Seele, nach dem Heil für uns alle schritt. Für uns alle! Es gehört zünftige Dialektik dazu, um in der Hingabe größerer Genies an ihre Kunst Altruismus zu erkennen und einen Cézanne, der tobte, wenn ihn jemand ansprach, für einen Menschenfreund zu halten. Eine notwendige und durchaus sittliche Dialektik, ich weiß. Was bleibt, wenn wir sie drangäben und zum Beispiel Cézanne für einen Maniak hielten, der mit seiner Manie auch uns, anderen Maniaks, Vergnügen bereitet? Beileibe nicht daran rühren! Aber man bringe diese Dialektik den Freunden van Goghs bei, den Aardappeleters und den holländischen Webern, in deren Hütten sich der Winkel für ihn fand, dem Postboten in Arles, der Kneipenwirtin und den arlesischen Mädchen aus dem Freudenhaus. Sie verstanden ganz gewiß seine Bilder ebensowenig wie die des Menschenfreunds in Aix, aber er selbst, der sonderbare Mensch mit dem roten Haar, ging ihnen auf. Auch sein Wahn schreckte sie nicht zu sehr. Solche Leute wissen damit umzugehen. Höchstens schreckte sie der Wahn in seinen Bildern, den unsere überlegene Ästhetik für den Gipfel der Gesundheit hält.

Man dürfte ihn nicht danach fragen. Täte man es, bekäme die Dialektik einen Sprung, denn er erklärte das Menschenmachen für besser als die Bilder-Konfektion. Für dieses Wort lieben wir ihn. Das Wort wiegt schwerer als viele Bilder. Manche Worte haben Kräfte, die kein Bild erreicht, wenigstens keins unserer Zeit. Van Gogh hatte viele solche Worte. Sie saßen in ihm drin in tieferen Gründen als die Bilder, die nur ein Ersatz für sie waren. Haben wirklich die Bilder das, was er sagen wollte, verständlich gemacht? Malte er jedes Wort an den Bruder? Zum Beispiel, den Brief aus dem Loch im Borinage?

Man darf daher nicht so liebhaberhaft sein, ihn neben Maler zu stellen, am wenigsten neben Maler unserer Zeit, zu denen er von Rechts wegen gehört. Sie haben schließlich alle so gut wie er gestammelt, auch wenn ihr Gestammel viel schöner als das seine, ja, zuweilen wie Harfen klingt, aber hatten nicht seine Worte. Man darf mit keinem Künstler von Beruf kommen, überhaupt mit keinem Berufsmann. Alles, was sie Vollkommenes schaffen, reißt auseinander, was er binden wollte. Je besser sie ihren Wahn betreiben, ob es dies oder jenes ist, desto weniger verständlich stammeln sie. Immer kommt irgendein Fall Gauguin heraus, den man mit allen Kräften der Ästhetik bewundern und mit dem Rasiermesser umbringen möchte.

Wir wissen aber von einem Menschen ohne Ästhetik, der auch solche Worte hatte und die Fähigkeit besaß, sie auszusprechen. Er lebte noch in der Zeit van Goghs, aber unter anderen Breiten, sehr weit entfernt von ihm. Vincent hat nicht einmal seinen Namen gekannt. Dem gleicht er wie der verlorene Sohn seinem Vater. Dieselben Gründe, wo solche Worte wachsen, dieselbe unsinnige Liebe zur Menschheit, die über alles, selbst die eigene Dialektik hinweggeht, dieselbe rauhe Demut, dasselbe ursinnige Christentum. Die Ähnlichkeit ist so überraschend, daß ich einmal allen Ernstes in der holländischen Pastorenfamilie nach Ahnenbeziehungen zu der Rasse des anderen zu suchen begann. Van Gogh mußte russisches Blut haben. Anders vermochte sich mein Verstand das Vorkommen eines zweiten Christen in unserer Christenheit nicht zu erklären.

Auch Dostojewski hat die heilige Glut, die seine Dürftigkeit leuchten macht, aber glüht stärker, von einer reicheren Erde gezeugt, um ein Unendliches größer, mit dem Auge des Sehers begabt. Er sieht die beginnende Vereisung der Welt, die Vincent nie begriffen hat und in seiner noch einfältigeren Demut für seine eigene Häßlichkeit und Schlechtigkeit nahm. Dostojewski erobert sich leidend die Erkenntnis, und nachdem er sie hat, richtet er seine ganze Glut gegen den drohenden Feind und erringt die gewaltige Einheitlichkeit seines Kämpfertums, aus dem wir keine Bilder wegdenken können. Der Dichter nähert sich dem erlösenden Christ, und seine Dichtung wird werktätiges Christentum. Hier gibt es keine Verzichte. Dostojewski hätte nicht, wie Vincent mit letzter Besinnung sagte, lieber Heiligengestalten als Kohlköpfe malen wollen, sondern malte tatsächlich Heilige mit den Zügen der Menschen von heute. Er erneute die Legende, und mit ihrer Vollendung fällt die letzte Scheidewand zwischen ihm und den anderen, und der Dichter eines Volkes, der Prophet, der Vater eines Volkes und der Dichter der Gegenwart steht vor uns. Dazu gehörte außer der Kraft Dostojewskis noch etwas anderes, das ein Vincent, wenn er sich verhundertfacht hätte, nie erreichen konnte, am wenigsten als Maler. Rußland gehörte dazu. Weil es dergleichen nicht für ihn gibt, daher der fortwährende, kraftverzehrende Berufswechsel, daher das Drama. Dostojewski bleibt immer in demselben Beruf, und der Beruf rückt ihm nicht näher als er erlaubt. Vor allem Russe, dann erst Dichter. Die vollendete Dichtung ist vollendetes Russentum. In jedem Augenblick ist er bereit, den Roman hinzuwerfen, nicht um das Schreiben aufzugeben – nie denkt er daran –, sondern um eine andere Schriftstellerei, die schneller zum Volke führt, Journalistentum, Zeitungsmache, Korrespondenz zu treiben. *L'art pour l'art?* Nur der verfaulte Westen kann solche Formeln ersinnen. Allenfalls hätte den ehrgeizigen Jungen solche Doktrin gelockt. Sehr bald schmilzt seine durch Erlebnis vergrößerte Glut das Glashaus abstrakten Künstlertums, und die Eigensucht weicht der Demut des Helfers. Lieber sentimental, lieber Schiller, denn man kann nicht genug Gefühl aufnehmen. Nicht ästhetische Einsicht kämpft gegen die Schlacken der Romantik, sondern die Inbrunst der Selbstentäußerung. An Stelle des überwundenen Gefühls tritt nicht kalte Sachlichkeit, die mit Feststellung, dem Zeitvertreib des Westens, genug hat, sondern größeres Gefühl, das der letzten Formulierung immer wieder entgeht. Je weiter Dostojewski fortschreitet, desto mehr Tendenz nimmt er auf. Ganze Romane werden der Tendenz geopfert. Immer, selbst in den reifsten, bleibt ein volkstümliches Stück Handlung, dieses Gerippe aus Hintertreppe und Film, das jeden Leser, ob hoch oder niedrig, umklammert. Und erst wenn der Leser gepackt ist, füllt er ihn mit unerhörter Dichtung. Die Tendenz erlangt schließlich solchen Umfang, daß sie in das Allmenschliche, das Allkünstlerische übergeht.

Vincent wird den entgegengesetzten Weg getrieben. Wenn er endlich nach allen Irrgängen zur Kunst kommt, umschlingt er sie mit dem krampfhaften Griff des Schiffbrüchigen um die treibende Planke. Alles, was ihm versagt wurde, Lehren, Priesterberuf, Vaterhaus, Liebe zu Frau und Kind, Freundschaft, Bruderschaft, alles bürgerliche und geistige Dasein, Alltag, Festtag, alles steckt in der treibenden Planke. Noch wehrt er sich gegen naheliegende Folgen des Berufs und verbietet sich die Kritik der Malerei von Künstlern, deren Gefühle zu ihm sprechen. Er geht noch weiter als der andere und verehrt oft Genossen der bescheidensten Art. Er kämpft gegen die Abstraktion, gewinnt die denkbar einfachste Form der Malerei und bildet sich ein, sie könne Armen und Einfältigen zugänglich werden. Die Angst um die fliehende Zeit reißt ihn hin, und die

Krankheit droht. Die Kunst ist der letzte Hort gegen das Unheil. Da hört die Malerei auf, Mittel zu sein. Da werden Bilder zu Schreien, die man mit letzter Kraft melodisch machen möchte. Da wird Kunst nicht Weg zu Gott, sondern Gott selbst. *L'art pour l'art.*

Nicht Menschenschicksale, sondern Geschicke von Kulturen stehen hier einander gegenüber. Die Breitendifferenz bedeutet nicht viel. Man kann sich den vaterlandsfrohen Russen als Vorgänger des vaterlandslosen Holländers denken, der zum tanzenden Punkt im Chaos wurde, und alles andere folgt von selbst. Außer diesem einen Unterschied gleicht sich das übrige in dem Leben beider. Dostojewski hat Vincents Los vorausgesehen, und Vincent hat von Dostojewskis Schicksal entscheidende Seiten erlebt. Zusammen! ist das glühende Verlangen beider. Mensch, laß mich zu Dir! Mag ich schlecht und häßlich, magst Du klein und dumm sein, umarme mich, laß mich Dich umfangen! Ist unsere Hingabe vollkommen, muß sie zu einer Wiedergeburt führen.

Vincent wirbt um drei Frauen, die er liebt oder zu lieben glaubt. Auch Dostojewski hat um drei Frauen geworben und ist mit zweien beispiellos unglücklich gewesen. Mit der dritten, die unverhältnismäßig jünger als er war, hat er bis an sein Ende eine ideale Ehe geführt. Vincent war in einem finsteren Augenblick seines Daseins, als alle bürgerlichen Möglichkeiten erschöpft waren, genötigt, sich die dritte von der Straße zu holen, gleich dem Mörder Raskolnikoff, dem die Reinheit einer Dirne aufging. Sonja gab dem Mörder das Zusammen und führte ihn zur Auferstehung. Die Dritte Vincents gab ihm ihre Unreinheit und machte ihn krank. Seitdem verzichtete er auf die Ehe.

Dostojewski, dessen verhaßter Vater von aufgebrachten Leibeigenen getötet wurde, hätte der Vater sein können, nach dem den Pastorensohn verlangte. Hier, nur hier, nicht in dem protestantischen Pfarrhaus, gab es die Atmosphäre, die der Rastlose suchte. Dostojewski war der ideale Bruder Theo und hätte bei keiner Genossenschaft, bei keiner Verschwörung versagt. Denn auch Vincent hatte seine Verschwörung, und daß er bei der seinen Anführer und Bande in einer Person war, das machte seine Strafe nicht geringer. Er kam so gut wie der andere in sein Sibirien. War seine Katorga weniger furchtbar als das Zuchthaus in Omsk? – Es fiel dem Russen nicht leicht, Ketten zu tragen und mit dem Mordgesindel, mit dem man ihn einsperrte, fertig zu werden. Wenn aber Vincent die Memoiren aus seinem Totenhaus geschrieben hätte, würde man Omsk für einen Luftkurort halten. Mit dem Mordgesindel gab es immer noch zu diskutieren, und ein Dostojewski lernte es. Es gehörte nicht einmal Genie dazu. Nach und nach entdeckt man Menschen unter den Kettenbrüdern, womöglich Kinder. Und wäre es nur die Kette, schon gäbe es Verbindung. Eines Tages entdeckt man sein Volk in der Katorga, und der Fund stählt Leib und Seele, entflammt den Entdecker. In der Katorga Vincents hausten Verrückte, und das einzig mögliche Zusammen mit ihnen war die Umnachtung des Tiers.

Dies der Unterschied. Die beiden Katorgas bestimmen genau die Schicksale der beiden Verschwörer, den unpersönlichen Unterschied zwischen Ost und West. Nur hier scheiden sie sich. Alles andere, zum Beispiel, daß den Russen epileptische Anfälle zwangen, sich einzurichten, daß Vincent mit einer etwas weitergehenden Krankheit zu rechnen hatte, das bedeutet nicht viel. Aber der Unterschied zwischen den anderen, die sie umgaben. Grauenhafter Unterschied! Man zögert, das Unpersönliche des Gedankens zu Ende zu denken. Sie regen sich doch noch bei Dostojewski, die Kettenbrüder, regen sich gewaltig. Die Kerzen erloschen aus Mangel an Sauerstoff, so drängte sich die Menge um den Katafalk. Kein Zar wurde so begraben. Solange es Gedemütigte und Beleidigte und Hoffnung auf Erden gibt, wird man sich um ihn drängen. Um Vincent gähnt die Leere. In seinem Kellerloch grinsen undeutbare Schrecken. Da malt man. Zypressen lodern entsetzt zum Himmel. Wolken schreien, von Furien gejagt. Da greift der Maler zum Messer. Vincent malt Sonnen und wird zum Mörder. Dostojewski malt Mord, und sein Leben geht in die Sonne. Es ist ja nicht wahr, daß er unglücklich war. Nur verrückte Dialektiker können dergleichen ersinnen. Nie hat es einen Glücklicheren gegeben. Wie hätte er sonst den Gipfel der Dichtung erreicht und wäre bis zum letzten Atemzug gestiegen? Das Glück bricht durch sein Schicksal wie Licht durch purpurnes Glas. Nicht einmal Vincent darf unglücklich genannt werden.

Sie starben mit ähnlichen Worten auf den Lippen. Aus Dostojewskis Herzen floß langsam das Blut und düngte die Erde seiner Heimat. Vincent schoß sich eine Kugel in den Leib, und seine Kunst kam ins Museum. Deshalb ist es gut, die Bilder wegzulassen.

Keiner von beiden scheint das Schicksal unserer Welt – wenn davon zu reden erlaubt ist – aufhalten zu können. Auch Dostojewski nicht, der stärkste Kämpfer gegen das Unheil. Das bleibt abzuwarten. Beide haben das Unheil kommen gesehen. Auch Vincent. Die Glut ihres heißen Menschentums ist noch nicht in die Menge gedrungen. Noch ergötzt man sich an ihren Bildern und Geschichten, und die gewaltige Lehre ihrer Schicksale bleibt ungehört. Sie heißt: Zusammen! Und wenn schon das zu eindeutig klingt, so nenne man sie Glut. Wenn es einen Ausweg aus unserer aller Katorga gibt, eins ist sicher:

keine wohltemperierte Ästhetik, kein Wissen, kein Verstand wird uns vor der Vereisung retten, eher noch die Wildheit irgendeines Dämons. Nie und zum wenigsten in diesem Augenblick kann Betrachtung die Glut des Erlebnisses ersetzen. Hüten wir uns vor dem Donnerwort der Apokalypse, das Dostojewski am Schluß seiner »Dämonen« wiederholt: Ich kenne dich und deine Taten, du bist weder kalt noch heiß. O, wenn du doch kalt oder heiß wärest! Dieweil du aber nur lau bist und nicht heiß noch kalt, so speie ich dich aus aus meinem Munde.

Auch dir, mein Junge, dem dieses Buch gehört, kann ich nichts anderes empfehlen. Wenn du einmal erwachsen bist, wird dir vermutlich der Interessenkreis deines Vaters Hekuba sein und du wirst Scharfsinn genug besitzen, um zu bemerken, wie wenig seine idealen Interessen ihn abgehalten haben, zu irren und Unrecht zu tun. Mach es besser, aber werde nicht lau. Wahrscheinlich bedarf deine Generation nicht mehr der Fiktionen, mit denen wir unsere Blößen zu verdecken suchten. Um so dringender werdet ihr die Wärme brauchen. Laß dich nicht lau machen, und vor allem bilde dir nicht ein, wir seien zu heiß gewesen. Versuche dir vorzustellen, daß hinter den abstrakten Dingen, denen wir nachrannten und die uns verführten, die Menschheit steckte, an der wir uns wärmen wollten. Schon uns hat die Lauheit bedroht.

*

Dies ist die Geschichte eines Menschen, der vor kurzem in Holland gelebt hat. Was ihm widerfuhr, was er sagte und tat, ist keine Erfindung, sondern geschah. Er hieß Vincent van Gogh, war, sagt man, Künstler, womit heute im allgemeinen nicht viel gesagt wird. In diesem Falle sagt es ein Drama voll denkwürdiger Begebenheiten, Zeichen und Wunder. Das Stoffliche, obwohl erst vor dreißig Jahren abgelaufen, liegt hinter uns wie die Legende Georgs, des Drachentöters, und andere märchenhafte Dinge. Der Reiz dieses wie jedes gelungenen Stückes beruht auf der Bereitung des Stoffes, auf der Darstellung der Motive des Helden, warum er so handelte, und wie er sich und seine Idee dabei ausdrückte. Und auch dies ist im vorliegenden Falle keine Nachdichtung anderer Hand, sondern im wesentlichen eigenhändiges Werk des Helden, und damit rückt vollends das Stück aus dem Bereich des Gewohnten heraus. Er lebte das Drama und schrieb die Hauptzüge nieder und fügte überdies die Moral in Form von unzweideutigen Symbolen hinzu. Die Niederschrift, der Briefwechsel mit Bruder und Freunden, zumal mit Theo, dem Bruder, wurde längst gedruckt herausgegeben; sowohl im Original wie in deutscher Übersetzung. Er hat übrigens nicht daran gedacht, ein Drama zu leben, noch weniger es mitzuteilen, ja, hat eigentlich das Gegenteil gewollt, gedachte, irgendwo ein kleines Dasein zu führen, ohne zuviel Leid und mit etwas Glück. Das verfehlte er in gleichem Maße, wie ihm das Stück über alles Erwarten gelang.

Die Aufgabe des Verfassers hat sich darauf beschränkt, das Drama von Ballast zu befreien und die Lücken zu ergänzen. Das meiste wurde aus den Briefen geschöpft, und natürlich auch das zwischen den Zeilen Stehende benutzt; der Rest aus den erwähnten Symbolen, den Werken des Malers. Da diese als längst bekannt gelten können, verzichtete man darauf, mit ihnen Kunstgeschichte zu treiben, und begnügte sich mit ihrer mittelbaren und unmittelbaren Rolle im Drama. Ob der Name des Stückes richtig getroffen wurde, steht dahin. Vincent allein ist die treibende Kraft und müßte also als Titel genügen. Um die Zweiheit aber dreht sich das ganze Drama. Daher wäre es vielleicht besser, Vincent und Theo zu sagen und damit den einzigen Menschen zu ehren, der ihm nahe zu kommen versuchte. Theo war sein Bruder, eine Realität und eine mystische Person. Statt Vincent und Theo könnte man auch setzen Vincent und Welt oder auch Vincent und Gott. Jeder mag den Zweiten nach seinem Dafürhalten nennen.

Suchen und Irren

Vincent wurde am 30. März 1853 im Pfarrhaus zu Zundert in Brabant geboren. Der Vater war ein schöner, stiller und gewöhnlicher Mann. Vincent hatte nichts von ihm außer der brennenden Liebe zum Beruf des Geistlichen, die zur Kulisse des ersten Aktes wird. Die Mutter gab ihm Gesicht, Gefühl und die Energien, mit denen er wirtschaften konnte. Nach ihrem Bildnis könnte sie von Bauern stammen, doch kam sie, wie ihr Mann, aus gebildeter Bürgerfamilie. Vincent sah wie ein Bauer aus, den ein nicht eben glücklicher Zufall zum Städter gemacht hat, und der weder das eine noch das andere ist; eine Gattung, die man in Holland häufig findet und die immer unvorteilhaft wirkt. Ein Hungerleider. Sein Drama ist ein Hungerdrama. Er hungert nach allem, nach dem ein Mensch hungern kann, und es trifft sich, daß die Objekte seiner Bedürfnisse ihm nicht so unerschwinglich fern scheinen, um von vornherein als Sondergelüste gelten zu müssen. Verstanden, wie er sie versteht, scheinen sie legitim, vernünftig wie das Recht auf Arbeit und Brot. Sein Auftreten fällt in die Übergangszeit zwischen 1870 und 1890, in der Europa noch Reste gemeinsamer Werte, auf die er rechnete, besaß, vor dem Zusammenbruch aller geistigen Gemeinschaft. Am Anfang steht das Bekenntnis: ich glaube. Dies ist kein Platonismus für den Feierabend, sondern Existenzbedingung, elementar wie leibliche Notdurft und jeder Rücksicht auf das Leibliche übergeordnet. Dafür hungert er zeit seines Lebens. Sobald ihm seine Existenz bewußt wird, beginnt der Hunger und hört nicht mehr auf. Vincent van Gogh trieb damit ein Virtuosentum, das immer neue Gebilde hervorbrachte, neue Auswege, neue Verzichte.

Die Welt schlägt ihn, wie Don Quichotte geschlagen wurde, nur ist Schlag und Abwehr stärkere Aktualität als die Taten der Gestalt des Cervantes. Es ist gar nichts Phantastisches dabei. Beinahe wäre diese Don Quichotterie möglich. Beinahe! Die Spannung aus der Wahrscheinlichkeit ist so groß, der Trieb so mächtig, daß auch nach dem Fall des Helden sein Hunger wie eine Kraft übrigbleibt, nicht weniger unsterblich als der Hunger des Helden der Mancha und nicht weniger erhaben.

Er will zu den Menschen. Das Leben ist nichts für ihn ohne sie. Dieses Thema wird in drei, vier Berufen durchgeführt, und das gibt drei, vier reich variierte Akte. Es wird in seiner Beziehung zu allen Menschen gezeigt: Eltern, Bruder, Geliebte, Lehrer, Freund, und führt bei allen mit Ausnahme des wahlverwandten Bruders zum gleichen tragischen Ausgang. Und der Bruder, die leuchtende Gestalt der anderen Seite, ist auch nur eine relative Ausnahme. Die Kunst war der letzte Beruf. Sie macht ihn eine Weile nach seinem Tode berühmt. Vincent ist in dem uns geläufigen Sinne nie Künstler gewesen. Gehört doch dazu, glaubt man, gesteigertes Selbstgefühl; nichts war bei ihm weniger gesteigert; und Spiel, Lyrik, Erfindung, Talent; alles das war ihm weniger als dem Durchschnitt gegeben. Nur wenn man den Künstler in ganz anderem Sinne auffaßt: als höchste Selbstlosigkeit, Fähigkeit, sich hinzugeben, sich in Menschheit und Welt restlos zu lösen, als moralische Person, der nichts als das Gewissen, ein von immer tieferer Einsicht in Natur und Gesetz geläutertes Gewissen, Ziele gibt, dann freilich ist er Künstler und der größte unserer Zeit gewesen.

Er beginnt nach dürftiger Schulbildung mit sechzehn Jahren als Kunsthändler. Nicht etwa aus Notbehelf wie einer, dem schöpferisches Vermögen verschlossen ist und der wenigstens irgendwie mit der Kunst zu tun haben möchte, um vielleicht auf diesem Wege nachher Künstler zu werden. Er denkt nicht einmal daran, das Schöpferische zu wünschen. Er hat auch nicht wie andere seine Schulhefte statt mit Latein oder Algebra mit Zeichnungen gefüllt. Diese als Norm geltende Genesis des Künstlers ist auszuscheiden. Mehr oder weniger äußere Umstände führen ihn zum Kunstgeschäft. Drei seiner Onkel väterlicherseits sind Kunsthändler. Von dem bedeutendsten hat er den Namen. Der Onkel führt im Haag die Filiale der berühmten Firma Goupil. Da die Eltern mittellos sind und der reiche Onkel einwilligt, wird Vincent dort Lehrling. Hätte der Onkel ein Kohlengeschäft, wäre es geradeso. Sofort freilich zündet in dem Jungen die oberflächliche Berührung mit dem Ideal. Er sieht in der Kunst etwas Hohes, das jeden fördern muß; aber findet das Hohe keineswegs nur in der Kunst, findet es zum Beispiel im Stand des Vaters viel reiner und überzeugender, aber findet in der Kunst nichts anderes. Beruf spürt er nur zum geistlichen Amt des Vaters. Priester möchte er werden, und nur Scheu vor dem Heiligen, dem sich so ein häßlicher und niedriger Mensch wie er nicht nahen darf, Bescheidenheit, Unreife, Not, hält ihn ab, sich sofort für Gott zu entscheiden. Normaler Trott der Lehrlingsjahre, aber sobald der junge Mensch irgendwie mitreden darf, wird der Kunsthandel für ihn zur Aufgabe, jenes Hohe, das ihm die Kunst offenbart, auf seine Art zu verkünden. Es trifft sich, daß das Hohe, wie seine Unerfahrenheit es versteht, in Dingen stecken kann, die Qualität haben und im Geschäft des Onkels geführt werden. Er findet es aber auch in höchst zweifelhaften Dingen. Jules Breton steht neben Rembrandt, und über Millet ist er nie hinausgekommen. Machwerke von Pfuschern mit bedeutungsvollen Motiven begeistern ihn. Vier Jahre bleibt er in dem Haager Geschäft. Eine gute Zeit. Es ist keine geringe Ehre, in einem so vornehmen Geschäft angestellt zu sein. Es geht würdig und großartig zu. Man ist wie in einem Schiff mit Spiegeln und getäfelten Wänden und fährt leicht durch die Welt. Dazu ein stilles, behagliches Zuhause zwischen Vater und Mutter, und in dem jungen Theo wächst ein Vertrauter heran, mit dem man sich schon in vielen ernsten Dingen einig weiß. Theo ist der bedächtigere der beiden. Auch er will in den Kunsthandel und soll demnächst in die Brüsseler Filiale. Er hat Augen und faßt schnell, und die Lehren des Bruders gehen ihm ein. Man dient einem hohen Geiste in so einem Geschäft, lernt edelstes Menschenwerk kennen und muß des Dienstes würdig sein. Der Handel mit Kunstwerken gehört zur Kunst, nicht zum gewohnten Kampf um Mein und Dein; ein Amt, eine Brücke zwischen Künstler und Laien, voll Verantwortung. Vielleicht kann man mit der Zeit einen weltfremden Meister der materiellen Sorge entbürden und ihm mit vertrauter Hingabe den Weg zur Gemeinde bahnen. Große Pläne. Auf abendlichen Spaziergängen werden Menschheitsprobleme besprochen. Theo neigt zur Skepsis. Kunst und Welt sind feindliche Mächte, die nur ein Kompromiß versöhnen kann. Vincent erblickt in der Kunst gereinigte und verdichtete Menschheit. Feindseligkeit zwischen Welt und Kunst müßte eine wie die andere zerstören. Warum sollte das sein? Da doch die Menschen von Natur nicht schlecht sind und die Kunst schön ist. Nur wissen viele Menschen nichts von Kunst, leben im Dunkel. Man muß sie ins Licht führen. Auch wissen sie nichts vom Guten. Deshalb sündigen sie. Man muß ihnen das Gute zeigen. – Einmal wandeln sie zusammen nach der Rijswijker Mühle. Wenn in jedem Lande nur zehn Menschen sich zusammentäten, ganz einfach mit der Absicht, für das Gute zu wirken, würde die Welt wie eine Blume erblühen. Bei der Mühle versprechen sich die Brüder, ihr Leben lang nur das

Gute zu wollen. Ob man das Gute erreicht, steht dahin, aber wollen kann man, alle seine Kraft in den Willen legen. – Ein Gelöbnis.

Mit zwanzig Jahren wird Vincent über Paris in die Filiale nach London geschickt. Er trägt einen Zylinder wie die anderen Engländer und wird ein tadelloser Kommis. In den Freistunden wird gelesen. Er liebt leidenschaftlich die Bücher der Dichter. Die Abende bei den Damen, die ihn in Kost haben, sind wunderbar. Man spricht über die Bücher. Es ist da ein junges Mädchen, ein Engel. Sie hat kleine Kinder um sich, die sie erzieht. Herrlich, ihr zuzusehen! Ein unerhörtes Glück, so ein wunderbares Geschöpf zu lieben! Wenn dergleichen nicht außer dem Bereich des Denkbaren läge, könnte man Künstler werden. Aus Glück, weil es den Sinn drängt, die Seligkeit, irgendwie hinzumalen, aus inbrünstigem Mitteilungstrieb. Er zeichnet sein Zimmer, um die Seinen an seinem Londoner Dasein teilnehmen zu lassen, weil die Briefe nicht ausreichen. Gott im Himmel, wie schön ist die Welt! – Ursula heißt das Mädchen.

Das war nicht sein Weg. Eines Tages, nach Monaten voller Seligkeit, stellt sich heraus: das Mädchen ist längst mit einem anderen verlobt. Es ist Vincent nicht eingefallen, sie zu fragen. Es war doch ganz überflüssig zu fragen. Wie kann das Mädchen, das er liebt, ihn nicht widerlieben! Dergleichen hängt doch nicht von persönlichen Umständen, gar vom Zufall ab. Dies ist sein voller Ernst. So denkt einer von der Rijswijker Mühle.

Der banale Anlaß hat unverhältnismäßige Folgen. Der Stachel weckt den Menschen. Sollte man nicht nur zur Seligkeit auf der Welt sein? Der Sorglose wird nachdenklich, zieht sich von seiner Londoner Mitwelt zurück, vergräbt sich in

Bücher. Nicht das Mädchen ist schuld. Kein bitterer Gedanke trifft sie, eher ist er ihr dankbar. Sein unerhört leichtfertiges oberflächliches Verhalten verdiente die Rüge. Sie kam zur rechten Zeit. Nun heißt es umsatteln. Man muß sich bessern, man muß hart zu sich sein, alles selbstische Verlangen abtun. Christus hat uns Beispiele gegeben. An Christus kann man lernen. Dem Kommis, bis dahin einer der Millionen Kommis, wächst ein Gesicht, und das Gesicht verdirbt es mit den Kunden. Er wird nicht etwa träge, im Gegenteil, verdoppelt den Eifer. Er diskutiert mit Amateuren, anstatt ihnen Kupferstiche zu verkaufen, sucht ihre Empfindung zu wecken, pocht an ihren bürgerlichen Panzer und wird störrisch, stößt er auf Unverständnis oder Unwillen. Sein Äußeres wirkt nicht einladend. In dem eckigen Schädel mit dem roten Haar sitzen kleine, flackernde Augen, überwölbt von der rechtwinkligen, übergroßen Stirn. Die Wangen, knochig, treten bald immer schärfer hervor. Der zusammengezogene Mund hält die Worte fest oder wirft sie dem gezwungenen Zuhörer ungeordnet hin. Obach, der gütige Chef, redet ihm zu. Vincent versteht nicht, läßt sich ein, mit dem Chef zu diskutieren. Eines Tages fängt er an, statt von Kunst, von der Bibel zu sprechen. Man verfügt 1875 seine Überweisung in die Pariser Filiale. Aber auch wenn Goupil hundert Filialen hätte, würde es nicht besser. Der Stachel sitzt. In Paris wird der Unterschied zwischen seinem Inneren und dem aufgezwungenen Äußeren zum klaffenden Abgrund. Er lernt den Kunsthandel, diesen »Tulpenhandel«, gründlich kennen und erstarrt in Verachtung. Dem Hölderlin graut vor den Menschen, die Göttliches wie Gewerbe betreiben. Während er am Tage in dem eleganten Geschäft stummer Statist ist, berauscht er sich nachts in seiner stillen Klause auf Montmartre an Kirchengesängen. Wo ist Gott? In dieser großen Stadt suchst du ihn sicher vergebens. Doch, es gibt hier Kunstwerke von reinen Menschen, die nichts von der Stadt wissen wollen, Millet, Corot, Delacroix. Es gibt Räume im Louvre, Tempel des Heiligsten. Gut, daß man sich Photographien von diesen Dingen an die Wände der Mansarde nageln kann, um die Augen vom Schmutz des Tages zu reinigen. Gut, daß es Renan, Michelet, Zola gibt, die das Ohr von den schlimmen Lauten des Tages befreien. Im übrigen raucht man die Pfeife. Mag Bruder Theo es im Kunsthandel besser machen.

Er wird von den Chefs, die ihn nur des holländischen Partners wegen geduldet hatten, gekündigt und atmet erleichtert auf. Man muß ein Amt finden, dem man mit dem Herzen vorstehen kann. Im Frühjahr 76 nimmt er die Stelle eines Sprachlehrers in England an und wird nach kurzer Zeit so etwas wie provisorischer Hilfsprediger an der Methodistenschule in Isleworth. Um in dem Beruf vorwärtszukommen, müßte man studieren, Examina machen. Aber gibt es für das, was er den Menschen zu sagen hat, wirklich feste Regeln? Man muß es in sich haben. Er hat es. Brennend liegt es ihm auf den Lippen, aber bleibt da, gelangt nicht zum Ausdruck. Die anderen nehmen es für Hochmut, und seine störrische Art bestätigt den Verdacht. Er hat Kopf und Herz voll und kann es nicht loswerden. Schriftlich ginge es schon. Wenn er allen schreiben könnte! Vielleicht müßte er Schriftsteller werden? Die Korrespondenz mit den Seinen in Holland, warme Briefe voll hingebender Fürsorge, ersetzt ihm die Aussprache mit seiner Umgebung. Steht er den Seinen aber einmal in Fleisch und Blut gegenüber, streitet er und ist überempfindlich, hängt sich an Kleinigkeiten, wird rauh und plump. Schon rächt sich die Abgeschiedenheit seines Daseins. Den starkknochigen Menschen, dessen Säfte kochen, dessen Kräfte robuster Tätigkeit bedürften, narrt das bedruckte Papier. Er verkehrt mit der Welt nur mittels Büchern, Briefen, Abbildungen, kühlt seine Sehnsucht mit religiösen Erbauungen. Gedanken sind seine Nahrung. Wie soll das weitergehen?

Den Eltern macht der Junge, der mit zwanzig Jahren ein weltfremder Sonderling geworden ist, schwere Sorgen. Die Einfalt der Mutter ahnt, was ihm nottäte. »Er müßte in der Natur oder in der Kunst arbeiten«, schreibt sie und nennt damit die beiden großen Heilmittel, nach denen der Instinkt Vincents verlangt, während den Geist mönchische Sehnsucht martert. An beides ist nicht zu denken. Wohl liebt er die Natur, und die Kunst ist der Thron Gottes, aber daran dürfen nur Auserwählte die Hände legen. Er ist viel zu schlecht. Ihm kann nur die Religion helfen. Das Religiöse ist ihm keine eng formalisierte Moral, eher Heroenglaube: Christus, der Held aus dem Stall, der unendlich lieben konnte und mit dieser Fähigkeit der Menschheit eine Gemeinschaft gab, ist das erhabene Vorbild. Er fühlt in sich ähnliche Anlagen zur Liebe, könnte alles für dieses Gefühl hingeben und verzweifelt, daß er infolge seiner Rauheit und Plumpheit, infolge seines Gesichts, eines Makels, eines Geburtsfehlers die Anlage nicht zu nützen vermag. Die Menschen, denen er sich nähern will, hält etwas Fremdes, Sonderbares an seinem Habitus zurück. Allein fühlt er die Anlage wie Flammen. Bei jedem Schritt zu den Menschen hemmt ihn das Unbekannte und verwandelt seine Liebe in Kälte und Hohn. Er liest die Heilige Schrift, um den Fehler zu überwinden. Von Christus lernen, wie man lieben muß! Künstler haben auch diese Anlage. In Büchern über Künstler sucht er das Geheimnis. Jedes Wort Millets ist ihm vertraut. Jules Breton steht ihm so nahe, weil Breton malte und schrieb. Der rein sinnliche Reflex der Malerei allein würde ihm Laster erscheinen. Kunst besteht mit Recht nur als Gleichnis und Folge der Liebe zu Gott. Übrigens entwickelt sich die Erfahrung des Auges. Seine Kritik bessert sich und sein Aufnahmevermögen gewinnt. Er bleibt seinem Breton treu, behält auch alle anderen zweifelhaften Größen, die er einmal gewonnen hat, aber fügt von neuen Werten immer gewähltere hinzu. Nur daß er selbst jemals dergleichen machen könnte, entgeht ihm. Er zeichnet gelegentlich, aber immer nur, um dem Bruder oder den Eltern etwas zu zeigen. Ein Kind zeichnet so. Ohne weiteres erkennt man in den sorgsam hingesetzten Bildchen des Briefschreibers Züge des Autodidakten, aus denen sich der Stil des Künstlers entwickelt. Er mag damals zuweilen im Traum an andere Möglichkeiten der Zeichnung gedacht haben, aber hat sie beim Erwachen wie frevelnde Überhebung, Untreue und Selbstbetäubung verworfen. Er kann nur ein einfältiger »Arbeiter in Christo« werden. Das Ideal wäre so ein ausgeglichener Mensch wie der Vater, der Landpfarrer, den alle Menschen lieben, der in seiner schlichten Schönheit etwas Heiliges hat. Sicher kein Großer in seinem Beruf, sonst würde er nicht immer in den kleinsten Bauernpfarren bleiben, aber rein. Die Worte der Heiligen Schrift fließen wie Musik von seinen Lippen. Er fügt wenig aus Eigenem hinzu; aber es ist auch nicht nötig, dem Worte Christi etwas hinzuzufügen. Der Mensch kann nur Sprachrohr des Heilands sein. Der Mensch kann nur durch reines Handeln die Kraft des heiligen Wortes bestätigen.

In jener Zeit bringt ihn jeder Satz der Bibel in Wallung. Hinter allen Worten der Geistlichen, die ihm im Pfarrhaus begegnen, ahnt er opferfähige Überzeugung. Zumal in jedem Wort des Vaters. Es ist heilige Atmosphäre. Vincent aber fühlt sich unrein. Es muß etwas Unreines an ihm sein, sonst würden die Menschen ihn lieben. Ein Bedürfnis nach Selbstenteignung faßt ihn. Gott suchen! Ein Mensch, der von Gott weiß und ihn nicht zu erlangen sucht, wäre der nicht der größte Verbrecher?

Der Vater kann solchen Drang nicht mißbilligen. Es könnte ihn sogar freuen, einen eifrigen Gottsucher zum Sohn zu haben. Nur erscheint alles, was Vincent unternimmt, zu gewaltsam und übertrieben. Gewiß soll man Gott geben, was man kann, seine Pflicht tun; wenn man Priester ist, seine priesterliche Pflicht; aber soll auch mit dem Möglichen rechnen, mit den Menschen, mit den Umständen. Alles mit Maß! – Es wird jeden Tag schwieriger, mit dem Sohn über Religion zu sprechen. Der übersieht immer alle Umstände, will geraden Weges zu Gott, als ob Gott auf ihn warte. Von Christus geht seine Rede, als wohne er bei ihm in der Kammer, halte private Zwiegespräche mit ihm, wie ein Jünger des Heilands, als seien alle anderen im Dunkel des Irrglaubens befangen, womöglich selbst Leute im Priesterberuf. Es ist Überhebung. Auch beunruhigen den Vater die unvorhergesehenen Exempel für die Liebe Gottes. Alles, was der Alltag bringt, muß dazu herhalten. Sätze keineswegs einwandfreier moderner Dichter werden mit einem Feuer zitiert, als stünden sie in der Bergpredigt. Diese Vermischung des Profanen und des Heiligen gilt dem Pfarrer für Willkür. Willkür auch der Anspruch, im Alltäglichen immer gemäß einem Bekenntnis zu handeln. Überall Übertreibung. Die Liebe zu Gott darf keine Flamme sein, sondern stillwärmende Kohle. Doch fühlt er sich nicht berechtigt, dem Sohn zu widerstreben, der für eine andere Laufbahn kaum geeignet erscheint, und 1877 erlaubt er ihm, Geistlicher zu werden. Nun mag der heiße Christ endlich seine Schwingen entfalten.

Für Vincent ist der Übergang kein Wechsel des Standes, sondern Enthüllung des inneren Berufes. Wenigstens stellt er ihn sich so vor. Mit heiligem Ernst macht er sich an die Aufgabe. Sicher kann er nie so schlicht und rein wie der Vater, aber vielleicht lebendiger bekennen, stärker die Gemeinde hinreißen, rastloser im Dienst außerhalb der Kirche sein. Das alles liegt noch in weiter Ferne. Um Geistlicher zu werden, muß man Theologie studieren. Zum Theologen gehört alles mögliche, und das hat eigentlich mit der Sache blutwenig zu tun. Wohl wäre das Studium der Schrift nach seinem Herzen. Wie hat er schon über manches Wort des Heilands gegrübelt. Da gälte ihm keine Anstrengung zuviel. Aber bevor man zu der Schrift kommt, muß man soundso viel alte Sprachen studieren. Über ein Jahr treibt er in Amsterdam bei einem gütigen Lehrer die Vorbereitung. Es fehlt nicht an gutem Willen, an Fleiß, an Selbstzucht. Nie gönnt er sich die geringste materielle Zerstreuung. Für die wenigen Pfennige, die er erübrigt, werden wie früher Stiche und Photographien nach Bildern gekauft und Bücher von Zola. Und das bedeutet kein Abirren vom Heilsweg. Manche Dichtung, das entgeht dem Vater, ist fromm wie ein Kirchenbuch. Aber das alles erschwert das Studium. Gott zieht ihn von der griechischen Grammatik weg zu den Menschen, zu der Erscheinung. Während er büffelt, blickt ihn Christi Leidensgeschichte in einem Rembrandt an. Was bedarf es dieser komplizierten Syntax, um das Heil zu erkennen? Braucht der Vater fremde Sprachen, um seine Bauern zu trösten? Alle diese Studienregeln sind Konstruktionen von Leuten, die Formeln statt Wesen im Kopf haben, gesellschaftliche Schikanen, gemacht, um zwischen Mensch und Gott, Mensch und Menschheit Mauern zu errichten. Nie würde Christus sie gutheißen. Mit dieser langjährigen Vorbereitung muß der Funke, der zu dem Beruf treibt, erkalten. Manches weckt Argwohn gegen den theologischen Apparat. Man sieht näher in den

Betrieb hinein. Nicht immer stimmt der Geist der Seelenhirten zu ihrem Wort. Manche Frömmigkeit ist gelernte Vokabel, manche ist harte Mauer. Selbst in diesem heiligen Stande wird Göttliches wie Gewerbe betrieben. Hölderlin leidet. Es wäre besser, sich darüber zurückzuhalten, aber es wäre auch unehrlich, Überzeugungen zu verschweigen. Vieles in dem Beruf könnte die Lust dazu dämpfen, doch gehört das vielleicht zur Prüfung. Der Funke bleibt ihm. Ja, er reinigt sich. Seine Frömmigkeit verliert das Überspannte der früheren Heimlichkeiten. Er geht keiner Gelegenheit, von Gott zu reden, aus dem Wege, aber seine Rede sucht tiefere Gänge, und die Gelegenheiten werden immer seltener von pietistischer Schwärmerei geboten, immer häufiger von dem göttlichen Reich der Schöpfung, von der Vollkommenheit in der Natur und von Werken begnadeter Menschen. Seine Briefe dieser Zeit verraten nichts vom Theologen. Es sind in Worte gekleidete Bilder. Mit dem Auge des Bildermanns macht er dem fernen Bruder Farbe und Ton der Landschaft deutlich, immer mit Beispielen aus der Malerei; Kirchen und Hütten wie Bosboem, knollige Bäume wie Dürer in dem und dem Stich, die Farbe einer hügeligen Ebene wie der alte Brueghel, der Heiland wie Rembrandt. Eine flüssige Mischung von Kunst und Natur, von Erleben und Erinnern, von Einfalt und Intellekt. Eine Gestalt, die er selbst nicht kennt, wächst in ihm und möchte über alle Mauern hinweg.

Theo, der immer den Künstler in dem Bruder ahnt, rät, doch das so anschaulich Gesehene gelegentlich zu zeichnen. Ja, antwortet Vincent, man könnte das wohl gelegentlich einmal tun. Und er legt eine Zeichnung von so einem Gang ins Freie bei, eine recht anschauliche Landschaft. »Aber da es mich vielleicht von meiner eigentlichen Arbeit abhalten könnte, ist es besser, nicht damit zu beginnen. Als ich nach Hause kam, begann ich eine Predigt über den unfruchtbaren Feigenbaum. Lukas XII, 1–9.«

Nur müßte man die Arbeit treiben können, wie man sie versteht. Das Studium ist gewiß gut, um den Geist zu üben, und die Theologie ist zumal für Leute gut, die über Religion, nicht in Religion etwas treiben wollen. Er kann kein gelehrter Priester werden. Überdies wäre für die vielen Jahre Universität kein Geld da. Und selbst wenn es da wäre, er kann nicht jahrelang vor Mauern sitzen. Also kein Pastor, aber vielleicht ein Helfer, ein Laienpriester. Gering wie er ist, kann er nur zu Geringen sprechen. Zum Beispiel zu Bergleuten. Diese Menschen unter der Erde, immer im Finstern, werden Sinn für das Licht haben, bedürfen des Lichtes mehr als andere. – In einem kleinen Geographiebuch ist von den geplagten Bewohnern des Borinage im nahen Belgien die Rede. Das müssen merkwürdige Menschen sein. Denen will er das Evangelium bringen. Der Vater willigt notgedrungen ein. Wenn auch der Laienpriester schwerlich dazu beitragen dürfte, das Ansehen der Familie zu vergrößern, findet Sohn Vincent auf diesem Wege wohl das ihm geeignete Ziel. Gott mit ihm!

Aber auch für Missionare bei den Borinage-Leuten gibt es Institutionen und Regeln. Vincent muß ein paar Monate auf die Missionarschule nach Brüssel. Noch einmal zwischen Mauern, aber mit diesen wird man fertigwerden können. Er arbeitet mit Fleiß. Man kann eigentlich gegen ihn nur einen Mangel der Natur einwenden: Er muß seine Predigten ablesen, vermag nicht *par cœur* zu reden. (Oh, wie kränkt ihn dieser Mangel des Herzens!) Im übrigen ist er unter den paar Schülern der beste, hat aber etwas in seinem Wesen, in seiner saloppen Kleidung, das dem bürgerlichen Vorstand nicht behagt. Übrigens scheint auch seine körperliche Widerstandskraft nicht unbegrenzt.

Schon gibt es Nervenkrisen. Immerhin läßt man ihn im Winter 78 provisorisch in das Borinage. Endlich! Van Gogh zieht in den finsteren Distrikt wie ins gelobte Land. Die einfachen Menschen, er hat es vorher gewußt, gefallen ihm, und er gefällt ihnen. Der Bann scheint von ihm genommen. Er hält Bibelstunden, predigt, lehrt, besucht die Kranken, hilft, tröstet. Fast zwei Jahre bleibt er in dem Lande. Es ist für ihn nicht finster. Das Dunkel hat reiche Töne, wird ihm vertraut, als sei er nie draußen gewesen. Diesen Menschen wachsen unter dem Kohlenstaub bessere Gesichter als den Leuten in der Stadt; starke Linien, von Not und Gefahr eingebrannt, überzeugender Ausdruck. Es ist Rohes, Dumpfes in ihnen, nichts Falsches. Und zum ersten Mal Menschen, die ihn nicht nach seiner geringen Sorgfalt in der Kleidung taxieren, mit denen man sich natürlich geben kann, ohne Furcht, vorn und hinten anzustoßen, arm wie er selbst. Inhalt und Form des Verkehrs werden nicht von der Übereinkunft bestimmt, sondern von der Notwendigkeit, und die Schranken liegen jenseits des guten Willens. Hart wie die Leute ihre Arbeit nimmt er seine Pflicht. Er lebt wie sie, womöglich noch dürftiger. Keine Abwechslung kommt in das schwarze Loch, und er möchte am liebsten auf alles, was seinem Geist leichter als dem ihren zum Trost wird, verzichten, um mit seiner Gemeinde eins zu sein.

Es ginge alles gut, wenn der Brüsseler Vorstand nicht wäre. Dem mißfällt, daß der Neuling sich nicht an das Programm hält, sich zu gemein mit den Leuten macht, ihr erbärmliches Leben teilt. Es gibt immer einen Halbwilden unter den Wilden, einen Meister, einen Ingenieur, der in solchen Schwärmern Feinde der Ordnung wittert. Vincent hat schließlich probeweise eine Anstellung erhalten auf sein Versprechen, sich wie ein ordentlicher Seelsorger zu führen. Er hielte es schon, wenn

1. *In der Kirche,* 1881–82

die Not nicht so groß wäre. In dem Dorf sind ein paar Unglückliche noch ärmer als er. Sie leiden, haben nichts zu essen, kein Bett, keine Kleidung. Vincent vergißt den Vorstand, vergißt sein Versprechen, hält sich an die Lehre Christi. Er gibt sein Geld hin, seine Kleider, zuletzt sein Bett. Skandal! Womöglich hat er bei einer Explosion schlagender Wetter im Sommer 79 zu großes Mitgefühl mit den Leuten verraten, womöglich ihnen bei einem Streik, der kurz darauf ausbrach, nicht den Rücken gekehrt. Man kündigt ihm: Er darf nicht mehr predigen.

Damit schließt die Pastorengeschichte. Eine bittere Enttäuschung für den Gottesmann, ein Glück für den Menschen. Der Gottesmann hört nicht etwa auf, beginnt nur eine andere, viel intensivere Phase, entkleidet sich allen überflüssigen Ballasts, auch wohl mancher Rücksicht, ohne die man im Verkehr mit

Menschen, die nicht Borinage-Leute sind, schlecht auskommt. Mit der Kirche ist er fertig, auch mit dem geistlichen Stand seines Vaters. Die schöne Ausgeglichenheit rührt von mangelhafter Beteiligung her. Das Christentum, wie's die ordentlich gekleideten Leute verstehen, ist Schwindel.

Nicht aber die Lehre des Mannes von Nazareth, nicht die Liebe zu den Armen und Bedrängten. Vincent hätte eines anderen Christentums bedurft. Es war längst nicht mehr in seinem Lande zu finden. Der ferne Osten, von dem er nichts ahnte, bewahrte es in den Seelen ringender Menschen. Man denkt eher bei seinen Pastorengeschichten an das Wort aus der Apokalypse, das Dostojewski liebte, das Donnerwort gegen die Lauen, das sein Motto sein könnte. Der Urchrist hat die entheiligte Kirche verworfen.

*

Er bleibt im Borinage. Ja, er liebt diese Menschen, den Arbeiter, in dessen Hütte er wohnt, die kleinen Häuser, dieses harte, gedrückte, nur in den Pausen lachende Dasein. Er redet den Leuten nicht mehr von der Bibel. Gegen alles Gerede ist er mißtrauisch geworden. Er hat kein Amt und keinen Stand mehr, sitzt herum, lungert und hungert. Längst hat er sich gewöhnt, nur von Brot zu leben; auch das fehlt ihm tagelang. So geht es, wenn man nicht im Geleise bleibt. Die Seinen verzweifeln, den Verwahrlosten retten zu können. Selbst Theo, der einzige Hort in der schlimmen Zeit, verliert den Glauben. Es kommt zu scharfen Briefen. Theo ist inzwischen in das Pariser Geschäft versetzt worden, in das Hauptgeschäft, und kommt gut vorwärts. Es liegt nahe, Vergleiche zu ziehen. Theo ist keineswegs eingebildet, aber Tatsache bleibt, er ist im Hauptgeschäft der ersten Firma der Welt, und der ältere Bruder, der viel früher begann und viel begabter ist, dessen Ehrgeiz viel höher zielte, sitzt im Loch, kann nicht heraus, will nicht einmal heraus. Eine Schande! Der Jüngere macht dem älteren ernste Vorwürfe. Was Vincent tut, entbehrt des realen Zwecks. Bücher lesen ist schließlich kein Beruf, und mit der Weltbetrachtung schafft man sich keine Existenz. Die religiösen Geschichten sind nur Ausflüchte. Er will nicht arbeiten. Unter den schönen Worten verbirgt sich Unlust, an dem Leben tätig teilzunehmen, vegetatives Gefallen am Elend. Im Grunde ein Müßiggänger besonderer Art, ein Rentner des Elends. Was er beginnt, wird liegengelassen. Das ist nun schon das dritte Mal. Seit dem Austritt aus dem Kunsthandel ist er immer tiefer heruntergekommen. Die Eltern haben ihm angeboten, ihn nach Holland in die Nähe zu nehmen. Er antwortet nicht einmal auf ihre Briefe. Was treibt er in dem Loch?

Vincent bleibt in dem Loch. Der eine faßt das so auf, der andere so. Es wäre eine Auffassung denkbar, die in der Tätigkeit des Bruders bei den Herren Goupil & Co in Paris – sie verdient alle nur denkbare bürgerliche Achtung – ein noch tieferes Loch erblickte. Vielleicht wäre es ratsam, bevor man über Menschen und Verhältnisse, denen man nicht im geringsten gewachsen ist, urteilt, über sich selbst gründlich nachzudenken.

Theo läßt es sich gesagt sein. Auch der Verkehr mit Holland schläft ein. Was die Seinen verbittert, ist nicht die Unfähigkeit, sondern der offensichtliche Mangel an gutem Willen, auch nur einen Versuch zum Besseren zu machen. Ein Mensch, der so viel schon gekostet hat, dem man von Kindheit an vieles nachsah! Dabei empörende Selbstüberhebung! Man will ihm helfen, wäre es auch nur der Familie wegen, auf der seit Menschengedenken kein Makel liegt. Er will sich aber nicht einmal helfen lassen. Ihr habt mir nur Brot zu geben, meint er zynisch. Habt ihr keines, wüßte ich nicht, was ihr mir sonst geben könntet. Eure Ratschläge sind Stückwerk wie euer ganzes Dasein. Meine Flicken sind auch keineswegs angenehm, aber wenigstens kenne ich sie. Lernt erst einmal die euren kennen.

So etwa seine Meinung. Sagt er sie nicht immer gerade heraus, kann man sie sich aus seinen Brocken unzweideutig zusammenreimen.

Im Frühjahr 80 kommt er plötzlich nach Etten. Guten Tag! Wie geht's? – Als ob nichts geschehen sei. – Der Vater ist geneigt zu verzeihen und spricht vom Gleichnis des verlornen Sohns. Der Sohn bleibt stumm. Der Vater beschwört ihn im Namen des Evangeliums. Vincent macht kehrt, geht zu den Borinage-Leuten zurück, und nun ist er so gut wie verschollen. Monatelang hört man nichts. Von was lebt er? Schwerlich kann es ihm gutgehen. Womöglich verhungert er in seinem Loche. Theo kann das nicht aushalten. Theo hat niemanden in Paris, mit dem er je über Dinge, die ihn einst mit Vincent verbanden, sprechen könnte. Deshalb aber sind die Dinge noch nicht tot, leben irgendwo im Winkel. Natürlich sind sie so, wie man damals dachte, nicht möglich. Man ist klüger geworden, kennt die Realitäten des Lebens. Aber wenn man heute besser Bescheid weiß, ist damit noch nicht gesagt, daß man glücklicher geworden ist als in den Tagen, da man zusammen zur Rijswijker Mühle ging. Im Juli schreibt er dem Bruder, brüderlich in der alten Art. – Vincent, was ist? – Er legt Geld bei für alle Fälle. Vincent sieht das Geld an. Es wäre wohl das Richtige, es zurückzuschicken. Aber es wäre auch ganz angenehm, sich wieder einmal satt zu essen. Es wäre auch gut, wenn Theo, der Bruder, dies und jenes einsehen lernte, sofern ihm überhaupt noch Einsichten möglich und vorteilhaft sind. Dies wird sich herausstellen. Vincent antwortet.

Er bleibt in dem Loch. Ja, ein Loch ist es wohl. Vielleicht muß man immer darin bleiben, vielleicht auch nicht. Er ist ein Tier, das eine Krankheit, eine Mauser durchmacht. Möglich, man verharrt ewig in der Mauser, geht daran zugrunde, oder es wird etwas Neues daraus. Jedenfalls macht man das unter den gegebenen Verhältnissen besser allein ab. Ja, es ist wohl eine sehr sonderbare, langwierige Mauser. Nur das weiß er: »Ich bin ein leidenschaftlicher Mensch, fähig und bestimmt, mehr oder weniger unsinnige Dinge zu tun, die ich dann mehr oder weniger zu bereuen habe . . . Es handelt sich darum, mit allen Mitteln auch aus seinen Leidenschaften Nutzen zu ziehen. So habe ich zum Beispiel das Bedürfnis, ständig etwas zu lernen, und eine nahezu unausrottbare Marotte für Bücher. In einer anderen Umgebung, wo es Bilder und Kunstwerke gab, ergriff mich zu diesen Dingen ein Trieb bis zum Enthusiasmus. Ich bereue das nicht. Jetzt in der Fremde habe ich oft Heimweh nach dem Lande der Bilder. Du erinnerst dich vielleicht, daß ich sehr wohl wußte – vielleicht weiß ich es auch jetzt noch –, was Rembrandt ist oder Millet oder Jules Dupré oder Delacroix oder Millais oder Mathys Maris. Gut, nun habe ich diese Umgebung nicht mehr, aber ein gewisses Etwas, das sich Seele nennt. Man behauptet, diese sterbe niemals, suche und suche immerfort . . . Anstatt also dem Heimweh zu unterliegen, habe ich mir gesagt, Heimat ist überall. Anstatt zu verzweifeln, habe ich die tätige Melancholie gewählt, soweit mir überhaupt Möglichkeiten der Tätigkeit bleiben, Melancholie, die hofft und strebt; habe mehr oder weniger ernstlich die Bücher, die mir zu Gebote standen, studiert, so die Bibel, die französische Revolution von Michelet und im vorigen Winter Shakespeare, ein wenig Viktor Hugo, Dickens und Beecher-Stowe und dann kürzlich Äschylus und andere weniger klassische Leute ... Ein notwendiges Studium ist die Medizin. Es gibt kaum einen Menschen, der nicht ein ganz klein wenig davon zu wissen sucht, nicht wenigstens erfahren möchte, um was es sich handelt, und sieh, ich weiß gar nichts davon. Alles das beschäftigt mich, gibt zu tun, zu sinnen, zu denken. Nun sind es vielleicht schon fünf Jahre, genau weiß ich es nicht, daß ich ohne Stellung herumirre, und du sagst: Seit der und der Zeit bist du gesunken, bist erloschen, hast nichts getan. Stimmt das wirklich? Es ist wahr, ich habe einmal meine Brotrinde verdient, und einmal hat sie mir ein Freund aus Gnade gegeben. Ich habe so gut und so schlecht gelebt, wie ich konnte. Wohl wahr, ich habe das Vertrauen vieler verloren. Meine Geldverhältnisse sind traurig, die Zukunft ist nicht sehr hell. Wohl wahr, ich hätte besseres tun können. Um Brot zu verdienen, habe ich Zeit verloren. Wohl wahr, meine Studien sind ziemlich elend und verzweifelt, und mir fehlt unendlich mehr, als ich besitze. Heißt das Sinken? Heißt das Nichtstun? Ohne Stellung bin ich ganz einfach, weil ich andere Ideen habe als die Herrschaften, die über Stellungen verfügen, und mit aller Kraft meiner Seele an meinen Ideen festzuhalten gedenke ... Du wirst vielleicht fragen, warum bist du nicht auf dem Wege zur Universität geblieben? ... Darauf antworte ich nur: Ich sterbe lieber eines natürlichen Todes, als daß ich mich durch die Universität darauf vorbereite, und ich habe einmal von einem Grasmäher eine Lektion erhalten, die mir nützlicher erschien als ein griechisches Extemporale. Besserung meines Lebens – verlange ich etwa nicht danach? Aber tut einer, der Schwindsucht oder Typhus hat, Unrecht, wenn er behauptet, daß ihm kräftigere Mittel als Gerstensaft dienlich, ja notwendig seien? ... Auf dem Wege, auf dem ich bin, muß ich fortfahren. Tue ich's nicht, suche ich nicht mehr, denke ich nicht mehr, bin ich verloren. Dann wehe mir! So sehe ich die Sache an: Weitermachen, weitermachen, das ist die Hauptsache. – Aber, wirst du fragen, was ist dein eigentliches Ziel? – Nun, das Ziel wird bestimmter werden, langsam und sicher schärfere Formen annehmen, so wie die Zeichnung zur Skizze wird und die Skizze zum Bilde . . . Früher, meinst du, waren wir uns über viele Dinge einig, und neulich hast du mich an den Gang nach der Rijswijker Mühle erinnert. Seitdem hätte ich mich geändert, sei nicht mehr derselbe. – Nun, das ist nicht ganz so. Was sich geändert hat, ist dies: Früher war mein Leben nicht so schwierig, und meine Zukunft schien nicht so düster; aber mein Inneres, meine Art zu sehen und zu denken, hat sich nicht geändert. Oder wenn da doch etwas anderes sein sollte, so wäre es dies, daß ich jetzt viel ernsthafter denke, glaube, liebe, was ich damals auch schon dachte, glaubte und liebte . . .«

Theo hält mit den Eltern Vincents Bücherwut für die Wurzel des Übels und glaubt, er sei den Bildern untreu geworden, weil er damals den Kunsthandel verließ. Theo hat lobenswerte Fortschritte im Kunsthandel gemacht. Folglich hält er Bilder für ersprießliche Dinge. Vincent liebt aber heute die Bilder nicht weniger als früher; nur gibt es vielerlei Dinge, die man lieben muß, und sie hängen alle zusammen. Diese Zusammenhänge zu fassen, scheint ihm die wichtige Aufgabe, ja, die richtige Religion. »Es ist etwas von Rembrandt in Shakespeare, von Correggio in Michelet, und von Delacroix in Viktor Hugo. Und dann ist etwas von Rembrandt im Evangelium oder vom Evangelium in Rembrandt . . . Man muß lesen lernen, wie man sehen und hören lernen muß . . .« Darauf allein kommt es an.

Es mag wohl merkwürdig erscheinen, daß man deshalb in ein Loch geht, aber vielleicht kann man da so gut lernen wie draußen. Möglicherweise wird man hier etwas »abstrakt«, wie Theo behauptet, womöglich etwas liederlich in der Kleidung und in anderen Dingen, die draußen wichtig genommen und dem im Loch vorgeworfen werden. Trotzdem könnte es sein, daß der im Loche das Wesentliche tut, während er nach der Meinung der anderen gar nichts tut, und daß die anderen mit ihren Wichtigkeiten nur Unfug treiben. Vielleicht geht man ins Loch, weil da dunkle Menschen sind und man glaubt, denen wenigstens nahe kommen zu können. Denn alles Sehen-lernen-Wollen ist Sehnsucht. Nun, und wenn nichts anderes, kann man hier wenigstens lernen, daß man unfähig ist, anderen nützlich zu sein, selbst den Genossen im Loch. »Mancher hat ein großes Feuer in der Seele, und niemand kommt, sich daran zu wärmen. Die Vorübergehenden gewahren nur ein wenig Rauch über dem Schornstein und gehen ihres Weges ... Unwillkürlich neige ich immer mehr zu der Überzeugung, daß Viel-lieben bestes Mittel ist, um Gott zu erkennen. Liebe einen Freund, irgend einen, eine Sache, was du willst, du wirst, sage ich mir, auf dem rechten Wege sein, mehr darüber zu erfahren. Aber man muß mit hoher und ganz ernster Sympathie lieben, mit Willen und Intellekt, und man muß immer trachten, eingehender, besser und mehr zu wissen. Das führt zu Gott. Jemand liebt z. B. Rembrandt, aber ernsthaft, und er wird sicher wissen, daß es einen Gott gibt, und fest an ihn glauben. Jemand vertieft sich in die Geschichte der Revolution. Er wird nicht ungläubig sein. Er wird sehen, daß sich in großen Dingen eine souveräne Macht kundtut. Jemand hat kurze Zeit den unentgeltlichen Lehrkursen der großen Universität des Elends beigewohnt, hat aufgemerkt auf die Dinge, die er mit seinen

Augen sieht und mit seinen Ohren hört, und hat darüber nachgedacht. Auch er wird zum Glauben kommen und viel mehr lernen, als er sagen kann. Wer lesen kann, der lese. Hinterher kann man dann für Augenblicke ein wenig abstrakt sein und ein wenig träumen. Ich weiß wohl, manche werden zu abstrakt, träumen zuviel, und so mag es mir vielleicht in den gegenwärtigen Tagen gehen. Man sagt, der Träumer stürzt manchmal in einen Brunnen, aber steigt nachher wieder empor . . .

Außerdem gibt es Tagedieb und Tagedieb. Der eine ist Tagedieb aus Faulheit und Feigheit des Charakters, aus Verworfenheit seiner Natur. Wenn du es richtig findest, magst du mich für so einen halten. Dann gibt es den anderen Müßiggänger, den Nichtstuer wider Willen, der im Innern von großem Verlangen nach der Tat verzehrt wird und nichts tut, weil er nicht in der Lage ist, etwas zu tun, nicht die Mittel zur Produktion besitzt, und mißliche Umstände ihn drücken. So einer weiß nicht einmal selbst immer, was er tun könnte, aber fühlt doch im Instinkt: Ich tauge zu etwas, habe ein Existenzrecht, weiß, ich könnte ein anderer sein. Mit was könnte ich nützen? Für was könnte ich dienen? Irgend etwas steckt in mir. Was ist es? – Dies ist ein ganz anderer Nichtstuer, und wenn du es für recht findest, magst du mich für so einen halten. – Ein Vogel im Käfig weiß sehr gut im Frühling, daß es etwas gibt, für das er tauglich wäre, fühlt sehr wohl, es gäbe etwas zu tun, aber er kann es nicht tun. Was ist es doch gleich? Er erinnert sich nicht mehr genau, hat nur eine dunkle Ahnung. Die anderen, sagt er sich, bauen ihre Nester, machen ihre Jungen, ziehen die Brut. Er zerschlägt sich den Schädel am Gitter des Käfigs, aber der Käfig bleibt, und der Vogel wird toll vor Schmerz. Seht den Tagedieb, sagt ein anderer Vogel im Vorbeifliegen, so ein

Rentner! Der Gefangene bleibt am Leben. Nichts zeigt sich äußerlich von dem, was in seinem Innern vorgeht. Er befindet sich wohl und ist bei Sonnenschein mehr oder weniger munter. Doch die Zeit des Wanderns kommt. Er hat Anfälle von Melancholie. Aber, meinen die Kinder, die den Käfig reinhalten, er hat doch alles, was er braucht. Er jedoch sieht draußen den bewegten, sturmgeladenen Himmel und fühlt in sich den Aufruhr gegen das Schicksal. Ich bin im Käfig, doch fehlt mir nichts, Ihr Dummköpfe! Hab alles, was ich brauche!« –

So denkt er, der müßige Vogel. Es ist aber vielleicht noch eine andere Faulheit in ihm, von der er selbst nichts weiß, Faulheit der jungen »Kohlenbeißer« nordischer Sage, die warten, bis das Schicksal sie ruft. Lungert er nicht in seinem Loch wie ein dumpfer Kohlenbeißer, unfähig, Allerweltsarbeit zu tun, auf die seine wartend? – Freilich ist er nicht mehr so jung und war schon draußen, lief da herum wie ein Wesen ohne Ziel und Weg, weil die richtige Arbeit ohne Mauern, weil Wärme fehlte. Ein Sonnenstrahl täte es. Dies das Ziel des Briefes: »Weißt du, was den Käfig verschwinden läßt? – Jede ernste, tiefe Neigung, Freundschaft, Brüderlichkeit, Liebe. Das öffnet den Käfig mit übermächtigem Zauber. Wer das nicht hat, verharrt im Tode. Wo Sympathie ersteht, da ersteht Leben! . . .« Hier schürzt sich das Drama. Ein Strahl von Rhythmus wird sichtbar, ordnet die träge Masse der Disposition, gibt dem Beiwerk Flügel. Schon wächst die Handlung über den Einzelfall hinaus, greift an das Herz der Menschheit. An diesem Briefe sitzen wir alle als Schreiber oder Empfänger, ob wir Künstler oder etwas anderes sind. Aus dem Maler-Stück, das immer, sei es auch noch so ergreifend, einer einzigen Region angehört, wird allmenschliche Begebenheit. Die Kunst erweist sich als Liebe, höchst gesteigerte Liebe zur Welt, Liebe zum Menschlichen,

Liebe ohne jeden endlichen Zweck. Selbst das Werk ist im Vergleich damit noch endlich. Liebe, dann kannst du Leinwand in blühende Gärten verwandeln, Steine lebendig machen, und deine Worte schreiten durch die Ewigkeit.

Selbst jetzt noch fehlte ihm das Bewußtsein seiner weiteren Möglichkeiten. Nur die primären, die sittlichen, waren ihm klar. Sie sind es, die den Dämmerzustand schöpferischer Pubertät zur Entladung treiben. Die Entladung folgt aus der Alternative: Sein oder Nichtsein. Nicht Talent, nicht Freude am Schönen, nicht Ehrgeiz, sondern das zur Siedehitze gesteigerte Liebesbedürfnis führt zum Künstlertum. Wenn dieser Raffael ohne Hände zur Welt gekommen wäre, so wäre er immer ein Mensch geworden. Ein Künstler steht vor uns, ganz rein von Kunst, unberührt von jedem schwächenden, jedem stärkenden Individualismus, nackt. Nie sah man dergleichen. Mit allen Wirrnissen und Qualen der Mauser behaftet, sagt seine unsterbliche Seele: Was auch der Mensch, der mich beherbergt, anfange, ich und nichts anderes leite ihn. Mein Reich ist nicht von dieser Welt. Liebe brauche ich. Gibt es das Reich? Ich werde es suchen.

Nicht der hohe Kunstwert seiner Bilder bedingt van Goghs Seltenheit. Ungleich geschicktere Hände rührten das Handwerk. Ungleich geeignetere Hirne, von mächtigeren Übereinkünften erzogen, lernten sich besser zu beherrschen und gelangten mit Recht zu universellerer Herrschaft im Reiche der Kunst. Nichts wäre weniger zutreffend, als ihn Meister zu nennen. Dienender, Empfangender ist sein Titel, und seine Seltenheit beruht auf der Gültigkeit dieser Titel, auf der kristallenen Durchsichtigkeit seiner Empfängnis. Denn wo auch immer dieses Mysterium plastisch wird, da empfängt die Welt über alle Freuden des Kunstgenusses hinaus, und das Gelüst des Liebhabers wird klein wie gemeiner Rausch. Auch das beglückendste Sein hat nicht die Würze des Werdens. Viele haben schönere und bedeutendere Bilder gemalt, und es half ihnen nichts, sie mußten in das Museum. Dieser nur, der sich als Künstler, obwohl er sich restlos hingab, weniger vollendete, bleibt bei den Menschen. Was man von ihm im Museum aufhängt, sind seine Orden und Titel. Die Hauptsache bleibt draußen bei den Menschen. Auch sie ist nicht für jeden sichtbar, sondern hockt in einem dunklen Gehäuse, sehr ähnlich jenem Kellerloch des russischen Dichters, der sich auch nicht mit seiner Kunst erschöpfte; immer noch zugänglicher als der gläserne Dachgarten über der Menschheit. Und nur dieses Werden des Menschen im Loch kann Titel der Kunst aus der Vergangenheit, als sie noch Sprecherin der Gemeinde war, an sich reißen. Nur so vermag der Künstlerberuf in unseren Zeiten bildlich, vorbildlich zu werden. So muß man leiden, so verwahrlosen, so sich entkleiden; überall hinhören, alles versuchen, immer suchen, an allem zweifeln und immer das eine, die Glut seines Werdens, behalten. So überwindet der Künstler die Willkür des Punktes im Chaos, besteht das Examen vor Gott, das er früher vor seiner Zunft ablegte, und vermehrt sein moralisches Gewicht um den unentbehrlichen Zusatz, dessen das Kind besser gefügter Jahrhunderte nicht bedurfte. Franzosen werden das Schauspiel nie ganz verstehen und den Ersatz der Form durch Literatur darin wittern. Van Gogh ist in Paris nie heimisch geworden. Länder, die heute leer stehen, sind besser geeignet. Zu der Liebe der Deutschen zu van Gogh mag die Allgemeinheit seiner Not beitragen, die auch ohne nähere Einsicht in die Biographie als Germanen-Schicksal, ein Schicksal wie es noch einmal nur Hans von Marées erlebt hat, geahnt wird.

Theo war kein Bourgeois und besaß in Keimen alle Instinkte

des Einsamen. Er zweifelte nach jenem Briefe nicht mehr an der legitimen Herkunft des Bruders. Einige Monate später findet der Sucher den Weg, den einzigen, der ihm bleibt. Die Kunst ist Ultima ratio seines Hungers. Da er den Leuten im Borinage nicht predigen darf, da ohne irgendeine Predigt die Möglichkeit höherer Gemeinschaft verschlossen ist, nähert er sich ihnen mit dem Ausdruck des Zeichners. Er sichert sich ihren Besitz im Bilde. Alles, was ihm an ihnen und ihren Dingen als Träger des Ausdruckes erscheint, wird mit Blei und Feder festgehalten. Von Stund an ist es aus mit dem Müßiggang des hungernden Rentners. Rastlose Tätigkeit beginnt und hört nie wieder auf. Er ist siebenundzwanzig, hat noch zehn Jahre vor sich. Von denen gehen zwei Drittel auf eine spartanisch minutiöse Ausbildung, gegen die alle Geduldübung der alten Gilden-Erziehung Kinderspiel ist. Von dem letzten Drittel raubte die Krankheit ein fettes Stück. Der kurze Rest genügt, um das Œuvre eines sehr fruchtbaren Daseins zu schaffen.

Das Programm des Kunstschülers: Tu ausschließlich das, was du gern tust, und tu es gründlich, tu es mit Fanatismus. Sieh dich genau, du bist ein Roß vor dem Rennen. Und dann gib ihm die Peitsche, die alles aus ihm herausholt. Wähle deine Mittel mit Vernunft, wähle auch das erste Ziel mit Vernunft, auch das zweite und dritte, und dann wähle es so unvernünftig wie möglich. Erreichst du es je, bist du nie an das erste gekommen.

Er fängt klein an, mit der Zeichnung, mit einer ganz bescheidenen Zeichnung. Alle Meister, die er liebt, werden gezeichnet. Natürlich zuerst Millet mit den *Travaux des Champs*, zumal der Säer. Dieser Säer wird in seinem Werk das, was in den Schöpfungen anderer Künstler die Selbstbildnisse bedeuten. Neben Millet alle Maler der Arbeit. Theo muß ihm an Gravuren schicken, was er auftreiben kann. Es ist gar nicht unmöglich, eines Tages sein Brot als Zeichner zu verdienen, z. B. als Illustrator für Zeitungen, wie in London die Leute des »Punch«. Natürlich kein Gedanke an Malerei. Dergleichen ist für andere Leute da. Aber auch für das Zeichnen braucht man eigentlich erfahrene Künstler, die einen unterweisen. Überhaupt muß es gut sein, mit Künstlern zusammen zu sein. So eine Künstlerwelt erscheint einem Menschen im Borinage wie Märchen. Eines Tages macht er sich zu Fuß nach Courrières auf, um Breton kennenzulernen. Tagsüber marschiert er, die Nächte verbringt er auf freiem Felde. Für Zeichnungen geben die Bauern ihm Brot. In Courrières entspricht das imposante Atelier des Herrn Breton so wenig seinen Vorstellungen, daß der Landstreicher nicht die Klingel zu ziehen wagt und unverrichteter Dinge in sein schwarzes Loch zurückkehrt. Übrigens erscheint die französische Luft erheblich klarer und feiner als der rauchige Himmel des Borinage.

Sturm und Drang

Sehnsucht nach Leuten in gleicher Lage – er glaubt, es gebe Leute in gleicher Lage – treibt ihn im Herbst 1880 nach Brüssel. Theo, anfangs durch Vermittlung der Eltern, finanziert das Unternehmen und wird überhaupt von jetzt an Mäzen des Bruders, erhält ihn vollständig mit dem Geringen, das das Kommisgehalt bei Goupil übrigläßt. Er tut das nicht nur dem Bruder zuliebe, dem die Eltern nichts geben können, sondern für die Idee. Die Idee ist noch nicht klar, aber möglicherweise hängt von ihr auch das geistige Wohl des Pariser Kommis ab. Vincent dient der Idee, und Theo möchte ihr dienen. Es gibt wieder eine Gemeinschaft zwischen den Brüdern. Vincent sieht sich in Brüssel um. Die Stadt ist in mancher Hinsicht besser als das Borinage. Es gibt allerlei Möglichkeiten, um richtig zeichnen zu lernen. Es gibt vieles in so einer Stadt. Zum Beispiel die Akademie. Da findet man alles wohlgeordnet zusammen: Lehrmittel, die sich der einzelne, zumal ein Armer, nie schaffen kann; Ateliers, Modelle. Übrigens eine berühmte Akademie, eine der besten. Eben das schreckt den Anfänger. Hinter dem schönen Apparat verstecken sich womöglich dieselben fremden Mächte, die ihn hinderten, Lehrer, Geistlicher zu werden; Studienräte und Missionsvorstände, die ihn immer um Studium und Mission betrogen haben. Ein kleiner, unbekannter Zeichner, irgendwo in einer Dachstube, bringt ihm die Elemente der Perspektive bei. Alles andere schafft er sich selbst. Er zeichnet nach den gedruckten Vorlagen des Cours de Dessin von Bargue, die er sich schon ins Borinage kommen ließ, und diese Grammatik wird ihn zeitlebens begleiten. Er vertieft sich in Anatomie und Verhältnislehre und in die Gesetze von Licht und Schatten; alles nach Büchern, die ihm der kleine Zeichner borgt. Den Knochenbau des Menschen muß man am Schnürchen haben. Er zeichnet nach Illustrationen, nach Typen auf den winterlichen Straßen, nach Arbeitern, die nichts zu tun haben und für ein paar Sous bei ihm Modell spielen, nach der Landschaft vor den Toren Brüssels und immer wieder nach Millet. Dem Vater werden ein paar solcher Blätter geschickt, damit er sieht, daß man nicht mehr im Loch sitzt. Theo ist glücklich. Schon weiß er, Vincent wird es schaffen, Vincent wird nie zu der üblen Gattung der Mittelmäßigen gehören. Vincent aber gibt sich keinen voreiligen Illusionen hin. Man soll über die mittelmäßigen Künstler nur nicht zu gering denken, sobald sie irgendeine Sache ordentlich betreiben. Er wäre sehr froh, ihr bescheidenes Maß zu erreichen.

Er hat Grund zur Bescheidenheit. Die angeborene Gabe erscheint äußerst gering. Hunderte Mittelmäßige haben mit mehr Talent begonnen. Er zeichnet wie ein Junge von zwölf Jahren. Kein Strich wird gerade. Wenn er ein Haus macht, sieht man förmlich die ungelenken Finger ganz langsam die Linien ziehen und das Pflaster vor dem Haus wird aus unregelmäßigen Kringeln, die wie Pferdeäpfel aussehen. Er ahnt nicht, daß in dem naiven Ungeschick schon der Ursprung der Handschrift des Künstlers steckt, und bemüht sich vergeblich, es zu überwinden. Sein Ideal wäre, einen richtigen Arbeiter zu treffen, mit seinem Gesicht, seiner Kleidung, die in allen Details ganz genau sein muß, weshalb er sich Arbeiterkleider besorgen wird. Das ist alles nicht so einfach, kostet auch Geld. Um etwas dafür übrig zu haben, lebt er von Kartoffeln, Brot und Kastanien. Wenn er erst ein paar tausend Zeichnungen zusammen hat, wird er schon weiter sein. Die nötige Geduld hat er. Natürlich ist damit nicht alles getan. Damit er Künstler werde,

2. *Schüssel mit Kartoffeln,* 1887–88

muß noch etwas von außen dazu kommen. Was es ist, weiß er nicht. Jedenfalls hat es nichts mit Anatomie zu tun, ist aber für das ganze Dasein sehr wichtig. Es steckt weniger in der Kunst als im Menschen. Mit ein wenig Glück könnte man es vielleicht entdecken.

Frühjahr 81 nach einem harten Winter verläßt er Brüssel und geht zu den Eltern aufs Land nach Etten. Dort findet er als Gast eine Cousine aus Amsterdam, eine Witwe mit ihrem Kind, einige Jahre älter als er, auch sie Tochter eines Pfarrers. Bald weiß er, wie sich die Steigerung seiner Existenz vollziehen müßte. *»Il faut, qu'une femme souffle sur toi pour que tu sois homme«.* Es hätte nicht einmal einer Frau bedurft. Seine Sinnlichkeit war notgedrungen zu einer Sache des Gehirns geworden. Ein Mann hätte es auch getan, die starke Sympathie eines Menschen, der über Äußeres, seine trotzige Eigenbrödelei, hinwegsah, der den Ton gab, mit dem er klingen konnte. Denn er hatte immer noch niemand. Theo begann erst, ihn zu begreifen, und die Korrespondenz, so eingehend sie von beiden getrieben wurde, soviel sie ihm gab, ging um die Schwierigkeiten seiner Persönlichkeit herum, da der Schreiber van Gogh, ein sehr sachlicher, vornehmer Schreiber, natürlich alle Rauheiten seines Wesens verbarg. Und sie hatte nicht die unmittelbare Wärme, nach der ihn bangte. Das Verhältnis zu den Eltern blieb zweifelhaft. Was konnten sie anders in ihm sehen als den Schiffbrüchigen, den dunklen Punkt der Familie, die ewig drohende Katastrophe! Seine Zeichnungen, diese bescheidenen Blätter, waren ein Einfall. Wie lange würde der neue Zeitvertreib dauern? – Vincent sah in den Eltern Verwandte eines fremden Erdteils, teilte nicht eine ihrer geglätteten Ideen und war nahe daran, den einst vergötterten Beruf des Vaters für Lüge zu halten. Gewiß, es blieb immer das Elternhaus; man hatte dankbar an alles Frühere zu denken, aber durfte noch weniger die Notwendigkeit vergessen, sich ein eigenes Haus zu schaffen. Nun war er bald dreißig, die richtige Zeit zum Heiraten. Nicht im Traum sah er Gründe, die ihn hätten abhalten sollen. Die Base kommt gerade recht. – Die aber hängt an ihrem verlorenen Gatten und weist den ungestümen Vetter zurück, gleich in einer Form, die eigentlich alle Hoffnungen ausschließen müßte. Er denkt nicht daran, sich entmutigen zu lassen. Da die Frau auf der Welt ist, wird er sie eines Tages gewinnen. Das ist genauso wie mit der Kunst, und er ist gewohnt, nicht gleich auf den ersten Anhieb zum Ziele zu kommen, muß dafür arbeiten, schaffen, hungern. Um so besser für ihn. Eines Tages wird sie, muß sie einsehen, was er an ihr, was sie an ihm haben kann. Sie steht mit ihrem Kindchen, einem sehr lieben Kindchen, allein, denn die Eltern, diese Amsterdamer Pfarrersleute, sind dasselbe wie seine Eltern. Man kennt das. Hier steht einer allein, dort steht eine allein. Nichts einfacher, als sich zusammenzutun. Gut, er wartet. Damals in London scheiterte seine Hoffnung an einem dummen Zufall, der nur einem nach England verschlagenen Holländer passieren konnte. Vielleicht seine Schuld, denn anstatt mit allen Kräften zu kämpfen, stand er damals voreilig ab, aus Hochmut, gekränktem Ehrgeiz, aus Eigensucht und Dummheit. Nun ist er klug, weiß, was Liebe ist, kennt den Einsatz. Kennt sie ihn? Sie hängt an der Vergangenheit. Ist das wohl ganz im Grunde richtig? Kann Liebe, das Lebendigste, an einem Toten hängen? Ist das nicht Krankheit? Muß man sie nicht gesund machen? –

Die Base hat aber nun einmal keine Neigung zu ihm, nicht die Spur, und der hochehrwürdige Vater zweifelt an den Existenzmitteln. – Ehrwürden, das ist wohl nicht ernsthaft. Existiert er etwa nicht? Er fühlt sich überaus existierend, hat sich noch nie so gefühlt. Bis zum Beweis des Gegenteils muß man sich schon seine Fähigkeit zu existieren gefallen lassen. Und was die Behauptung der Base anlangt, so steht seine Behauptung dagegen, daß sie überhaupt nicht weiß, auf was es ankommt. Sie denkt da vermutlich an wer weiß was Großartiges, das sie nicht empfindet, und deshalb verneint sie. Neinsagen liegt immer näher als Jasagen. Dieses Großartige, Wollust und dergleichen, ist in Wirklichkeit klein neben dem Gefühl von Zukunft, das in der rechten Liebe ist. Abwarten!

Die Hoffnung schwellt sein Vertrauen in die Arbeit. Das Zeichnen geht doppelt geschwind und gewinnt Allüre. Die Ebene bei Etten, die Häuser im Dorfe, Werkstätten des Schmieds, der Zimmerleute, der Pantinenmacher, alles kommt unter den Bleistift. Einfache, solide Striche mit dem Zimmermannsbleistift, den dargestellten Dingen verwandt, sachlich, nicht ohne Schwung. Aus der Beschränkung auf gradliniges Gefüge entsteht ein bescheidener Rhythmus. Die Zeichnungen gehen an den Bruder nach Paris. Vielleicht könnte man die eine oder andere verkaufen und ein paar Francs für eine Fahrt nach Amsterdam schicken, wohin sich die spröde Cousine zurückgezogen hat. – Theo warnt vor übertriebenen Hoffnungen. Die materiellen Erwägungen sind doch nicht ganz von der Hand zu weisen, und dann erreicht man von Persönlichkeiten, auf die es ankommt, mit besonnener Zurückhaltung unter Umständen mehr! – Bourgeois-Rezepte! spottet der Verliebte. Unter den Persönlichkeiten, auf die es ankommt, steht die Geliebte in erster Reihe, und es ist nicht einzusehen, wie die empfohlene Defensive ihr die notwendige Einsicht in seine Willenskraft zu geben vermöchte. In Liebe und in Kunst wird mit diplomatischen Kniffen gar nichts erreicht. Das Gefühl entscheidet, entweder oder. Er will ohne Kniffe und Hintergedanken lieben, lieben der Liebe wegen. Er will es, weil er die Wirklichkeit liebt. Nichts treibt so sehr ins Wirkliche wie starke Neigung. Man fühlt es bei jedem Schritt in die Natur. Da lebt jetzt alles ganz anders: »Wer liebt, lebt; wer lebt, arbeitet; wer arbeitet, hat Brot.« Übrigens empfehlen alle namhaften Dichter und Philosophen die Liebe.

In einem rekommandierten ausführlichen Brief an Ehrwürden wird mit unwiderleglichen Argumenten das Recht auf Liebe gefordert.

Natürlich sind die Eltern außer sich über den unzarten Sohn, dessen Zudringlichkeit die Beziehungen zu den angesehenen Amsterdamer Verwandten bedroht. Vincent lacht, und sobald er das Reisegeld hat, geht es nach Amsterdam. Da man ihm den Zugang zu der Cousine verwehrt, wird auf den Onkel Sturm gelaufen. Ehrwürden verliert die geistliche Gebärde. Mit solchen Burschen muß man deutlich reden. Die Tochter denke gar nicht daran, sich mit ihm einzulassen, finde ihn ekelhaft. Jawohl, ekelhaft! –

Vincent hält die Finger über ein Licht und fleht: »Laßt sie mich nur so lange sehen, wie ich meine Hand in das Feuer halte!«

Sie tun, was Leute ihrer Art tun müssen, blasen die Lampe aus und weisen dem Vagabunden die Tür. –

Es ist die zweite Erschütterung dieser Art, in der Form viel brutaler als die erste. Sie setzte ihm schwer zu, kam aber zu spät, um ihn zu brechen. Schon wachte der Künstler, stellte sich vor den Menschen, fing den Schmerz mit schöpferischen Händen auf, bediente sich seiner, um die Persönlichkeit zu härten. Die Folgen gingen weit. Es war das letzte bürgerliche Erlebnis des Pastorensohnes. Der mausetote Gott der Pfaffen nebst allen wohlgekleideten Maximen bürgerlicher Herkunft war abgetan. Mit dem Vater, dem Mann, der keine Zeile von Michelet lesen wollte, Zola für gottlos nahm, hatte er nichts mehr gemein. Überdies legte man dem abtrünnigen Sohne nahe, das Haus zu verlassen. Alles das trug nicht dazu bei, die rauhe Schale des Sonderlings zu glätten. Aber alles das war nicht imstande, den Kern zu verhärten. Leute wie der Vater sind rechtschaffene Verirrte mit gutem Willen und mangelhafter Einsicht. Sie kennen nicht den Geist, in dessen Namen sie handeln. Worte, schöne Phrasen blenden sie. Und sie sind Bürger. Man kann auf ganz andere Weise rechtschaffen leben, »in einem sanfteren Geiste«. Corot und Millet haben so gelebt. Solche Menschen haben den *»rayon blanc«*. Alles andere ist verhältnismäßig schwarz, selbst die schönste Predigt. Van Gogh vergrößert sich. Man wirft ihm Atheismus vor, weil er nicht mehr in die Kirche geht, weil er Töchter von Pastoren zu ungestüm begehrt hat. Aber über der sogenannten Liebe zu Gott steht ein höherer Begriff, Liebe schlechtweg. Diese seine Wandlung ist kein Prozeß des Denkens, sondern der Empfindung, Resultat sittlicher Reife, und sie äußert sich keineswegs nur bildlich in der Schöpfung des Künstlers, sondern höchst praktisch in allen seinen Handlungen innerhalb und außerhalb seines Berufes, erhöht sein ganzes Dasein, belebt und vertieft das Drama.

Damals schenkte ihm Mauve einen Farbenkasten. Die Möglichkeit, aus seiner Zeichnung könne eines Tages Malerei werden, zeigt sich am Horizont. Er besuchte von Etten aus zuweilen Mauve im Haag. Der berühmte Maler nimmt sich in der ersten Zeit freundlich seiner an, gibt ihm gute Ratschläge, bringt ihm einige Grundlagen des Malens bei. Vincent dankt überströmend. Endlich hat er den Meister. Er malt unter Mauve seine ersten Ölstudien, Stilleben mit Holzpantinen, Kartoffeln und dergleichen, betrachtet solche Dinge aber mehr als Leckerbissen und hält sich nach wie vor im wesentlichen an die Zeichnung, die er jetzt reicher auszustatten vermag. Mauves wegen und da ihn nichts in Etten zurückhält, siedelt er Ende 1881 nach dem Haag über und wagt die Einrichtung eines Ateliers. Der Lehrer hilft ihm dabei, und Theo, der inzwischen bei Goupil aufgerückt ist, kann ihm eine feste Monatsrevenue von 100 Frs. aussetzen.

Trotzdem sein Leben davon abhing, war ihm Theos Karriere ein nie ruhender Stachel. Wichtiger als die Rente galt ihm die innere Entwicklung des Bruders. Die blieb nicht ohne Frucht. Der Kommis in Paris wuchs auf seine Art ebenso stetig wie der Kunstschüler in Holland, lernte das Bleibende von den Tagesfliegen zu unterscheiden, gewann auffallend schnell eine nicht gewöhnliche Kennerschaft und langsamen Einfluß in der

Firma. Beide wurden zum Besten der Kunst genützt. Der Verkehr mit Vincent half ihm, bei der Stange zu bleiben und sich von den zuweilen sauren Auseinandersetzungen mit den Chefs, die seine Ideen nach der Höhe des Umsatzes maßen, nicht entmutigen zu lassen. In einem Winkel des Hauses wurde den Kunden die wachsende neue Kunst vorgeführt. Ein rechtschaffener Kunsthändler, aber ein Kunsthändler. Kunsthandel – Tulpenhandel! Vincent fand den Beruf zu undurchsichtig, zu billig. Es war überhaupt kein Beruf. Jeder Mensch mit gesundem Sinn, gesunden Gliedern mußte ein Handwerk haben. Aus den Briefen Theos, aus jedem Wort sprach lebendige Kunst. Warum zog er nicht den städtischen Rock aus und den Kittel an? Warum wurde er nicht Maler? – Der Rat war keine Redensart. Theo liebt die Kunst, man kann sie nicht besser lieben, hat Augen, Gefühl. Also? Man darf mit solchen Dingen keine Spielerei treiben. Bescheidenheit mag einen zurückhalten, aber für jede Bescheidenheit gibt es in der Malerei Form und Objekt. Es kann auch Inkonsequenz sein, was zurückhält, Faulheit, Spekulation, eine Art Feigheit. – So sägt er an dem Ast.

Theo ist der kühlere Gegenpart gleichen Blutes, den ein paar Tropfen mehr von der Art des Vaters nach der anderen Seite ziehen, und der sich den Widerstand gegen diese Seite – bei Vincent natürlicher Trieb – erkämpfen muß. Die Relativitäten der Zivilisation, zumal seines Berufes, belasten ihn, und seine letzten, lautersten Wünsche werden, wie bei Goupil die Bilder der Jungen, in einem Winkel gehütet. Der Glaube an Vincent ist ein stiller Kult, an dem sich der von Kompromissen unberührte Teil seines Wesens stets von neuem verjüngt. Da ihn das Bewußtsein der Klippen, über die Vincents Einfalt hinwegsieht, nie verläßt, spielt er die Rolle des Sancho Pansa in dem Stück, nur mit tieferer Tragik. Das Bewußtsein wird ihm von keinem Egoismus, sondern von einem Realismus geboten, dessen Erfüllung keine Siegergebärde übrigläßt. Vincent durchschaut ihn nie ganz. Für ihn ist Theo nächster blutsverwandter Freund und gleichzeitig nächster Pol der fremden Welt. Dieser nie ausgleichbare Dualismus droht oft zu einem Verhältnis Marées-Fiedler zu führen. Das gemeinsame Blut und die intime Wesensverwandtheit mildern nur Äußerlichkeiten und erschweren den Kompromiß. Vincents Verkehr mit Theo war ein ständiger Kampf, nicht nur um den Bruder. Die Wirkung auf ihn verhieß ihm Wirkung auf alle. Gelang es, Theo zu sich herüberzuziehen, könnte man glauben, es gäbe Möglichkeiten einer Gemeinde. Theo war sich dieses Zusammenhangs bewußt, und die Verantwortung diente nur dazu, seine Last zu vergrößern. Der schriftliche Verkehr half um manche Klippe herum. Bei dauerndem Zusammensein hätte Vincent den schwächeren Bruder gar bald aufgerieben. Theo war einsichtig genug, die Gefahr zu merken.

Auch mit Mauve wäre schriftlicher Verkehr besser gewesen. Die Beziehung kam bald auf den Höhepunkt, denn nun hatte Mauve ihm auch noch das Aquarellieren gezeigt. Gab es einen größeren Wohltäter? Vincent lief über, wollte immer bei Mauve bleiben und ahnte nicht, daß er dem Mentor längst lästig geworden war. Der berühmte Maler ärgerte sich über irgendeine unerhörte Zumutung des Anfängers. Der Mensch im Arbeiteranzug, mit dem man sich kaum auf der Straße sehen lassen konnte, war unberechenbar. Er schien eben noch klein wie ein Wurm, hörte, was man ihm sagte, devot an, dankbar, eifrig, wie es sich gehört, und erklärte dann plötzlich: Nein, du, Mauve, so nicht, sondern gerade das Gegenteil! – Es saß eine Art Anschauung dahinter, die vom Hundertsten ins Tausendste ging. Schließlich, um ihn zu zwiebeln, ließ ihn Mauve nach

Gips zeichnen. Gips mochte Vincent gar nicht, Gips war ihm unausstehlich. Er schlug die Abgüsse in Stücke und warf sie in den Kohlenkasten. Bis sie wieder weiß würden, denke er nicht daran, nach Gips zu zeichnen. – Das Empörende lag in seiner Übertreibung. Van Gogh übertrieb, wie er vorher als Missionar, als Lehrer, als Kunsthändler übertrieben hatte, indem er Ideen für Tatsachen und die Beweggründe anderer Leute für ebenso einfach wie die seinen nahm.

»Du bist boshaft!« sagte Mauve und überließ ihn seinem Schicksal.

Auch außerhalb des Ateliers kam es zu argen Übertreibungen. In der Volksküche beim Essen traf er eine Frau, die ihm gefiel. Sie war schon verblüht und hatte auch ein Kind. Solche verblühten Geschöpfe hatten einen eigenen Reiz. Ihre Hände waren nicht eben Damenhände wie die der Cousine, eher Hände einer Arbeiterin. »Sie hatte etwas von so einer ulkigen Gestalt von Chardin oder vielleicht auch von Jan Steen.« Eine Arbeiterin war sie aber auch nicht, wenigstens nicht im bürgerlichen Sinne. Sie gehörte zu den Frauen, die von den Pastoren verdammt werden. Ja, eine Hure, ganz einfach. Diese Frau ist bei dem Rendezvous sehr gut zu ihm gewesen, außerordentlich gut. Kostspielig war es auch nicht. »Höre mal«, sagte er zu ihr, »du und ich, wir brauchen uns nicht zu betrinken, um etwas füreinander zu fühlen. Steck dir lieber in die Tasche, was ich entbehren kann.« –

Naturlich muß sich jeder über dergleichen wundern, bei seiner großen Leidenschaft für die Cousine. Aber das Arbeiten mit Händen und Kopf ist nicht das ganze Leben. Er hat einmal, es kam ihm so, zum Weibe gehen wollen und hat sich eine gesucht. Wegen der Cousine kann er seine Energie, seinen Geist nicht ersticken, und er will sich ihretwegen nicht mit abstrakten Gedanken zugrunde richten. Die Cousine war etwas Neues. Es hätte sehr schön werden können, aber sie steht nun einmal auf der Seite der anderen, in der Welt der Pfaffen, in einem Gefängnis, und will sich nicht retten lassen. Die Liebe zu der Hure ist etwas viel Älteres. Immer hat er Wärme für diese Gefallenen gespürt und auf der Straße die Männer beneidet, die mit ihnen gehen konnten. Wie Schwestern waren sie ihm. – Seitdem geht er hier und da zu den Huren. Es ist an sich nichts dabei; nur hat alles bei ihm eine Offenheit, die wie Bosheit wirkt.

Er arbeitet rasend. Arme Leute stehen ihm für die Zeichnungen Modell. Das Malen wird viel zu teuer. Mit hundert Franken im Monat kommt man nicht weit. Anderthalb Gulden muß er für Modelle zahlen, freilich für den ganzen Tag. Der Bruder kann oft nicht rechtzeitig Geld schicken. Dann wird gehungert. Das ist weiter nicht schlimm. Nur wenn man wegen des verdammten Geldes nicht arbeiten kann, wird es unerträglich. Von der Arbeit lebt er. Nicht im wörtlichen Sinn (er hat nur einmal an den widerhaarigen Tersteeg bei Goupil ein Dutzend Zeichnungen für dreißig Gulden verkauft); – aber im wirklichen Sinne. Jede Zeichnung sichert ein Stück der Wirklichkeit. Er muß sich sehr quälen, ist langsam, ungeschickt und dabei sentimental. Etwas Schweres steckt in Geist und Hand, hält ihn oft stundenlang bei wenigen Strichen, löst sich nur langsam, aber löst sich ein wenig mit jedem neuen Stück und behält zuweilen die Kraft der Schwere. Er fühlt es. Langsam rückt man von außen immer näher in das Wesen der Erscheinung. Erst sieht man nur Äußerlichkeiten, Banalitäten, aber mit der Zeit gräbt man sich ein, gewinnt aus Bewegungen das Bewegte, aus Gesichtern das Gesichthafte, und die Glieder erhalten etwas von ihrer Funktion. Namentlich diese Arbeiter, diese Armen, die ganz Einfachen sind ideale Modelle. Ihr ganzes Leben liest man aus ihren Fingern, ihren drei, vier Gebärden heraus. Andere Maler haben es nicht leichter, weil sie sich kostbare Modelle zahlen können, hübsche Weiber, Dinge aller möglichen Art. Ihn lockt es nicht. Die Not zwingt ihn, immer bei demselben zu bleiben, seine Art mit gleichgerichteter Übung zu vertiefen, von aller oberflächlichen Variation abzusehen. Die Not ersetzt ihm den Vorteil primitiver Zeiten, die Gilde, die scharf umrissene Lehre. Sie stellt ihn außerhalb der geschwinden, modernen Zirkulation. Das alte Mütterchen da vor ihm ist Natur genug, um alle Möglichkeiten der Gestaltung zu locken. In der Einfachheit steckt Reichtum, die Grundbedingung aller Formung. Zwang wird Freiheit. Er liebt seine Not, die seine Organe übt, ihm Dinge, die er gern sieht, zuführt. Er könnte nichts in einem anderen Kreise. Die Huren sind seine Schwestern, die Arbeiter seine Brüder. Ausgestoßen wie sie fühlt er sich. Ausgestoßen, mit der stillen, wohligen Melancholie der Ausgestoßenen, die längst den unnützen Kampf aufgegeben haben, mit dem unbezahlbaren Vermögen aus dem Nichts. Am Tage Arbeit, des Abends die Briefe an Theo. Wenn Theo nur Maler werden wollte! Er ist weicher, lyrischer, sicher weniger auf das Figürliche gerichtet. Ein Landschafter steckt hinter Theo. Wohl, im Kunsthandel erlebt man allerlei; gute Augenblicke sind überall; aber alles das ist nichts neben der Freude des Künstlers an der geheimen Kraft im Innern, die man ständig, wie die Mutter das Kind, unter dem Herzen wachsen fühlt. Wenn Theo das einmal spürte, würde er gewiß nicht zögern, Goupil zum Teufel zu schicken, und dann wären sie zusammen.

Immer die gleiche Sehnsucht. Sie bringt ihn 1882 zu seiner verwegensten Übertreibung. Er lernt im Januar wieder so eine

Frau kennen, eine pockennarbige, schwangere Frau, nicht sehr schön, nicht sehr jung, arg heruntergekommen, Schnapstrinkerin und mit einer häßlichen Sprache. Aber sie hat etwas Wunderbares: das Leben ist über sie hingegangen, hat aus ihrem Körper eine klagende Harfe gemacht, von der ihr Mund nichts weiß. Vincent zeichnet die Klage. Es ist die im Profil sitzende nackte Frau mit dem Kopf zwischen den Armen, von der es auch eine Lithographie gibt mit dem Titel »Sorrow«. Sie sitzt in einer erfundenen traurigen Landschaft; darunter steht der Satz Michelets: *»Comment se fait-il qu'il y ait sur la terre une femme seule délaissée?«* – Und das Ganze ist miserabel, Buchillustration eines sentimentalen Engländers, stilisiert ohne Stil, linear, gestaltlos. Das Mitleid ging mit dem Zeichner durch, vergaß die umfassende Natur, legte die Empfindung in die Oberfläche. Es ging auch mit dem Menschen durch. Die schwangere Frau hat schon ein Kind, hat eine Mutter ebenso arm wie sie. Überdies ist die Frau krank, muß operiert werden, damit die Schwangerschaft normal vonstatten gehen kann. Es kommt da allerlei zusammen. Vincent springt ein, macht Schulden, um die Schulden zu bezahlen, bringt die Kranke nach Leiden zu dem guten Arzt, läßt sie operieren, pflegt sie, macht sie gesund. Diese Frau aus der Gosse soll seine Frau werden. Sie hat nicht die schöne Sprache der Cousine, sie ist ein wenig rauh, ein wenig schlecht. Die Gosse hat Spuren hinterlassen. Wie sollte sie gut sein, da sie nie etwas Gutes sah? Und da er gut zu ihr ist, ist sie es zu ihm, schmiegt sich an ihn, eine zahme Taube. Ihre Rauheit paßt zu seiner Rauheit. Seine finsteren Seiten schrecken sie nicht; sie hat sich schon zu ihm durchgefressen, er hat sich zu ihr durchgefressen. Kein Rosengarten schwebt ihm vor, ein rechtes Arbeiterdasein. Sie hat schon trotz ihrer Schwäche Modell stehen gelernt. Es geht prachtvoll. An jeder Zeichnung hat sie geholfen. Jede, zu der sie mit ihrem lebensschwangeren Körper gestanden hat, haben sie zusammen gemacht. Zusammen! Es ist eine Wollust, »wir« zu sagen. Man soll sich nur ja nicht einfallen lassen, solche Frauen schlecht zu nennen. Natürlich wird eine Frau aus einem Pastorenhaus anders sein. Besser? Wer hat heute das Recht, sich besser zu dünken? In einer geordneten, lauteren Gesellschaft waren vielleicht solche Frauen verwerflich. In der heutigen sind sie eher barmherzige Schwestern. Er wird gewiß nicht mit seiner Sien zu den Eltern gehen oder überhaupt zu Menschen seines früheren Standes. Er ist längst aus seinem Stand ausgetreten, ist Arbeiter, will nur Arbeiter sein. Man soll ihn in Frieden lassen.

Die Übertreibung hat Folgen aller möglichen Art. Man lebt nicht umsonst in einer Stadt unter Menschen, die so und so angezogen sind und jeden nach seinem Kleide taxieren. Die paar Leute, die noch dann und wann nach ihm sahen, ziehen ihre Hand zurück, halten ihn für nicht richtig im Kopf. Eine Welle droht. Außer seinen Gedanken hat er nichts ihr entgegenzustellen. Auf Theo kommt es an. Vincent hat ihm alles über Sien geschrieben. Wendet auch der sich von ihm, ist alles verloren. Nun, dann soll es so sein. Er handelt so, wie er denkt; er muß so denken, will endlich ein Heim haben, kann sonst nicht arbeiten, findet sonst das ganze Leben nicht der Rede wert. Malerei darf nicht zur Fiktion eines grübelnden Einsiedlers werden. Kunst und Einsamkeit sind für ihn Gegensätze, unvereinbar. –

Schlimme Tage, da sich Theos Antwort verspätet. Wenn Theo abfiele, es wäre nicht nur des Geldes wegen das große endgültige Unglück.

Aber es geht vorüber. Nie würde Theo solcher Gründe wegen abfallen. Da scheidet sich der Bruder Vincents von

Holland, wenn nötig, von der ganzen Welt und tritt zu ihm. Solche Dinge können die Achtung vor Vincent nur steigern. Wohl möglich, daß sein Verhalten zu der Frau das Maß seiner Enttäuschungen vergrößert. Sogar wahrscheinlich. Aber kein Mensch hat das Recht, etwas dagegen zu sagen. Da Vincent so will, soll es so sein.

Ja, es ist nicht gut. Im Juni erkrankt Vincent. Seine Sien hat ihn angesteckt, – die Spuren der Gosse. Er muß auf mehrere Wochen ins Krankenhaus. In der Armenabteilung machen Ärzte und Wärter nicht viel Umstände, aber die Abteilung ist interessant wie ein Wartesaal dritter Klasse. Wenn man nur alle die schönen Modelle zeichnen könnte! Dickens und seine Bücher über Perspektive sind bei ihm. – Der Vater besuchte Vincent im Krankenhaus; aber man konnte nicht viel miteinander reden. »Es war wie ein Traum, wie überhaupt die ganze Geschichte mit dem untätig Herumliegen.« Anscheinend hat er damals eine ernste Nervenerschütterung durchgemacht. Sien mußte nach Leiden ins Wöchnerinnenasyl und kam dort mit einem Kinde nieder. Die Geburt war eine schwere Operation, und darauf folgten noch ein paar Wochen im Asyl. Die Zeit benutzte Vincent, sobald er selbst aus dem Krankenhaus heraus war, um die neue Wohnung herzurichten, einen Speicher in der Vorstadt des Haag. Den Speicher teilte er mit Holzverschlägen; ein höchst komfortables Atelier. Die Holzplanken gaben ihm das Ansehen eines Zwischendecks, sehr apart. Ein Atelier, wie es sein muß, mit einer Wiege und einem Kackstuhl, daneben eine Stube und eine höchst reizende, höchst malerische Küche. Da soll die Arbeiterfamilie ihr neues Dasein beginnen. Theo erhöht den Monatswechsel auf hundertundfünfzig Franken. Es ist nicht viel für vier Menschen, aber es geht, und der eigene Herd, die Sorge für andere ist Kapital. Doch soll die richtige Hochzeit erst vollzogen werden, wenn Vincent selbst mindestens hundertundfünfzig Franken verdient. Im Triumph werden Sien und das Baby eingeholt. Sien hat sich im Asyl sehr beliebt gemacht. Selbst die Oberschwester sagte ihr adieu, und die Ärzte kamen besonders. Ein Mütterchen ist sie, eine zahme Taube. Über Wiege und Kinderwäsche ist alles eitel entzückt. – Dieses Kind von einem anderen wächst Vincent ans Herz. Es ist zu klein, um ihn zu enttäuschen. Er wäscht es, wenn die Mutter es vergißt, freut sich über jedes neue Zeichen beginnenden Lebens.

In jener Zeit, 1882, zumal in der zweiten Hälfte des Jahres, hat er aus eigenem Antrieb zum ersten Male ernstlich gemalt. Will sagen, er kam zum ersten Male bei gewissen Naturstudien zur Einsicht in das Unzulängliche der Zeichnung für das Farbige. Vorher, in der Mauve-Zeit, war es mehr eine Übung auf Wunsch des Lehrers gewesen, und es war dabei geblieben. Jetzt zwang ihm die Natur zuweilen den Pinsel in die Hand. Er war damals unter dem Einfluß seines geliebten de Groux, und das sagt schon genug von dem Niveau der Bilder. Die Stimmung überwog. Doch war sie ihm keine bewußte Absicht. Der Instinkt suchte die Malerei. Theo wird aufgeklärt, wie man es anfängt, wenn ein Herbstabend im Bosch gemalt werden soll. »Es handelte sich darum, die Tiefe der Farbe herauszubekommen, die enorme Kraft und Festigkeit des Terrains, und erst beim Malen merkte ich recht, wieviel Licht noch in den Dunkelheiten steckte. Da hieß es: Licht behalten und zugleich die Glut und Tiefe der satten Farben. Denn man kann sich keinen Teppich denken so prächtig wie das tiefe Braunrot in der Glut einer durch Bäume gedämpften Abendsonne im Herbst. Aus dem Boden wachsen junge Buchen. Mit einer Seite der Stämme saugen sie Licht und leuchten grün; die Schattenseiten: warmes, starkes Schwarzgrün. Hinter den Stämmchen, hinter dem braunroten Boden eine ganz zarte, warm-blaugraue Luft, fast ohne Blau, glitzernd. Und dagegen steht noch ein dunstiger Rand von Grün und ein Netzwerk von Stämmchen mit gelblichem Laub. Gestalten von Holzsuchern treiben sich herum, dunkle Massen geheimnisvoller Schatten. Plötzlich die weiße Mütze einer sich bückenden Frau gegen das tiefe Rotbraun des Bodens. Ein Rock fängt Licht, ein Schlagschatten fällt. Oben auf dem Waldrand die dunkle Silhouette eines Kerls. Eine weiße Kapuze, Schulter, Büste einer Frau gegen die Luft. Die Gestalten, groß, voll Poesie, werden in dem dämmerigen tiefen Schattenton zu enormen Terrakotten ... Ich mußte, da der Effekt nicht bleibt, schnell malen, die Gestalten mit ein paar kräftigen Strichen mit breitem Pinsel, in einem Zuge. Es war erstaunlich, wie fest die Stämmchen im Hintergrunde saßen. Ich fing sie mit dem Pinsel an, doch da der Boden schon so voll Farbe war, sank der Pinselstrich weg wie nichts. Da drückte ich Wurzeln und Bäume direkt aus den Tuben darauf und modellierte sie etwas mit dem Pinsel. Ja, nun stehen sie darin, wachsen, wurzeln mit Kraft. – Im gewissen Sinne bin ich froh, das Malen nicht gelernt zu haben. Vielleicht hätte ich gelernt, an solchen Wirkungen wie diesen vorbeizulaufen. Jetzt sage ich: nein, gerade die muß ich haben. Geht es nicht, dann nicht. Aber versuchen will ich's, obwohl ich nicht weiß, wie man es anfängt.« Wie die Skizze entstand, kann er nicht sagen. Er hatte ein frisches Brett in der Hand, und das wurde voll. Zufrieden ist er noch lange nicht. *»In mijn snelschrift mogen woorden zijn die niet te ontcijferen zijn – fouten of leemtes – toch is er iets over van't geen het bosch of strand of figuur zeiden, en is het niet een tamme of conventioneelle taal die niet uit de natuur zelf voortkwam ...«* So schreibt er.

So spricht schon ein Maler. So wird man Maler, so greift

man zu den Tuben, weil die Stämmchen so fest stehen. Noch ist er weit vom Schuß. Es mag manche Skizze so spontan vor der Natur entstanden und nachher zu Hause von Reflexion und Stimmung zugemalt worden sein. Immer wieder unterbricht er die Malerei und zeichnet wochen-, monatelang ausschließlich, weil Zeichnen das Schönste ist und weil für ihn Studienmachen Säen, Malen Ernten bedeutet. Es steckt in der Selbsterziehung dieses Triebmenschen eine Ökonomie, wie sie nur die Zucht primitiver Zeiten besaß. Langsam wie ein Bauer geht er voran, ein Bauer, der sich nur dann entschließt, zu den paar Klaftern seines Besitzes neues Terrain hinzuzunehmen, wenn er nach reiflicher Überlegung sicher ist, das neue Land ebenso intensiv bearbeiten zu können wie das alte. Damals reizten ihn zuweilen Motive, die Liebermann in Holland beschäftigt haben, »Waisenmänner«, »Waisenfrauen«, aus deren stereotypen Reihen sich natürliche Stilmittel ergaben, wie ja überhaupt Liebermann und van Gogh in früheren Stadien manches Gemeinsame haben. Van Gogh hätte Liebermann und auch Leibl (»einen der tüchtigsten Schweden« schreibt er dem Bruder) gern kennengelernt. Er hielt alle Bauernmaler für nahe Verwandte.

Theo versprach sich sehr viel von dieser neuen Richtung. Fast war ihm das zähe Verharren in der Zeichnung, obwohl man sah, was damit zustande kam, zu lang geworden. Daß in Vincent ein Maler steckte, wußte er seit dem ersten Versuch. Er hatte zuweilen vorsichtig zum Pinsel zugeredet, ohne Erfolg. Manchmal schien es, als habe Vincent Mißtrauen gegen die Farbe, wie gegen eine Täuschung. Nun kam er von selbst dazu. Und wenn er so etwas einmal gefaßt hatte, ließ er nicht wieder los. Also schien doch wohl die Menage mit Sien gut zu gehen, obwohl Vincent nie davon schrieb.

Auch Theo dachte an eine solche Menage. Das Pflaster von

Paris hatte ihm – war es Zufall oder einer der unsichtbaren Reflexe, die immer zwischen den Brüdern spielten? – ein ähnliches Erlebnis geschenkt. Auch ihm war eine Frau begegnet, eine, der das Leben, wenn nicht so kraß wie der armen Sien und in anderer, bürgerlicherer Form, nicht weniger übel mitgespielt hatte; eine Verlassene, hilflos, krank. Vincent hatte recht, solche Erlebnisse waren wie der Blick eines *Ecce homo* mitten im Getriebe des hastigen Alltags, und man war gebannt, mußte einhalten, mußte plötzlich etwas beginnen, das allem Gewohnten, allen rationellen Erwägungen entgegen war. Theo tut es, beschließt, die Frau zu sich zu nehmen, will ein Hundertstel der Schuld der Welt an der Armen gutzumachen suchen. Der Frau steht eine schwere Operation bevor, wenn sie gesund werden soll. Alle möglichen anderen komplizierten Geschichten, die mit ihrem Unglück zusammenhängen, müssen erledigt werden, soll sie Ruhe haben. Theo übernimmt alles, bringt die Kranke ins Hospital, gewinnt für sie den geeigneten Arzt, und dem gelingt die gefährliche Operation. Vincent wird täglich über den Stand unterrichtet. Er weiß nichts Näheres, kennt nicht einmal den Namen. Theo, scheu und verschlossen, packt erst langsam Einzelheiten aus. Aber Vincents Anteil ist so lebendig, als wenn er fortwährend mit den beiden wäre. Diese Tat fehlte Theo. Der Tulpenhandel hat keine Organe für sie. Diese Tat bringt ihm den Bruder sehr nahe. Es gibt Unterschiede zwischen den beiden Frauen. Theos Kranke ist ein geistiges Wesen, begreift Kunst und Dichtung – für Sien ganz undurchdringliche, überhaupt nicht vorhandene Dinge – ja, es scheint, als ob sie gerade Kunst und Dichtung für ihre Heilung brauche. Vincent wählt die Sachen von Michelet, die besonders geeignet erscheinen, natürlich vor allem Thomas a Kempis. Unbedingt muß man ihr Zeichnungen ans Bett bringen, und zwar solche, die Natur haben, denn was so einer Kranken, zumal einer in Paris, fehlt, ist Natur. Unbedingt soll sich Theo, sobald sie hergestellt ist, mit ihr zusammentun und die dummen Grübeleien, ob Mitleid für Liebe genügt, beiseite lassen. Wenn nur Gefühl da ist, starkes Gefühl. Wie man das Gefühl nennt, ist gleich.

Aber nach Theos Ansicht kommt nicht das eigene Gefühl allein in Frage, auch das des andern Teils, dem man mit der besten Absicht von der Welt unter Umständen Quälereien zumutet. Überhaupt müssen sehr viele Umstände in Rechnung gestellt werden. Aus Dankbarkeit entschließt sich die Kranke vielleicht zu Opfern, die niemandem helfen, selbst wenn sie realisiert werden können. Alles das ist reiflich zu bedenken.

Vincent möchte am liebsten nach Paris fahren, um über diese Möglichkeiten der Realisierung Klärung zu schaffen, aber zu der Reise fehlt natürlich das Geld. Womöglich spielt auch bei der bewußten Realisierung das Geld eine Rolle. Übrigens ist es richtig, diese wichtige Frage muß von dem Bruder allein entschieden werden. Er ist zwar fest davon überzeugt, daß eine der Kunst und Dichtung zugängliche Frau immer das Richtige für Theo wäre. Ihm wenigstens würde so ein Wesen wie ein Gnadengeschenk erscheinen. Und wie könnte eine Frau nicht mit Theo zufrieden sein? – Wenn nur nicht hinter dem Zögern Theos die Rücksicht auf das Geld steckt, das der Bruder in Holland verzehrt!

Die Unverkäuflichkeit seiner Sachen, die den Bruder belastet, brachte ihn damals auf die Idee, populäre Dinge zu machen. Er hat eigentlich nie etwas anderes machen wollen. Gestalten aus dem Volk für das Volk. »*Heads of the People*« wäre ein guter Titel. – Er dachte an Lithographien, die man unter Ausschluß des verhaßten Kunsthandels für zehn Cents das Stück verkaufen könnte, und hat auch damals mehrere Zeichnungen auf den Stein und mit lithographischer Kreide gemacht. Ein Mittel, um aus der ewigen drückenden Sorge herauszukommen! – Wenn einmal der Bruder das Geld nicht rechtzeitig schicken konnte, saß man da und hungerte, und nicht nur er, sondern die Frau und die Kinder, auch das kleine Wurm, das, sobald es kriechen konnte, immer bei ihm hockte. Man aß zu wenig, die Arbeit wurde mager davon. Er sah ganz deutlich, was den Zeichnungen abging: sie waren dürr wie kranke Bäume, die nicht ausschlagen konnten. Das Vegetative fehlte, Fleisch, Humus. Er ging ökonomisch mit den Linien um, aber es blieb bei Linien. Und wenn es schon nicht zu der Zeichnung langte, wie sollte man Kraft zum Malen haben? Zu wenig Nahrung, zu wenig Freude im Haus. Manchmal litt er an Schwindel. Mit Sien ging es so, wie es gehen mußte. Nur ein Narr hätte das nicht im ersten Augenblick merken können. Vielleicht hatte er es sogar gemerkt und war trotzdem in das Loch getaumelt. Es ging nicht schlecht, es ging überhaupt nicht. Er war hier, und sie war irgendwo anders. Er hatte geglaubt, sie zu sich gesellen zu können, sich zu ihr setzen zu können, wollte so einfach sein wie sie. Sie aber sah einen sonderbaren Fremden, der eigentlich ganz woanders hin gehörte, der das alles aus einer verrückten Einbildung tat. Wenn mal ein Bekannter kam, versteckte sie sich. Ihre Mutter intrigierte. Schließlich war man besser in einem Hurenkasten aufgehoben als auf einem Malerspeicher, wo man nicht reden konnte. Sien lag gar nichts daran, wieder Hure zu werden; es war keine leichte Arbeit und schmutzig; aber jeder mußte wissen, für was man taugte. –

Vincent begriff langsam. Dies war nicht eine Moral, die man bessern konnte, sondern geborener Instinkt. Der Kampf machte ihn mürbe. Zusehends nahmen die Kräfte ab. Dann packte ihn die Wut: Arbeit! Arbeit! Wie lange hatte er noch zu leben? Sechs Jahre, höchstens zehn – mehr gab er sich nie –, und war erst am Anfang! – Der Bruder kam im Spätsommer aus Paris herüber, sah alles, sagte aber nichts, wie seine Art war. Theo war gut, er sagte nie etwas; nur der Anzug Vincents, dieses Zerlumpte, fiel dem Pariser immer wieder auf. Dies war eins von den Kapiteln, die Vincent am wenigsten vertragen konnte. Auch wich Theo allen Fragen nach der Pariserin aus; sprach von etwas anderem. Es waren solche Gespräche, um die Zeit hinzubringen. Komisch, wie gründlich sich der Briefschreiber von dem mündlichen Theo unterschied!

Vincent erwog, mit der Frau und den Kindern aufs Land zu gehen, zum Beispiel nach Drenthe, wo man ganz unter Bauern lebte und wo es billig war. Sien hatte nichts dagegen, aber machte sich nicht viel daraus, hockte, sobald er den Rücken drehte, bei der Mutter Kupplerin, die ihr ganz andere Projekte einblies. Wie er all dieses Städtische haßte, wie er sich nach dem Freien sehnte, welche Wonne es wäre, ganz in Natur zu verschwinden! – Gegen eine Trennung hatte Sien auch nichts, ja, sie schien diesen Ausweg vorzuziehen. Er schrieb und lief, um ihr eine Stellung zu suchen. Sie war gesund und stark geworden, konnte arbeiten. Eine Stellung ließ sich finden, nur die Mutter setzte sich dazwischen, und Sien tat nichts, um ihr zu wehren. Vielleicht war es wirklich für alle besser, selbst für die Frau, damit sie sich klar würde, er ginge weg.

So kam es. Vorher sagte er zu ihr: »Ganz ehrlich wirst du wohl nicht durchkommen können, aber bleibe so ehrlich, wie es dir möglich ist. Auch ich werde so ehrlich wie möglich sein, aber daß ich weit davon entfernt sein werde, gut durchs Leben zu kommen, das kann ich dir schon jetzt sagen . . . Wenn du nur so handelst, daß die Kinder in dir, auch wenn du nur eine arme Magd und eine arme Hure bist, eine Mutter finden, dann bist du und bleibst du mit deinen vielen Fehlern in meinen Augen gut ... Auch ich werde es für mich versuchen. Ich muß hart arbeiten. Tu du das auch!«

Im September 83 ist er in Drenthe in der Heide, zwischen den Torfschiffen, die von schwarzen und weißen Pferden gezogen werden. Es gibt Schafherden, und die Hirten tragen kurze Hosen. Zuweilen sieht man kleine elende Frauen, die ein Kind auf dem Arm tragen. Dann denkt man dies und das. Natürlich war Sien schlecht, aber man kannte sich so gut, daß eigentlich nichts Schlechtes übrigblieb. Natürlich hatte er alle möglichen guten Gründe, sie zu verlassen, aber wenn er es hätte durchhalten können, wäre es besser gewesen. Sie war nicht gut, weil sie das Gute nicht sah. Er hätte es ihr zeigen müssen, hatte es nicht vermocht, war zu schlecht dazu. Manchmal hatte sie einen Zug im Gesicht wie eine *Mater dolorosa* von Delacroix, und in ihrem Wesen steckte doch noch etwas ganz anderes als der Trieb der Mutter in den Hurenkasten.

Garvani sagte einmal: »Mit jeder, die ich verließ, ist ein Stück in mir gestorben.« Nun, Vincent hat wohl nicht viele verlassen, und es ist nicht sicher, ob nicht auch diesmal er der Verlassene war. Jedenfalls aber ist etwas verlassen worden, und das ist immer Flucht und Untreue. Die Rettung vor Reue und Scham wäre Arbeit. Aber die Arbeit, im Grunde der treibende Anlaß der Trennung von Sien, ist einem Vincent kein Mittel, um Unrecht recht zu machen, versagt sich dem Flüchtigen, heischt Frieden der Seele. Die Heide bleibt kahl, wäre sie noch hundertmal schöner, wenn man sich ihr nicht vereinen kann. Die schwarzen und weißen Pferde bleiben Pferde; die Schafherden und bewachsenen Hütten bleiben Schafherden, Hütten. Alles das besteht als Bild, als Teil schöpferischen Willens nur unter bestimmten Voraussetzungen, unter denen eine die Gemeinschaft mit Sien war. Er lief von ihr fort, um zu der Natur zu gelangen, und hat sich – wer weiß? – unerreichbar von der Natur entfernt. Gerade schreibt Theo Gleiches von seiner Seite. Schwierigkeiten mit Goupil, Unzufriedenheit mit den Kompromissen seiner Tätigkeit. Manchmal bricht in dem Pariser Bruder der Bauer durch. Theo hat immer gehofft, in der Stadt die Natur zu behalten, in dem Handel Mensch bleiben zu können, denn Paris ist wie die Natur. Die Hoffnung geht in Trümmer. Die Stadt, er fühlt es, zerfetzt ihn, macht ihn schlecht und unglücklich. Der Kunsthandel ist Schweinerei. – »Stelle wieder her!« ruft ihm Vincent zu, möchte sich selbst das Gleiche zurufen. Nichts stellt sich wieder her. Theo hat manchmal Lust, nach Amerika zu fliehen, anstatt das Nächstliegende zu tun, aufs Land zu gehen, Maler zu werden. Vincent hat manchmal Lust, sich in der Kolonialarmee für Ostindien anwerben zu lassen. Er hat kein Obdach, kein Geld, kein Gerät zur Arbeit, ist wie der Vagabund, wie in den schlimmsten Zeiten im Borinage, als er nach Courrières lief, um einen fühlenden Menschen zu treffen. Gibt es überhaupt fühlende Menschen? Das Leben ist schwarz wie der Winkel einer Bauernhütte in Drenthe.

Aber man lebt weiter, denn es wäre Unart, nicht weiter zu leben, und wenn man weiter lebt, kommt ganz von selbst wieder Hoffnung und regt das Nachdenken an, wie man sich helfen könnte. Was Theo fehlt, nun, das ist weiter nicht schwer zu begreifen. Wenn Theo nur wollte! Aus jeder Zeile spricht die Sehnsucht nach Einfachheit, nach Künstlertum. Das aber gibt es nur auf dem Lande. Gut, ein Teil Theos gehört Paris, wurde von Paris verzehrt. Dagegen läßt sich nichts sagen. Aber das ist nicht der ganze Theo. Ein Teil ist noch »Vierge«, möchte ausschlagen, sprießen, der beste Teil. Warum nicht das Beste zu retten versuchen?

Mit Umsicht wirbt er um den Bruder, ohne Lockendes einsetzen zu können; er, der Vagabund, er, der Zweifler, er, der hungernde Almosenempfänger. Er, der Reiche, denn er hat die Idee. Die letzte Erfahrung mit Sien verdoppelt die Dringlichkeit. Und hat nicht Theo seine Pariser Sien auch aufgeben müssen? Sollte daraus nicht mancherlei folgen? – Ganz gründlich wird das Projekt vorgenommen. Einer kämpft allein in Paris, der andere allein in Holland. Wäre es nicht vernünftiger, zusammen zu sein, sich gegenseitig zu stützen? Zwei Menschen, die aneinander glauben, sind unüberwindlich. Er weiß schon allerlei, hat ein Stück Weg hinter sich, könnte Theo helfen, und nicht wenig könnte Theo ihm helfen. Ganz anders ginge auch die eigne Arbeit in Gemeinsamkeit. Was Theo abhält, ist die stumpfsinnige Idee vom Talent. Die Begabung, die nottut, ist die Fähigkeit, »die Hände ausstrecken und fest zugreifen zu können«. Mit Geschicklichkeit und Talent hat das gar nichts zu tun – alles Rabengekrächze. Maler wird man mit Malen. Gewohnheit, Fleiß, Erfahrung gehören dazu, keine besonderen Dinge. Lust gehört dazu, der Wille. »Maler sind in der heutigen Gesellschaft das, was früher die Puritaner waren. Es handelt sich da nicht um eine verrückte, geschraubte Frömmigkeit oder Schwärmerei, sondern um etwas Einfach-Solides . . .« – Die Puritaner zu Zeiten Cromwells, ein kleiner Haufen Männer und Frauen, verließen die alte Welt, segelten in der »*May flower*« nach Amerika, entschlossen, beim Einfachen zu beharren. Sie schlugen Wälder. So erzählt Carlyle in seinem Heldenbuch. Heute muß man es anders machen. Heute braucht Theo, wenn er an Paris zweifelt, durchaus nicht nach Amerika. Dort würde er nichts anderes finden als in Europa. Und in Ostindien wird es auch nicht anders sein. Heute ist das Amerika der Puritaner die Kunst und liegt irgendwo. Sicher liegt es nicht in so einer Stadt, sondern auf dem Lande.

Vincent ist das Gewissen Theos. In Theo streiten die Fiktionen des Großstädters gegen die Lauterkeit und Einfalt des geborenen Instinkts. Gewiß lassen ihn die Dinge, die Vincent beunruhigen, nicht gleichgültig, aber sie treffen nicht den Nerv, der den Menschen zur Handlung zwingt. Er ist keine Kämpfernatur. So viele Häuser in Paris stehen, so viele Menschen das Holzpflaster der Boulevards treten, so zahlreich sind die Gründe, die den Menschen abhalten, das zu tun, was der Instinkt ihm befiehlt. »Ich bin kein Künstler«, sagt Theo. »Wie roh ist das!« antwortet Vincent. »Wie roh, es auch nur von sich zu denken! Sollte man denn keine Geduld haben, keine Geduld, von der Natur zu lernen, keine Geduld lernen von dem Sprießen des Korns, von dem Wachsen der Dinge! Sollte man sich für ein so herzloses Ding halten, daß man glauben müßte, man werde selbst nicht wachsen? Warum seiner Natur mit Absicht entgegenwirken? . . . Wenn man wachsen will, dann muß man sich in die Erde senken. Also sage ich dir, pflanze dich in den Boden von Drenthe. Dort wirst du keimen. Verdorre nicht auf dem Trottoir!« – Was weiter daraus werden soll? – »Theo, ich erkläre dir, daß ich lieber darüber nachdenke, wie Arme, Beine und Kopf am Rumpf sitzen als darüber, ob ich gar nicht oder in höherem oder geringerem Maße Künstler bin.« Handeln, handeln! Man muß es mit der Überzeugung angreifen, daß man etwas Redliches tut wie der Bauer, der seinen Pflug führt. »Hat man kein Pferd, so ist man sein eigenes Pferd. So machen es in Drenthe viele Leute.« Theo soll an die Leute von Barbizon denken, zumal an Millet. – Ein minutiöser Plan für die Finanzen und alles andere. Die Ersparnis gegen das

Pariser Leben wäre unberechenbar. Die Hauptsache aber: »Durch Vereinigung wird die Kraft zum Guten nicht verdoppelt, sondern vervielfacht.«

Der Plan erscheint dem Pariser, der die Welt kennt und rechnen kann, wie Gespinst eines Phantasten. Gewiß, es gibt Stunden, wo man unter dem Druck einer Einsicht in weitere Zusammenhänge, die der Alltag gewöhnlich versagt, das Unwahrscheinliche der Norm vorziehen möchte. Es gibt Menschen, die immer im Licht solcher Einsicht stehen und daher wie Vincent handeln müssen. Von solchem Mut zum Leichtsinn ist oft nur ein Schritt. Bei Theo wäre Schwäche, was bei Vincent Stärke bedeutet. Er kann dem Bruder die Mission erleichtern, an die er glaubt. Was würde daraus, wenn Theo versagte? – Übrigens haben sich die Verhältnisse bei Goupil wieder gebessert. Man kann auch bei Goupil allerlei wirken. Man muß es. Dies ist sein Feld. Es verlassen, hieße den Kampf aufgeben. Schließlich ist der Kampf mit Paris nicht weniger interessant als der Kampf in Drenthe. Es gibt Trophäen. Theo ist oft, aber nicht immer bereit, die großen Veranstaltungen der Weltstadt für null und nichtig zu erklären. Manchmal imponiert der Riesenapparat. Manchmal erscheinen die Pariser, diese vielen Leute von Kultur und Esprit, nicht wie Larven, ihre Leidenschaften nicht wie Triebe von Tulpensammlern. – Mangel an Skepsis oder an Konsequenz? Er ist nicht so skeptisch und besitzt für die Konsequenz, die Vincent ihm einflößen möchte, nicht die gleichen Belege. Heldentum? Dafür muß man Beruf haben, sonst wird man lächerlich, zumal in Paris. – Wenn solche Briefe ankamen, griff Vincent nach dem nächsten besten und zerbrach es mit einem sonderbaren Lachen.

Nur die Natur hielt, was sie versprach, hielt es nur zu gut. Da war das Unerschöpfliche. Da geriet man nie an ein Ende. Da war dieselbe Unbestechlichkeit, die ihn zu seinen Forderungen trieb, gegen die alle halben Mittel versagten. Man kam näher, aber es ging schrittchenweise, millimeterweise, oft unmerkbar, obwohl man jeden Tag vom frühen Morgen an auf den Beinen war. Die Langsamkeit lag in der übertriebenen Gründlichkeit des Angriffs. Man versuchte von zu vielen Seiten aus näher zu kommen, drang in zu breiter Fläche vor, mit einer übergroßen Anzahl von Motiven. Daher immer noch Vorpostengefechte, Grenz-Scharmützel, immer noch nicht das Ringen Körper an Körper. Es war nicht nur Sehnsucht des Menschen, was nach dem Bruder rief. Die Not der Arbeit verlangte nach einem Helfer, um den Riesenhaufen von Hindernissen, von vorgelagerten Schanzen und Verhauen, von Vorarbeiten zu bewältigen. Die Teilnahme eines Helfers erschien um so natürlicher, als es sich, so wenigstens glaubte Vincent, mehr um ein Aufräumen und Sammeln der Materie handelte, noch nicht um eigentliche Gestaltung. Hatte man aber diesen Teil zusammen erledigt, war auch für das Kommende die Möglichkeit gemeinsamer Arbeit gesichert. Theo hatte metaphysische Vorstellungen von der Kunst. Für Vincent war sie nichts als Eindringen in die Natur. Hinter der Metaphysik verbarg sich Schwäche des Großstädters.

Kartoffel-Esser

Weihnachten trieb die Einsamkeit den Vagabunden zu den Eltern, die inzwischen nach Nuenen, einem kleinen Nest in Brabant, gezogen waren. Vielleicht nicht nur die unerträgliche Einsamkeit, auch der Fehler in der Rechnung mit dem Bruder, der sich womöglich durch die Last, die ihm Vincent aufbürdete, abhalten ließ, seiner Überzeugung gemäß zu handeln. Es war Vincent nicht leichter als Marées, von einem anderen Geld anzunehmen, auch wenn es der leibliche Bruder war, auch wenn man das Geld nur für das Allernotwendigste nahm und schlechter als ein Tagelöhner lebte. Es ging nur unter bestimmten persönlichen Voraussetzungen. Die waren nicht immer gegeben. In trüben Stunden erschien dem Einsamen das Verhältnis zum Bruder einseitig. Womöglich ging es dem anderen ebenso. Vincent schrieb zehn Seiten, Theo antwortete in Hast. Gewiß, Theo hatte nicht die Zeit, hätte sie aber ohne große Mühe haben können, wenn . . . Nun, über dieses Wenn war es besser, nicht mehr zu reden.

Es gingen einst zwei Brüder über die beschneite Heide bei der Rijswijker Mühle, zwei arme Künstlerbrüder waren sich eins über Gott und das Leben, fühlten mit einem und demselben Gefühl. Dann ging der eine dorthin, nahm Stellung, verdiente Geld, wurde glatt und lau, vergaß die Rijswijker Mühle. Der andere ging hierhin, wurde grob und rauh, erwarb keinen Pfennig, aber blieb bei der Rijswijker Mühle . . .

In das saubere Pfarrhaus von Nuenen kommt ein großer zottiger Hund mit nassen Pfoten. »Er läuft jedem in den Weg und bellt laut. Kurzum, ein schmutziges Vieh.« Man muß suchen, eine andere Hundehütte zu finden. »Der Hund könnte nämlich einmal beißen, wenn er toll würde, und dann müßte der Feldhüter kommen, ihn totschießen. Gut, ja, das ist so, wie es sein muß. Demgegenüber könnte in Betracht kommen, daß Hunde zu wachen vermögen. Doch so etwas gilt für überflüssig im Frieden, da ja von Gefahr keine Rede ist. Der Hund aber bereut, nicht fortgeblieben zu sein, denn es war nicht so einsam auf der Heide wie in diesem Haus. Bei aller Freundlichkeit natürlich! Der Besuch des Viehs war eine Schwäche.«

Der Hund bellt lauter, denn ihn hungert. Im Pfarrhaus rückt man zusammen und spricht leiser, wenn er kommt. Nicht so leise, um nicht verstanden zu werden, zumal man dem zottigen Kerl mit den großen Löffeln kein feineres Gehör zutraut. O, es bedarf gar keiner Ohren. Die Blicke genügen. Wie sie seinen Anzug ansehen, seine Hände! Sind das seine Eltern? – Er könnte aber noch viel ruppigere Kleider haben und noch viel rauhere Hände, gehörte er nur zu den Geldverdienern, den klassierten Mitmenschen! – Manchmal juckt es einen, sich als den Rohling zu geben, den sie zu sehen meinen. Dann wundern sie sich. Vater schreibt an Theo, Theo gibt es weiter. Direkt ihm ins Gesicht, das wagt keiner, auch Theo nicht. Brieflich aber läßt sich allerlei ausdrücken, die krasse Undankbarkeit des Rüpels und so weiter und daß man nur auf der Welt ist, um Eltern und Geschwistern das Dasein zu verbittern. Eigentlich möchte der Rüpel daraufhin mit allen brechen, zumal mit solchen Briefschreibern, möchte ihnen das bißchen Brot vor die geputzten Füße werfen und gehen. Fragt sich nur: wohin? Und wie dann zeichnen, malen? Wie dann die Sache, die wichtiger ist als Familie und alle Hundehetzerei, weitertreiben? –

Mit Mühe gelingt es, die Seinen zu bewegen, ihm für die nächste Zeit die Mangelstube als Atelier zu lassen. Man kann es den Eltern nicht verdenken, wenn sie zögern; ihm ebensowenig, wenn das Zögern ihn nicht sanfter macht. – Glücklicherweise gibt es Weber in Nuenen. So ein Webstuhl – die meisten sind uralt und haben durch das Alter gute Farbe bekommen – steht in einer niedrigen Hütte auf einem Fußboden aus Lehm. Ein alter Mann sitzt daran, der etwas von der Maschinerie bekommen hat, und auf dem Stühlchen in der Nähe sitzt ein Kind und sieht stundenlang zu, wie das Schiffchen hin und her schießt, und hat auch schon etwas von dem Webstuhl. Diese Enge des Orts mit den Menschen ist gut zu zeichnen, wäre auch etwas für Malerei. Es gibt allerlei Lichter zwischen Webstuhl, Decke und Fußboden und auf den faltigen Webergesichtern. Ein Loch ist es wie das Borinage, aber ein Loch mit Lichtern.

Theo schreibt wieder herzlich in der alten Weise. Vincent möge doch wirklich bedenken, daß seine Starrköpfigkeit auch gutgewillte Leute abstoßen und ihn eines Tages ganz vereinsamen müsse. – Gewiß, das versteht Vincent sehr gut, und er will nichts dagegen sagen. Leute mit Arbeit im Kopf sind im Verkehr unbequem, auch wenn sie sich gar nichts auf ihre Arbeit einbilden. Aber warum stößt seine Starrköpfigkeit nicht die einfachen Menschen ab? Warum lassen ihn die Weber ruhig in ihre Hütten und rücken auf dem engen Fleck zusammen, um dem Zeichner ein Plätzchen zu gönnen? Und sind nicht seine Verwandten, kennen ihn gar nicht. Ja, es ist recht sonderbar mit der Familie. Oft fühlt man sich mit faltigen Webern verwandter als mit Eltern und Geschwistern.

Aber als sich die Mutter bei einem Fall das Bein verletzt, ist der Rohling der beste Sohn, pflegt sie Tag und Nacht, umgibt sie mit zartester Rücksicht, und jeder wundert sich über seine Erfahrung in solchen Dingen.

Er holt seine Sachen aus dem Haag und sucht bei dieser

Gelegenheit Sien auf. Wider Erwarten ist sie nicht untergegangen, hat sich allein mit ihren Kindern durchgeschlagen, hat als Waschfrau hart gearbeitet und steckt nun wieder in Elend und Krankheit. Wahrscheinlich ist jetzt ihr Elend schlimmer als früher, bevor er sie zu sich nahm. Es ist übrigens sehr gut möglich, daß sie gar nicht im Ernst in den Hurenkasten wollte und nur so sprach, um ihn zu ärgern oder vielleicht um ihn zu prüfen, und es steht dahin, ob der Mann oder die Hure die Prüfung nicht bestand.

Noch einmal tritt ihm eine Frau in den Weg. Zur Abwechslung eine bürgerliche, eine Nachbarin der Eltern. Vincent geht zuweilen mit ihr spazieren. Sie war wieder wie ihre Vorgängerinnen bedeutend älter als er; eine mystisch angehauchte Natur, »eine Cremona-Geige, ursprünglich ein seltenes Exemplar, das von stümperhaften Ausbesserern früh verdorben wurde, auch jetzt aber immer noch einen besonderen Wert besitzt«.

Theo warnt natürlich wie gewöhnlich. Vincent hört nicht darauf wie gewöhnlich, versucht, die Cremona zurechtzusetzen, sogar mit Erfolg; stört ihre Ruhe, heißt es in der Familie; stört ihre tote Melancholie, heißt es bei ihm. Mit dem Erfolg, daß die Cremona wirklich zu klingen beginnt, zu ihm klingt. Ach, wäre es selbst eine geborstene Cremona, zusammenklingen, zusammen! – Mit dem Erfolg, daß die endlich Erwachte, von den Vorstellungen ihrer Eltern verrückt gemacht, zum Strychnin greift, um sich aus dem Dilemma zu befreien. – Dieses der letzte Versuch mit dem anderen Geschlecht. Auch eine Schwäche des verlaufenen Hundes. Absurd diese Liebe der anständigen Leute, die zum Gift greift, anstatt zu kämpfen, absurd ihre Mystik, ihre sogenannte Frömmigkeit!

Habe ich dir's nicht gesagt? fragt Theo, der Warner. War das nötig?

Ja, Theo, erklärt der Verstockte, *quand même*, unumgänglich nötig!

Der Hund bellt lauter. Im Pfarrhaus entsetzt man sich, und Theo dröhnen die Ohren bei den Briefen. Der Hungrige in Nuenen will keine Redensarten, dankt für seichte Toleranz, für den Sarkasmus des Parisers, für großmäulige Protektion. Theo soll endlich anfangen, die Sachen zu verkaufen. Wenn die Bilder den Parisern, die keine Kunst in Holzpantinen kennen, nicht reif genug erscheinen, so sind die Zeichnungen es lange wert. Die Geschichte von der Unverkäuflichkeit ist eine stumpfe Feile. Wenn Theo nun einmal Tulpenhändler ist, soll er zeigen, wie Tulpenhandel gemacht wird. Oder womit will er sonst dem Künstler helfen? – »Eine Frau kannst du mir nicht geben, ein Kind kannst du mir nicht geben, Arbeit kannst du mir nicht geben. Geld – ja. Was macht man damit?« –

Er bellt. Um ihn abzulenken, schreibt Theo von der Delacroix-Ausstellung in Paris. Vincent liebt Delacroix, fast wie Millet, aber es gibt kein Ereignis, das sich nicht zu Aphorismen mehr oder weniger treffender Art verwenden ließe. Auf der Delacroix-Ausstellung wird man zum Beispiel das Barrikadenbild sehen können, das ein sehr interessantes Werk sein soll. Vielleicht stellt sich Theo einmal vor, sie lebten nicht im Jahre 84, sondern im Jahre jenes Bildes. 1848 standen auf der Seite der Rebellen, bei den Michelets und den Studenten, alle möglichen zottigen Kerle, zum Beispiel die Bauernmaler von Barbizon. Auf der anderen, bei den Guizot und Louis Philippe stehen Goupil und der Vater und der Großvater, hochehrwürdige, ernsthafte Leute ... »Nun, im Jahre 84 gibt es nicht gerade Barrikaden, wohl aber stehen sich Geister gegenüber. Die Mühle ist nicht mehr, der Wind weht immer noch. Und wir stehen, meiner Meinung nach, in verschiedenen Lagern. Daran ist nichts zu machen. Ob du willst oder nicht, du mußt fort, ich muß fort. Einander helfen wie zwei Menschen im gleichen Lager können wir nicht. Kämen wir einer in des anderen Nähe, würden wir einander ins Feuer laufen. Meine Gehässigkeiten sind Kugeln, die nicht dir, meinem Bruder, gelten, sondern der Partei im allgemeinen, in der du nun einmal bist ... Deine Spitzfindigkeiten betrachte ich nicht als mit Absicht auf mich gezielt, aber du schießt auf die Barrikade, meinst, dich damit verdient zu machen, und da bin ich nun einmal drin.« – »Das alles gilt natürlich nur figürlich und, wer weiß, bildet sich das alles mit dem Willen der Menschen oder von selbst? Können die Wolken dafür, ob sie zu der einen oder anderen Gewitterschicht gehören, Träger von positiver oder negativer Elektrizität sind? Freilich sind Menschen keine Wolken ... Wie weit ist es eigener Wille, wie weit Verhängnis der Umstände, daß man auf der einen oder anderen Seite steht? ... Es waren einmal zwei Brüder. Die standen beide bei der Rijswijker Mühle und fielen nacheinander für dieselbe Sache.«

Er bellt nicht nur. In den zwei Jahren in Nuenen sind Werke entstanden. Der erhöhte Anspruch an die Menschen entsprang der Einsicht in seine wachsenden Formen. Die in Drenthe gemalten Landschaften waren noch vorzeitig Bilder gewordene Stimmungen. Sie hatten etwas von in Öl gesetzten Federzeichnungen. Der Maler vermochte noch nicht den gelungenen Charakter der Studie unmittelbar zum Bild zu erheben, lebte noch in der Vorstellung, Malerei und Zeichnung seien verschiedene Dinge, und das Bild habe so etwas wie Illustration zu sein. Der Einfluß Millets, Bretons, Michelets, der dem unbestechlichen Auge Theos nicht entging, war um so schädlicher, als Vincent die Werke der geliebten Meister fast nur aus Photographien kannte. Drucksachen, Bücher waren sein einziger Verkehr. Das blieb auch in Nuenen so, aber mittlerweile war der Mensch zur Natur, will sagen, zu sich gekommen. Der Naturdrang durchbricht endgültig die Illustration. Illustrieren war Glück, Behagen, das Atelier mit Wiege und Kackstuhl. Das mußte erst weggeätzt werden von Unglück und Verzweiflung. Erst wenn die Natur letzter Besitz wird, kann man sie malen. So geht es voran. Man nimmt ein Stück, saugt sich daran fest, lebt damit Tag und Nacht, wie der Hund mit einem Knochen. So reduziert sich das Objekt. Kleiner Umfang gibt größere Wirkung. Bis dahin waren es Interieurs, Leute bei der Arbeit, Landschaften mit Tieren und Menschen. Dergleichen malt und zeichnet er auch jetzt noch hie und da. Das Zentrum aber wird das Gesicht des Menschen. Fünfzig Bauernköpfe muß er machen, nur Köpfe. Und wenn er die hat, nochmal fünfzig, um aus der Masse den einen alle anderen enthaltenden Kopf – er nennt ihn Typus – zu gestalten. Seine Augen fressen die Anatomie ausgehöhlter Wangen, eckiger Kinnbacken, gestülpter Bauernnasen. Er bekommt selbst so ein Gesicht, gräbt, schaufelt, eggt Linien von Menschen, die immer in der Erde, von der Erde leben, Bauern-Linien, Bauern-Flächen. Sein Stift wird Pflug. Da fällt die flaue Legende wie eine Kruste ab, sinken alle Bretons, alle sozialen Geschichten. Diese Anatomie enthält das Wesen, das alle Deduktionen übrig macht: So ist der Sämann. Lies selbst! Einst werden solche Köpfe wirken wie auf uns heute die gemalten Gesichter alter ägyptischer Gräberfunde, die uns überzeugender als alle Geschichte beweisen, daß vor Tausenden von Jahren, als es noch keinen Tulpenhandel gab, Menschen wie wir auf Erden waren. Unerhörte Geschöpfe, da sie uns gleichen.

Da sinkt der Umriß, und die Massen, aus der Mitte heraus gefaßt, stellen die Bilder. Hat man erst die Köpfe, ist nichts einfacher, als das zusammenraffende Schaufelverfahren auf den Rest zu übertragen, so den ganzen Menschen hinzureißen, so seine Arbeit, sein Feld, seine Kammer zu pflügen. Der Bauer, der sein Feld baut, der Weber, der webt, das hält Vincent für sein einziges Objekt. Ein höchst aktuelles Ziel, glaubt er und meint, nie seien die Bauernmaler der Vergangenheit darauf verfallen, den Bauern bei der Arbeit zu malen. »Das ist das eigentliche Herz der modernen Kunst, etwas, das weder die Griechen noch die Renaissance, noch die alten Holländer gegeben haben.« Er hat recht, weil es ihm gelingt, den verrichtenden Bauern ohne Verrichtung zu machen, in dem Gesicht, in seinem Knochenbau das Bauernhafte so treffend zu geben, daß es uns gleich ist, ob das holländische Bauern oder alte Ägypter darstellt. Das Menschenartige überwindet die Spezies. Nun ist, ebensowenig wie der Unterschied zwischen Bauer und Mensch, keine Trennung von Zeichnung und Malerei mehr möglich; wenigstens nicht in der Vorstellung. Er malt mit der Feder und zumal mit der Kohle. Damals sind seine schönsten Kohlezeichnungen entstanden; Rübenstecher, Säer, Grabende; aus einem Schwarz, dem die wuchtige Schwere der Hand Farben verleiht. Fette, frischgestochene Ackerscholle im Licht, die wir manchmal wie etwas Eßbares von ungeheurer Nährkraft anstarren. Naß und duftvoll zugleich ist das gehäufte Schwarz in den Tiefen. Weich wie Haar, wie Fleisch wird es in sparsameren Teilen, ist immer dasselbe Schwarz wie der Acker am Morgen und Abend. Etwas unglaublich Düsteres steckt darin, etwas von der Melancholie van Goghs, und ein fast festlicher Glanz, der auch zu dem Menschen gehört. Der aus dem Licht verbannte Lochinsasse lernt, seine Melancholie leuchtend zu machen.

Im Frühling 85 entsteht der Abend in der Stube mit den

3. *Kartoffelschälerin,* 1885

essenden Bauern, die Ardappeleters, eine Zusammenstellung jener Köpfe. Damals haben die Ideen Delacroix', von denen er Bruchstücke aus Aufsätzen kannte, Eindruck auf ihn gemacht. In einem Gespräch hat Delacroix behauptet, die besten Bilder mache man aus dem Kopfe. *Par cœur!* Das Wort dringt dem Naturmenschen, der bisher jeden Strich der Wirklichkeit abgerungen hat, ins Mark. *Par cœur!* Das fehlte ihm, als er predigen wollte: er konnte nicht von innen heraus. Daran scheiterte alles. Er nahm es damals fast für ein Zeichen, daß er nicht berufen war. Nun als Maler, wenn er dafür berufen ist, muß er es können. Es scheint, er kann es: die Kartoffelesser werden *par cœur* gemalt. Man darf nicht an Delacroix denken. Das Bild hat etwas – er sagt es selbst – von schmutzigen Kartoffeln. Ein zottiges, bellendes Bild, übermalt, aus der Anatomie gezeichneter Köpfe zusammengeschmiert, aber ein Gesicht, ein Dasein. Man kann Vergangenheit und Zukunft daraus ablesen. Das Bild wandert nach Paris. Theo bringt es zu Portier, dem einzigen Händler, der einiges Interesse an dem Neuling zeigt. Beide beschweren sich über den Dreck in der Farbe. Solche Palette im Zeitalter der Impressionisten, wo alle Jungen in Paris hell malen! – Vincent lacht. Er wird noch viel dunkler, noch viel dreckiger malen. Im Dreck kann Licht sein, mehr Licht als in allen Himmelblaus. Siehe Rembrandt! Und man lese, was Delacroix, der Kolorist, über den Fall gesagt hat! – Impressionisten – soso! Ein neues Wort! Es sollen sonderbare Leute sein, pfeifen auf Millet und Israels. Wenn ihnen nur nicht die Puste ausgeht! – Hellmaler! Die Pariser müssen immer etwas Neues haben. Er erlaubt sich, bei den Holländern zu bleiben.

Damals nahm ihn einmal ein Bekannter, ein Lohgerber, Herr Kerßemakers, nach Amsterdam in das Reichsmuseum mit. Im Wartesaal, Vincents Lieblingslokal, wird noch schnell eine Studie hingestrichen, und dann kam der Zug. Von der Judenbraut war er nicht wegzubringen, stand da und raunte vor sich hin, starren Auges. Zehn Jahre seines Lebens, wenn er einmal vierzehn Tage hintereinander vor dem Bilde sitzen könnte! Diese Fahrt hatte Einfluß. Man vergaß in Nuenen die Museen, eine Gattung wunderbarer Bücher. Was man vorher von den Ideen Delacroix' über die Farbe, über Kontrast und Ton vernommen, konnte man hier nachprüfen, Wort für Wort. Unglaublich viel lernte man so in drei Tagen; Dinge, die einem in Nuenen nie eingefallen wären. Gewiß, das, was man am dringendsten in Nuenen bei den Bauern brauchte, mußte man sich selbst angewöhnen, das Sich-hinein-Fressen, den Hunger nach den Dingen. Hatte man das aber einmal, so gaben solche Bilderbücher wunderbare Hilfen.

Dieser leidenschaftlichen Lektüre verdanken die Studien kurz nach den Ardappeleters eine Milderung der erdigen Rauheit. Noch immer sind die Motive ganz ungesucht. Mit ein paar Kartoffeln, einem Messingkessel, einem Bauernkorb und dergleichen werden zahlreiche Stilleben gestellt, von einer einfachen, aber nichts weniger als bäurischen Mache. Eine Erdfarbe, Kartoffelfarbe, trägt die bescheidenen Kosten der Palette. Aber die Beschränkung hat einen ganz bestimmten und auffallend kultivierten Stil. Es stecken kupfrig leuchtende Töne in dem Kartoffelgrau, in der »Grüne-Seifen-Farbe«. Und er wirkt mit ihnen, nicht mit der Lokalfarbe. Weiche breite Pinselstriche heben unversehens die Dinge aus dem Naturalismus des Autodidakten in die Atmosphäre holländischer Meister. Und zwar nicht in die der Epigonen wie Mauve und Israels; nichts erinnert an die Verehrten. Eher in die Tonwelt der van der Neer und Ostade und zumal des vergötterten Chardin. Man denkt an keinen bestimmten Meister. Der Ton ist durchaus persönlich, aber von der Art, die ein an den Alten geschultes Studium geben kann. Es ist vergleichsweise das Stadium des jungen Marées in München um 1863. Leute, die so eine Note einmal glücklich erwischt haben, pflegen sich für den Rest ihrer Tage mit der mehr oder weniger gründlichen Exploitation der Ader zu begnügen. Die Bescheidenheit bewahrt Vincent davor. Es ist nur ein Anfang. Die Meister schauen ihm zu, wenn sie überhaupt für so nichtiges Zeug Augen haben. Man muß ihnen viel näher kommen. Die Briefe wimmeln von Reflexionen über die Malart der Alten. Zwischen die Köpfe der Nuener Bauern drängen sich die Häupter der Hals und Rembrandt und vieler anderen. Die Korrespondenz nimmt das Gepräge des Journals Delacroix' an, und Theo erweist sich als guter Partner. Es macht Spaß, mit ihm zu diskutieren. Theo ist nicht hypnotisiert von Pariser Aktualitäten, sieht die Kunst nicht nur vom Boulevard aus; ein Kenner und ein Denker. Zum Beispiel fällt ihm nicht ein, die Palette der Modernen für ein Kriterium der Malerei zu halten. Er weiß sehr gut, was Geist, was Mache ist. Das Schwarz, das man den Ardappeleters mit Recht vorwerfen kann, ist nicht die Tube, sondern die unklare Partitur. Und seine Einwände gegen die mangelhafte Harmonie eines Israels, den Vincent überschätzt, sind keine Willkür. Theo wiederum freut sich an den straffen Gedankengängen des Bruders. Die Intuition ersetzt Erfahrungen, läuft mit Siebenmeilen-Stiefeln. Auf jedes Wort über einen Meister, eine Theorie, ein Novum kann man sicher sein, binnen drei Tagen von Vincent eine Quittung zu erhalten, die aus leiser Andeutung alle Schlüsse zieht und Dinge formuliert, an die Theo kaum zu denken gewagt hat. Es ist schön, denkt Theo, solchen Bruder zu haben. Sein Bauerntum, seine Rauheit, sein Outsider-Wesen, das ist alles nur angenommene Farbe. Wie die Töne darin kräftig leuchten! Wie das vorwärts geht! Möglich, daß die Menge ihn nie erkennt. Möglich, daß seine Malerei nie ganz die Höhe des Menschen erreicht. Das ist sehr gut möglich. Der Wert, den er aufstellt, wird länger bleiben als irgendeine Mal-Theorie.

Van Gogh legt nun auch im Äußeren ein Terrain zwischen sich und seine Bauern. Ende November 85 geht er auf ein paar Monate nach Antwerpen. Wegen Rubens, denkt der Bruder. Vincent aber, der große Ästhet, will in Antwerpen ein paar Bilder von – Leys studieren! Ja, wir müssen uns daran gewöhnen, ihn ohne die Aller-Welts-Kennerschaft vorwärts schreiten zu sehen. Vielleicht hat ihn auch das geweckte Stadtbedürfnis getrieben, seine Sehnsucht nach Museen und Schulen. Um billig Modelle zu haben, arbeitet er in der Akademie. Das Geld war wieder einmal so knapp, daß es neben der Malerei selbst für das trockene Brot nicht immer reichte. Die Folge dieses jahrelangen Brotfutters bei äußerster geistiger Anstrengung waren merkbar. Die Angst vor vorzeitigem Ende, die ihn nie verließ, vergrößerte die Arbeitswut, und die wüste Schufterei brachte die Gefahr näher. Doch wäre es schade, zu früh in die Grube zu fahren, weil man andernfalls noch allerlei Interessantes erleben könnte, zum Beispiel eine Revolution. Seine Einfalt, die nicht blind war, ahnt »das Ende einer Gesellschaft«.

Einige Besserung war zu erwarten, wenn man sich in Paris zusammentat. Paris hatte doch andere Möglichkeiten als Antwerpen, und es gab freie Menschen. Man konnte in die École Julian gehen oder zu Cormon. In Antwerpen hatte er sich natürlich mit sämtlichen Lehrern und Schülern der Akademie verkracht. Und er möchte jetzt noch tiefer in die Stadt, noch gründlicher alle von Menschen gemachten Mittel erkunden. Es ist nicht die Sehnsucht nach Menschen als solchen. Die hatte man sich abgewöhnt; vielmehr Bedürfnis, den Apparat zu verbessern, mit dessen Hilfe man sich am besten von ihnen freimachen konnte. So etwa dachte er. Von Manet oder den anderen mochte dieses oder jenes zu lernen sein. Dieser Impressionismus war doch nicht ohne weiteres von der Hand zu weisen. Und was würde ihm jetzt Delacroix geben! Vor zehn Jahren steckte ihm die Religion im Kopf, hielt ihn nicht gerade ab zu sehen, aber hinderte ihn, sich schöpferisch mit dem Gesehenen zu verbinden. Jetzt vermöchte er, alle Herrlichkeiten des Louvre davonzutragen. Bestand doch seine ganze Tätigkeit bisher nur in der Fertigung von Gefäßen für die Ernte. Noch jetzt arbeitet er an fünfzig Köpfen, wieder an fünfzig Körben und Kesseln für die kommenden Früchte. Auch nach der Antike, um die Struktur des Organismus zu klären. Auch nach Tal, Hütte und Bach, auch nach Tieren, nach allen Geschöpfen. Nun ist er reif für die Welt, die da in der Ferne tobt und brandet. Nur her damit! – Und, Theo, zusammen einbringen, mit vier Armen statt zweien! Im Louvre zu zweit das große Bilderbuch lesen, abends bei der Pfeife einander die Funde zeigen. Wäre es nicht herrlich? Nie war man bisher zusammen. Merkwürdig, daß man nicht eher darauf gekommen ist!

Wohl wäre es schön, meint Theo vorsichtig. Hoffentlich wird er Vincent nicht enttäuschen. – O der Bedächtige! Als handele es sich um Leute, die sich nicht kennen, nicht um zwei Menschen, die niemand und nichts außer sich selbst haben! – Immerhin sollte Vincent vielleicht vorher zu der Mutter, der Witwe, nach Brabant, um ihr beim Umzug zu helfen. – Vincent wird die Geduld knapp. Der Vater ist tot, man kann ihn nicht lebendig machen. Vielleicht war er schon lange tot. Leben muß man, leben! Nach Brabant hieße zurück, Verlust einer Zeit, die vielleicht kostbarer als je ist. Er hat Fieber. Der

Arzt meint, es könnte, schont er sich nicht, Typhus werden. Solche Fieber sind nur in Paris zu heilen. – Dann also im Juni, meint Theo. Da nimmt man zusammen eine größere Wohnung, und es läßt sich alles ordentlich vorbereiten. – Aber Vincents Fieber brennt lichterloh. Solche Fieber müssen sofort gestillt werden. Im April, lieber schon im März! Antwerpen ist tot, alles ist tot außer Paris.

Am 27. Februar 86 wird Theo ein Zettel ins Geschäft gebracht. Er möchte gleich in den Louvre kommen, in den Salon Carré vor den Rembrandt.

Die Brüder in Paris

In Paris begann die hohe Schule. Nicht weniger eine Erziehung zur Kunst als eine zum Leben. Also gab es in der Welt noch andere Dinge außer Pflichten und Lasten, und man nahm sie auf, ohne sich zu bücken. Sie hätten ihn verwirren können ohne den Stand, den er mitbrachte. Der richtete das Durcheinander der Eindrücke. Künstler sein hieß hier etwas anderes als in Holland. Es war eine Art Lampe, mit der man sich zurechtfand, nicht nur in einem Teilchen, sondern in dem Herzen der Weltstadt. Mit ihr begriff man das Wesen der Metropole und wurde als Teil ihres Wesens begriffen, als Bürger. Paris war für ihn durchaus nicht die Riesenstadt, sondern die in Straßen, Plätzen, Menschen, Geschichten geordnete Welt und enthielt mit der Gegenwart Vergangenheit und Zukunft. Freilich, was wäre Paris ohne die sanfte Hand des Bruders gewesen! Theo wurde hier im Anfang wirklich fast zu einem Mitarbeiter, mindestens zu einem unentbehrlichen Vorarbeiter, der das ungeheure Material sorgfältig gesiebt hatte. Mit seiner kaum merkbaren Führung kam man ohne Umwege an die richtige Stelle. Vincent las das große Buch der französischen Tradition, zumal das Kapitel Delacroix, und las die kleinen Bücher, die am Boulevard erscheinen. So ein kleines Buch war das Atelier Cormon. Es verdankte seinen Ruf weniger den Erkenntnissen des Leiters, die sich nicht wesentlich von den Lehren an der École Julian unterschieden, als seiner Toleranz. Vincent ging der Schüler wegen hin und weil er in der kleinen Wohnung bei Theo nicht malen konnte. Nebenbei quälte er sich mit Zeichnen nach der Antike. Er traf den komischen Zwerg Lautrec, der eigentlich ein Graf war und unglaubliches Talent hatte, den langen Anquetin, den kleinen Émile Bernard, junge Leute, mit denen sich reden ließ, und fand bald, daß dieser Zweck ebensogut auch außerhalb der Schule erreicht wurde. Das Reden tat ihm gut. Er hatte jahrzehntelang den Stummen gespielt und über Dinge geschwiegen, die unausgesprochen schwere Hindernisse blieben. Hier stellten sich ganz von selbst klärende Begriffe für sie ein. Jeder hatte seine Zweifel, seine Enttäuschungen, half sich von einem zum andern. Draußen war er allein gewesen, ein Fremder in seinem Lande, und die Einsamkeit hatte ihn im Kreise urgewohnter Dinge, umgeben von Menschen, die seine Sprache sprachen, um so schwerer bedrückt. Jetzt war der Urväter Hausrat weggenommen, und die Menschen, die er seit gestern kannte, tauschten in einem fremden Idiom Vertrautheiten mit ihm aus. Das geschah ohne besondere Absicht, ergab sich als natürliche Folge der Sachlichkeit, mit der hier jeder über alles sprach. Das, was man in Holland intim nannte, war hier normaler Verkehrston. Vielleicht bestand das Intime nur in der Wahl der Dinge, die man der Rede wert hielt. Theo wußte, was davon zu halten war, und täuschte sich nicht über den Umfang der zu stellenden Ansprüche. Der kleine Kreis seiner Bekannten schätzte seine kühle sachliche Form. Den vielen Jungen, die zu ihm kamen, versprach er selten etwas, wie er überhaupt wenig Worte machte; und er hielt immer mehr, als man erwartet hatte. Die Herren Goupil hatten ihm endlich erlaubt, im Entresol des Hauses auf dem Boulevard Montmartre die Künstler offen zeigen zu dürfen, die eine Zukunft versprachen. Deren gab es damals eine gehörige Menge. Man fand gute Bilder auch in anderen Geschäften. Durand Ruel hatte längst einen Stock von Monet und Renoir, geschweige von Manet und Degas, aber hielt sich an diese Säulen, ließ keinen anderen dazu. Theo brachte die Meister und ihre

Jünger, ließ die Entwicklung sehen. Es waren von den Älteren nicht ausschließlich endgültige Werke, mehr Atelierstücke, die den Künstler reizen, und von den Jüngeren unverhohlene Geständnisse. In dem kleinen Entresol pulsierte das Leben. Natürlich blieb das Lokal Teil von Goupil & Co. Auch Theo mußte billige Ware verkaufen, aber hielt diese Dinge für die Amerikaner im Hintergrund. Den Ton gaben die anderen. Vincent machte große Augen. Theos Briefe hatten ihm eine Idee von dem Impressionismus gegeben, von der Theorie, von der Technologie des Verfahrens. Die Praxis überraschte. Es ging ihm wie einem Ausländer, der eine Sprache nach der Grammatik studiert hat und nun in der Sprache eine Liebeserklärung empfängt. Alle Malerei hier war Liebeserklärung. Das Persönliche der Angelegenheit verschlang das Dogma. Der Impressionismus war damals noch kein Rezept geworden, sondern schien eine nach allen Seiten offene, frohe Anschauung, die von der Enge des Naturalismus erlöste. Die Impressionisten waren Menschen, bevor sie Maler wurden. Ihre helle Farbe wehte einem neuen Geschlecht voran. Das Jahr 1886 zeigte alle Matadoren auf glanzvoller Höhe. Claude Monet hatte noch nicht seine langweiligen Serien begonnen, sondern holte gerade mit den Belle-Isle-Marinen zu dem letzten Schlager eines Dramatikers aus. Renoir hatte sich bereits, was den meisten entging, mit seiner Statik des Bildes von Monet getrennt und zeigte gerade auf seinem Sonderweg die Fülle von Möglichkeiten der Gruppe. Pissarro, Sisley, Guillaumin standen in voller Entwicklung, umgeben von vielen anderen. Allen war die helle Farbe gemein. Einem Menschen, der mit dem Persönlichen an sich gar keinen Wert verband, wurde das Gemeinsame zur Bürgschaft für die Gültigkeit dieser neuen Kunst, ja, zu einem weit über die Sphäre der Malerei hinausragenden Wunder.

Also gab es doch Dinge außer Elend, Gewinnsucht, Haß, die zu verbinden vermochten. Dergleichen hatte er nur auf dem Lande unter Bauern vermutet. Die Stadt war Stelldichein von Gecken, Nichtstuern, Glücksrittern, die Gott und die Welt bestahlen, die Natur um ihre Kraft, die Sonne um ihre Strahlen betrogen. Auf einmal wurde die Stadt zum Licht und der Städter zu einem neuen Menschen. Das Erstaunliche war die Einfalt dieser Leute. Man hatte sich raffinierte Dialektiker vorgestellt, vorsichtige Rechner, ausgefallene Spintisierer, und fand Landleute, nach sinnfälligen Erfahrungen handelnd, kluge Handwerker, die wußten, wie man die Sache anpackt, und zugriffen, ohne viel zu reden. Es war alles ganz einfach, wahnsinnig einfach. Nun verstand er Theo. Natürlich ließ man dieses Paris nicht für ein Drenthe oder Nuenen. Hier knüpfte Geist die Bande, Erkenntnis, schöpferische Lust. Man erschrak fast über den Unterschied des Daseins. Es war, als hätte man plötzlich ein anderes spezifisches Gewicht. Gab es irgendwo so einen Frühling? – Sie waren in die neue, größere Wohnung gezogen, hoch oben auf dem Montmartre. Auf der einen Seite Moulin de la Galette, ein Märchen aus drolliger Kleinstadt; Kleinbürger, die nickten, wenn er vorbeiging. Jeder kannte ihn, die Gemüsefrau, der singende Vitrier, die Blumenfrau nebenan auf dem belaubten Platz. Da spielten die Kinder, die Weiber tratschten. Da gab's keine Unrast. Geborgen war man wie in einem Winkel im Haag, nur alles lichter und leichter. Keiner lachte über seine vierschrötige Art, keiner wunderte sich über seine Kleidung, und wenn man lächelte, gab es einem Lust, mitzutun. Ein Vogeldasein. Wirklich konnte man glauben, weniger Körper zu haben. Es war Musik in der Luft. Man hätte immer mitbrummen mögen.

Auf der anderen Seite aber wogte das Häusermeer der unendlichen Stadt, der einzigen, die es vergalt, die Erde dem Pflug zu entziehen; der einzigen, die Werk war, kein Zufall, wunderbares Werk, Bild mit reichen Plänen, ewig wechselndes Antlitz. Überall, wo man stand, war man in einem Rund, hatte Dimensionen nach allen Seiten, gegliederte Fülle. Die Straßen waren Adern in schimmernder Haut. Man stieg gemächlich im Bogen zum Boulevard Clichy hinab. Grisetten saßen mit ihren Kerlen vor den Cafés. Auf diesem Boulevard gab es nur Paare von Menschen. Worte flogen, gleich kleinen roten Ballons, und alles Leben zog schlendernden Schrittes und sah in die Wolken. Dann kamen die Bücherauslagen der Althändler, wo man jeden Tag für vier Sous einen Fund machte, die schönsten japanischen Crepons. Diese Japaner! Nie hatte man von dieser Welt etwas geahnt. Ihre Schönheit verrückte alle Vorstellungen des Malers, half, unbrauchbaren Kram über Bord zu werfen, erschloß ganz neue, ganz unübersehbare Möglichkeiten der Farbe. Und das Tollste: dies alles fügte sich in Paris ein wie dafür geschaffen. Paris schluckte so einen ganzen Erdteil wie eine Auster. Die fernen Asiaten hatten nur deshalb jahrhundertelang gepinselt, um eines Tages der Stadt einen neuen Putz, ein neues Lächeln zu geben. Japan war eine Stütze des Impressionismus. Stundenlang blätterte man in den Mappenkästen. Die richtigen Japankenner verachteten die primitiven Crepons. Die alten Drucke der Meister auf richtigem Papier waren natürlich feiner, dafür aber auch teurer, und sie hatten nicht die bunte Derbheit. Gerade das Bilderbogenhafte reizte den Künstler. Schwer riß man sich los, um zu einer anderen Entdeckung zu eilen. Auf dem Boulevard Rochechouart nahm man den Imperial und donnerte dreispännig die steile Rue des Martyrs hinunter. Da veränderte sich das Bild. Die Menschen gingen geschwinder, die Häuser wurden ernster. An manchen Ecken tobte schon der Strom, wie in ein plötzlich geöffnetes Bette geleitet, und brach sich in bunten Schleifen. Nun trotteten die drei Schimmel in die schweigsame Rue Laffitte. Die Augen auf! In jedem der kleinen Fenster ein Bild, gleißende, lockende Farbe. Man fährt, weil man sonst nie vorbeikäme. Schon schwirrt in der Ferne das Bunt des großen Boulevard wie Hasen im Dickicht vor dem Loch des Jägers. Das Orchester beginnt, tausend Stimmen auf einmal. Plötzlich steckt man mitten drin zwischen Wagenreihen, schreienden Menschen. Die Kandelaber zittern, der Boden bewegt sich rapide zwischen schwarzen Hüten und Stiefeln. Wie steile, mit Millionen bunter Vögel besetzte Felsen ragen Fassaden empor. Vorsichtig klettert der Holländer die schmale Wendeltreppe des Omnibus hinunter und netzt langsam die Füße in der stürzenden Flut. Nun zum Trottoir hinüber. Da, wo der Boulevard Montmartre mündet, häuft sich das Leben in Stromschnellen. Es ist, als stürzten Omnibusse, Equipagen, Lastwagen, Kandelaber, Plakate kopfüber das Wehr hinunter. Nur gemach! Da winkt der Laden mit der goldenen Aufschrift. Hier ist mein Bruder. Hier bin ich zu Hause. –

Drinnen saß man dann geborgen und freute sich wie im Winter am Behagen des Herdes. Man war wie in einem gläsernen Förderhaus und konnte sich einbilden, das tolle Treiben draußen werde hier drinnen von einem sachlich arbeitenden Apparat geregelt, an dem man womöglich selbst beteiligt war. Denn es war eine Regel in dem Trubel. Die Töne, aus denen er sich zusammensetzte, hatten etwas irgendwie Gemeinsames. Die Welle schwoll an, schwoll ab, und man spürte ihre Materie. Es gab blendende Überraschungen, Momente, die den Atem hemmten, aber sie hatten eine Umgebung, Zugang und Abgang, ordneten sich ein, wurden vertraulich. Ein Menschliches war in jedem Maß. Der Koloß bekam es fertig, seine eigene Größe zu überwinden, fand die Muße, zu lächeln. Man sprach mit ihm. Diese Stadt besaß die Möglichkeit, mit der Form das Leben zu erhöhen. War ihre Geschichte nicht ein dauernd gesteigertes, menschliches Dasein? Nie hatte Vincent so gelebt, nie solch Leben für möglich gehalten. Mein Gott, wenn Theo ihm zu den Bauern gefolgt wäre! –

Der Bruder lächelte. Er hatte zuweilen einen müden Zug um den Mund. Sie waren sich ähnlich, aber Theo schien ein weicherer, geglätteter Abguß derselben Form. Ja, es war sehr gut hier. Man wuchs oder glaubte zu wachsen, weil Paris stets im Werden blieb, nahm etwas von dem Rhythmus auf, nahm überhaupt viel auf, ohne es zu merken. Das Leben hier war Schwimmen ohne Hände. Mit dem Atem vollzog sich die Hinnahme. Nur fragte sich, ob man nahm oder genommen wurde. Man merkte nicht, wie man wuchs, noch wie man verging. Von Eigenem blieb immer weniger übrig. – Vincent gab darauf nichts. Was bedeutete das Eigene? Kam es darauf an? War es nicht hundertmal besser, in einer großen Gemeinschaft aufzugehen? Wenn er es nur könnte! – Ihm schien, er habe ganz falsche Körbe und Kessel für Paris mitgebracht, viel zu schwerfällige Gefäße, und müsse wieder von vorn beginnen, um leichter zu werden. Er malte Blumen. Nie hatte er früher dergleichen gemalt, nie so gemalt. Die Blumen verdrängten die Holzpantinen und Kartoffeln, auch die Atmosphäre jener Dinge, alles, was mit ihnen zusammenhing. Etwas von dem krausen Stein der Louvre-Fassade, von dem Schwung der Perspektive, von der Sinnlichkeit, von dem Lächeln und dem Pathos dieses Geistes ersetzte die Erdfarbe und die Grüne-Seifen-Töne, wellte den rüden Strich des Bauernmalers. Aus dem gebogenen Oval der Blätter, aus gerecktem Stengel, aus

4. *Selbstbildnis,* 1886–87

quellendem Blütenrund formte die Hand ein wuchtiges Barock, schwer wie Frucht, gespannt wie Sehne. Zähe Sachlichkeit ließ es Natur werden, aber es war nicht das vergängliche Objekt in der Vase, das sich blumig formte, sondern der größere Strauß, die Stadt quellender Rosen. Er malte Paris in den Blumen, und Paris legte sich ihm, eine Blume, in die Hand. Seltenes Phänomen, weil das Agens nicht dieser oder jener beeinflussende Mensch, sondern neuer Kosmos war, ein Italien, ein Hellas, und weil sich der Agierte trotz der ungeheuren Sphäre, der er sich hingab, so aktiv verhielt. Denn er blieb Holländer trotz alledem, blieb nicht nur Holländer, sondern der eine und einzige Mensch Hollands von ganz bestimmten Sinnen. In den Blumen steckt die Kraft, die sich in Nuenen in Larven von Bauern, in Spinnern und Rübenschauflern entlud. Sie haben Pantinen an, diese Rosen, trotz ihrer Blumigkeit, und in ihren Duft mischt sich die Luft niederländischer Dünen und Moore. Ein Holländer kam nach Paris und holte sich zurück, was ein halbes Dutzend Generationen vorher ein ebenso eingefleischter Franzose aus Holland geholt hatte. Genau so organisch wie Watteaus Ehe mit dem Geist der van Goyen und Vermeer ist van Goghs Verschmelzung mit dem Barock der Carpeaux und Delacroix. Zurückblickend glaubt man sogar in früheren Zeichnungen ein verstecktes Barock zu erkennen, als habe schon damals die Erregung nach solchen Formen getastet. Die Erregung bleibt Ursprung des Stils. Das Barock ist Wallung. Manche Blumen gleichen aufgeregten Marinen mit Blättern statt Wogen. Man konnte an vereinfachte Stilleben des jungen Monet denken, nur glitt Monets Hand immer leichter in die Form, als werde die Form ihm wie ein längst bereitetes Kleid vorgehalten, während bei van Gogh instinktiver Widerstand die Form zurechtbog. Die kräftige Farbe stammt von der Palette

Delacroix', nur wurden nicht die hellen Lieblingsfarben Renoirs und der anderen genommen, sondern die sonoren Teppichtöne. Delacroixhaft ist der Ausdruck des Farbigen, die in jedem Strich fühlbare Empfindung, der lodernde Optimismus. Es fehlt der Orient, der Zauber eines west-östlichen Diwans. Das Universum hat geringeren Umfang. Nur Blumen, immer nur Blumen. Aber diese Beschränkung scheint freiwillig, um das Gefühl ganz unzweideutig zu äußern. Die Stilleben sind Bildnisse, Gesichter mit ausgeprägten Zügen, sprechend, handelnd, delacroixhafte Porträts, die ein legitimer Enkel Rembrandts tiefer gefurcht hat. Altholländischer bürgerlicher Anstand rahmt sie. Wo blieb der Bauer, der Ardappeleter, der bellende zottige Hund? Wo die finstere Vergangenheit des Anarchisten? Der Holländer gab sich ans Singen. Gesang eines Menschen, dem die Lunge lange gelähmt war; eine ganz neue Art von Gesang, unerhört in Paris. Reste der Rauheit fügten neue Kadenzen hinzu.

So war es auch mit seinen Worten. Es klang in der rauhen Rede ein sonorer Ton mit, der diesen und jenen aufhorchen ließ. *»Il est drôle!«* sagte man, und wer sich Zeit nahm, die schlecht gesetzten Sätze zu enträtseln, rückte näher. Keiner kannte seine Vorgeschichte. Er behielt sie für sich, und sie hätte niemanden interessiert. Kurz, er kam aus einem Loch. Wo sollte er sonst herkommen? Alles war Loch außer Paris. Jener sonore Ton aber paßte gerade in jenem Moment in den Kreis der Jungen. Er brachte etwas Primitives mit, feste Struktur, herzhafte Art. Dieser Holländer machte aus Pariser Nippes große Formen, vereinfachte Paris. Nichts anderes wollten und mußten die eben beginnenden Nachfolger der Generation Manets, die Seurat und Signac, die Gauguin, Lautrec. Mit allen wurde er bekannt. Sie hingen noch gerade eng genug mit den Vorgängern zusammen, um nicht die große Linie zu brechen. Jeder baute an einer Zelle des Kreises, fügte dem Ganzen hinzu und gewann aus ihm Aussicht und Hilfe. Genauso wie im 17. Jahrhundert in Holland, vorher in Italien. Das galt ihm als höchstes Wunder der Stadt, ein Wunder, das er nie geträumt hatte und das, wenn man einmal hier war, so nahe lag. Wo sollte sich Gemeinsamkeit des Strebens bilden, wenn nicht in diesem natürlichen Sammelpunkt vieler vorzüglicher Menschen? – Doch ging es nicht ohne Reibungen ab, und das konnte auch gar nicht anders sein. Den kleinen Entresol am Boulevard heizten Diskussionen. Man hatte eine sonderbare Art, über Kunst zu sprechen, immer halb im Ulk, mit Albernheiten, die unversehens zu etwas Richtigem wurden. Viele wehrten sich gegen den Individualismus, den ein Fremder in Paris gar nicht merkte, mokierten sich über Schick und Virtuosentum bei Meistern, die nicht eine Spur davon hatten. Corot war der gute ehrliche Corot, und Delacroix, vor dem sie im Grunde alle Respekt hatten, war der große »Manitou«. –

Vincent begriff sehr schnell die Neuheit Manets. Und Claude Monet und seine Freunde, obwohl sie in Vororten von Paris malten, hatten eine neue, unglaublich neue Landschaft geschaffen. Im Entresol aber fand einer, von dem man weiter nichts wußte, diese Landschaft zum Weinen langweilig, und Manet hatte bourgeoise Routine. – Van Gogh liebte nicht das Stänkern gegen solche Leute. Manet war ein Fechter der guten Schule und schlug sich nicht nur für sich und die Gegenwart, sondern für die alten Spanier, mit der Faust des Frans Hals. – Bravo! dröhnte es aus der Ecke, so laut, daß es auch das Gegenteil heißen konnte, und dann kam aus derselben Ecke eine ganz lächerliche Geschichte über Fechten und Boxen. Es war dieser Gauguin, ein Indianerschädel mit Riesennase. Anquetin erzählte einen Witz von Degas über Courbet, wurde aber überstimmt. Nur der kleine Émile Bernard, der immer von religiösen Bildern sprach, hielt zu ihm. Aus der Ecke dröhnte wieder die höhnische Stimme: »Im Finger liegt die Feinheit!!« – Wieder der Indianerschädel mit der Riesennase. Sein unförmiger Spazierstock, der als Griff eine verzerrte Maske trug, fuhr, gezielt wie ein Speer, auf eine Odaliske Henners los und wurde im letzten Augenblick, ein Haar vor der Leinwand, zurückgezogen. Vincent zuckte jedesmal, obwohl ihm der Henner in der Seele zuwider war. – Diese illustren Herren Courbet und Compagnie, fuhr die dröhnende Stimme fort, dachten mit den Pfoten. –

Mit dem C . . .! warf Lautrec ein. – Diese illustren Herren – wieder schoß der Speer auf die Odaliske – hatten aus der Malerei eine Fingerübung gemacht, gut, um dem Bourgeois den Bauch zu kitzeln. Geschickte Affen oder sentimentale Grues. Seit Delacroix ging die Kunst bergab, starb langsam; nicht schneller, weil es gute Ärzte gab. Erstaunliche Operateure schnitten da ein Stück Haut ab, setzten dort ein neues ein. Wie es unter der Haut aussah, kümmerte keinen. Mit Europa ging es genauso.

Van Gogh saß mit offenem Maule da. Jedesmal, wenn er mit diesem Gauguin zusammen war, hatte er das Gefühl, widersprechen zu müssen, lediglich weil die Stimme so dröhnte. Dann plötzlich wurde sie scharf wie glasschneidender Stahl und schnitt einem ins Fleisch, daß es schmerzte. Jedesmal fand er in dem Athleten überlegene Einsicht, einen neuen Instinkt, fast eine höhere Rasse, und hatte Lust, sich vor ihm zu verbeugen. Gauguin merkte es sehr wohl – Vincent war nicht der einzige –, aber tat nicht dergleichen. Er konnte zuweilen für einen geschickten Schauspieler gelten, der mit allen Tricks des

Boulevard Bescheid weiß, und tat dann auf einmal alles Pariserische ab, urteilte wie einer, der Paris aus der Vogelperspektive sieht, erkannte haarscharf die drei, vier Erhöhungen, auf die es ankam, und es traf sich, daß solche Höhen, über die Gauguin beiläufig hinwegflog, für Vincent bis dahin überhaupt nicht dagewesen waren. Degas hatte eine Ahnung von dem Körperbau der Kunst, von der vergessenen Gotik Frankreichs, und baute sie in Tanzbeinen und Kokottengesichtern wieder auf. Der und Cézanne, auch ein Konstrukteur, wußten, auf was es ankam. Der Rest lohnte nicht das Wort des Cambronne. –

Das Bestrickende war der eiskalte Intellekt, der unter Umständen auch den eigenen Vorteil nicht schonte. Einmal wurde über Pissarro und Guillaumin gestritten. Ein Jüngling aus der École des Beaux-Arts machte sich über die Pünktelei des alten Pissarro lustig. Gauguin, Pissarros Schüler, setzte dem Grünling die Unterschiede zwischen dem rechtschaffenen Handwerk Pissarros und dem Schwindel der Bouguereau und Konsorten so gründlich auseinander, daß die anderen sich vor Lachen bogen. Das war ganz nach Vincents Geschmack. Auch ihm gefiel der alte Pissarro und seine Landschaften. Nachher meinte Gauguin lässig, nun ja, in Zukunft werde man wohl die Technik Pissarros in Mädchenschulen unterrichten; immerhin sei sie gut für Kranke, eine Hygiene gegen die Pariser Pest, eine Art Gesundmalerei. – Lautrec, der dabeistand, ein Zwerg neben dem Athleten, amüsierte sich über das verdutzte Gesicht van Goghs und empfahl ihm einen Pariser Dentisten, der Künstlern gegen bemalte Leinwand die Zähne plombierte. Lautrec erzählte ihm auch eines Tages die Lebensgeschichte Gauguins. Er war erst Seemann, dann elf Jahre in Paris Bankbeamter gewesen, gerissener Courtier an der Börse, hatte sich viel Geld und das Recht auf Familie verdient, ein Bourgeois wie die sechzigtausend anderen Bankmenschen in Paris. Eines Tages wurden die Bank, Familienleben und die hübsche Einnahme an den Nagel gehangen und der Malkittel angezogen. Seitdem hungerte der junge Mann. – Vincent fiel aus den Wolken. Elf Jahre Bankbeamter, gerade Bankbeamter. Es war sonderbar, es war sogar rätselhaft. Der Zwerg meinte, er als Graf von Toulouse habe der heiligen Gilde wegen sogar auf königliche Ehren verzichtet, denn statt mit dem Pinsel könne er mit dem Marschallstab in der Hand neben dem König von Frankreich reiten, vorausgesetzt, daß es noch einen König gab und man reiten konnte. – Vincent nahm Gauguins Geschichte nicht scherzhaft. Er fand bei aller Fremdheit eine Verwandtschaft mit dem eigenen Schicksal. Natürlich war der Weg Gauguins viel bedeutsamer, sein Opfer viel überzeugender, wie überhaupt der ganze Mensch trotz seiner Pariser Blague, die man ihm vielleicht abgewöhnen konnte, eins der allerseltensten Exemplare war. – Theo sprach von Verstiegenheiten der Pariser. Originale fanden sich an jeder Ecke. – Aber nicht solche Künstler! rief Vincent. Jede Leinwand Gauguins erwies den Ernst seiner Gesinnung, und Huysmans hatte recht, ihn für die größte Hoffnung der Generation zu halten. Im Grund gewann Gauguin mit seinen leichteren Landschaften sogar einen Vorsprung vor den Impressionisten, ließ sich nicht von Natur und Palette narren, behielt seine Lyrik. – Der Bruder lächelte. Vincent brauchte immer ein Idol. Gauguins Zukunft stand auch für ihn außer Zweifel, aber es gab andere, die ihm an Selbstschätzung unterlegen waren, und von denen man noch mehr erwarten konnte. Diese Landschaften Gauguins aus dem Kreise Pissarros zogen Vincent mächtig an, gerade weil ihre leichte Art ihm verschlossen war. Das Leichte, wer das erraffen konnte! – Alles Frühere erschien ihm plump, unterstrichen,

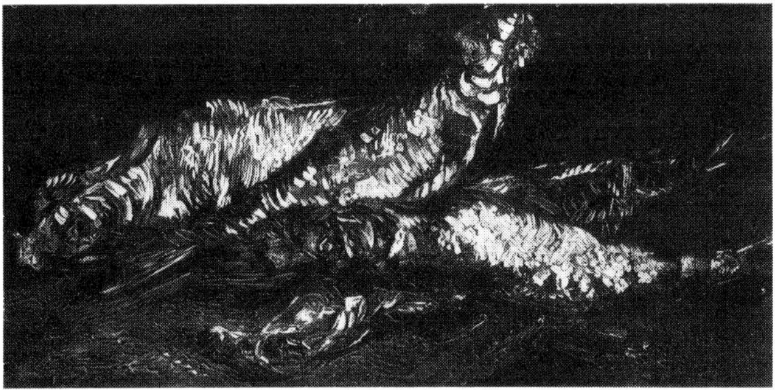

5. *Bücklinge,* 1886

unbrauchbar für Pariser Luft, Pariser Erlebnis. Er gab sich daran, leichter zu werden, quälte sich, den derben Rhythmus, der keine leisen Töne besaß, zu zerstückeln. Es ging viel dabei verloren, das ganze Eindeutige und Überzeugende, auch das Pathos der Blumenstücke, auch das autochthone Barock. Theo sah es mit Sorge, sagte nichts, aber brauchte nichts zu sagen; Vincent sah es ihm am Gesicht an. Sollte man vielleicht auf dem Boulevard Kohlstrunk und Kartoffeln pflanzen? – Eigentlich ja, meinte Theo; so habe er sich des Bruders Treiben gedacht. – Das lief, erklärte Vincent, auf bewährten Manierismus hinaus.

Er fühlte aber selbst nur zu gut, wie er abnahm, ohne dem Ziel näher zu kommen. Die Landschaften blieben blind, die Farbe verlor sich, nur selten brachte er spontanen Ausdruck heraus. Sobald er aber von der Landschaft abließ, stellten sich sofort alle Fähigkeiten wieder ein, schienen sogar gewachsen, als hätten sie sich inzwischen ausgeruht; woraus folgte, daß man unbedingt Landschafter werden mußte. Eines Tages im Herbst, nach einem ergebnislosen Tag an der Seine, fand er zu Hause auf dem Eßtisch einen Teller mit Bücklingen, die Theo für das frugale Abendbrot gerichtet hatte. Er lief gleich damit in seine Stube, die als Atelier diente, und malte die Dinger in einem Zuge herunter. Das war, als wäre er plötzlich nach Holland zurückversetzt. Aus der verknitterten goldgelben Haut wurden holländische Töne, saßen wie Splitter, leuchtend und straff, gaben den toten Biestern greifbare Leibhaftigkeit. Im kleinen ein Rembrandt. Theo konnte sich vor Bewunderung nicht halten. Kein Mensch machte das nach. Diese Straffheit, die sich nicht im Spiel schöner Materie verlor und den tastbaren Reiz als zufällige Begleitung der Vitalität besaß, lag keinem der Jungen. Nur ein nordisches Temperament, unberührt von dem Hauch der Antike, hatte das Ungestüm. Dergleichen wiederholte sich. Immer, wenn er sich auf Holland berufen konnte, ging alles von selbst, woraus natürlich zu folgern war, daß Holland nichts taugte. Alles von selbst Kommende war sicher verkehrt. Bei der neuen Landschaft schied Holland aus. Er sah sie nicht mehr wie die van Goyen und Ruisdael, hätte sich ebensoviel Zwang antun müssen, diese Leute nachzuahmen, wie er sich quälte, zu den Franzosen zu kommen. Mit dem Figürlichen wurde er erst recht nicht fertig. Den ganzen Winter über malte er, soweit das knappe Geld reichte, nach Modellen und bat jeden, der kam, um eine Sitzung. Wenn Theo des Sonntags, erschöpft von der Arbeit der Woche, ein Buch nahm, starrte Vincent so lange, knurrte, rumorte herum, bis Theo den Rock auszog. Nach einer Weile fiel dann auch noch Weste und Hemd. Trotz der rastlosen Arbeit brachte der Winter keinen rechten Fortschritt. Die Palette der Impressionisten blieb flau in seiner Hand. Er malte mit reinen Farben schmutziger als früher mit seinen Grüne-Seifen-Tönen. Die Frauenzimmer rekelten sich banal. Sogar die Zeichnung stockte. Die Farbe hemmte, statt zu beleben.

Theo legte sich ins Mittel. Warum mit Gewalt etwas wollen, was offenbar der Anlage entgegen war? Noch vor einem Jahr hatte Vincent für den Impressionismus nur Spott gehabt. Gab es auf einmal nichts anderes? –

Nein, es gab nichts anderes. Das heißt, es gab Trottel und Feiglinge. Es gab Kanzlisten, die auch in tausend Jahren bei demselben Stiefel blieben und, wenn man ihnen nicht auf den Kopf schlug, immer weiter ihre Skripturen im Namen Louis Philippes oder Napoleons oder des holdseligen Roi Louis XVI. erließen. Es gab immer bewußtlose Herdentiere.

Ob der Impressionismus nicht auch eine neue Herde sei, fragte der Bruder und wies auf Monticelli, Vincents Abgott, der sich wohl schwerlich je um die Palette der jungen Pariser Maler gekümmert hätte.

Aber Monticelli – ein Frevel, ihn in solche Debatte zu ziehen! – war, wie er sein mußte, fühlte sich in seinem dichten Gewebe zu Hause, brachte damit alles Gewollte zum Vorschein. Von Monticelli Impressionismus verlangen – ebensogut hätte man von Rembrandt Spektralfarben fordern können. Gewiß hätte man es wie Monticelli machen können. Warum nicht? Nur mußte man dann so fühlen, so denken und so hantieren, daß einen die Hülle der dicken verkleisterten Pinselstriche wie natürliche Haut umgab. Vincent hätte sehr gern diese Krokodillederhaut gehabt. Alles in Monticelli war ihm innig vertraut, und er verehrte diesen vom Pöbel geschmähten Menschen, diesen verluderten Trunkenen, der mit seiner Krokodillederhaut getrost in der Gosse endete, liebte ihn wie einen Enkel des trunkenen, verluderten Rembrandt, wie einen Verwandten seiner eigenen verluderten Art. Nicht von Monticelli, aber von ihm, dem Proleten dieser Zeit, forderte man Impressionismus. Er selbst verlangte es, wie er von sich Ehrlichkeit und

Besinnung verlangte. Für ihn wäre die Krokodillederhaut Monticellis dünner Schwindel, fahler Schatten, um die Blößen zu verbergen, und so ein unnützer Schwindel wäre heute für ihn die Haut von Drenthe, ganz abgesehen von dem Ekel, sie je wieder anzuziehen. Die Klarheit, die er suchte, war nur mit gereinigter Palette zu erreichen. Unreine Farbe hieß für ihn unreine Gesinnung. Er hatte nicht nur Monticelli, auch die Japaner im Sinne. Wußte Theo, was die bunten Crepons bedeuteten? Genügte es, diese Dinge mit geilen Händen zu betasten und den alten schmierigen Stiefel weiter zu leben? War Paris nur für gefräßige Amateure da? Nicht auch für den Traum von neuen bunten Crepons? Nie stände Paris wie es stand ohne solche Sehnsucht. Die einfache, reine Luft der Bilder Pissarros war die Vorbedingung des japanischen Traums. Erst einmal so malen können. Man brauchte kein Gauguin zu sein, um die Grenzen dieses Handwerks zu sehen. Der Impressionismus war ein Anfang, höchst gesunder Anfang, nichts weiter.

Theo unterdrückte, daß dies der mindestens siebente Anfang seit ein paar Jahren war und man in Paris alle Tage etwas Neues beginnen konnte.

Vincent hörte alles, was Theo unterdrückte. Gleich war der Kunsthändler vor ihm. Ein Kunsthändler stellte wohl keine allzu hohen Ansprüche an die Gesinnung. Im Tulpenhandel kam es nicht so genau darauf an.

Es fielen manchmal bissige Worte. Sie waren nicht gerade böse gemeint, und man ging am besten darüber hinweg. Wenn der andere aber gar nicht darauf reagierte, kam es knüppeldick. Dieser unglückselige Henner in der Budike am Boulevard war ein ewiger Stein des Anstoßes. Theo mußte ihn hängen lassen, der Chefs wegen. Die Herren hielten auf Henner, hatten Theo schon Szenen gemacht, verlangten überhaupt andere Bilder und ärgerten sich über das lichtscheue Gesindel, das nachmittags das Lokal verqualmte. Vincent sah in Henner persönliche Beleidigung. Lautrec machte Witze, Gauguin dröhnte oder schnitt Glas. Einmal stürzte Vincent in der Nacht, nachdem man den Abend leidlich verbracht hatte, in das Zimmer des Bruders, trat vor das Bett: Theo, tu den Henner weg! – Theo hatte die Geduld eines Engels. Gut, Vincent, ich werde ihn wegtun! – Morgen? – Morgen kann ich nicht, da kommt ein Kunde für den Schinken. – Ein Kunde für den Henner? Das muß ein Mensch sein. Theo, du läßt es zu, daß Menschen solche Bilder kaufen? – Sonst kann ich sie nicht loswerden. Ich kann deshalb nicht die Stellung kündigen. – Doch! Eigentlich müßtest du wegen so einer Schweinerei kündigen. – Dann hätten wir nichts zu essen. – Willst du mir damit vorwerfen, dir auf der Tasche zu liegen? Doch, Theo, das glaubst du, sag es offen! – Nein, Vincent, ich möchte nur, daß du einsähest ... – Weiß schon! Tulpenhandel! –

Manchmal riß Theo die Geduld. Henner war noch nicht der Schlimmste. War er zum Beispiel schlimmer als Ziem, den Vincent wer weiß wie hoch stellte? Oder der und der? – Lautrec wälzte sich bei diesen Passionen Vincents. Ziem! Der Mann mit Schlagsahne und Erdbeeren! – Vincent wurde falsch. Ebensogut konnte man bei Renoir von Lutschzucker reden. Auf die Palette kam es nicht an. – Ho lala! machte die Bande. – Ziem hatte zu einer Zeit, als die Anwesenden noch kurze Hosen trugen, für Delacroix gekämpft. Auch Delacroix konnte man ähnliche Äußerlichkeiten nachreden. – Einer behauptete, van Gogh werde für die Gazette des Beaux-Arts einen Aufsatz über das Innenleben des Herrn Ziem schreiben. Und der Zwerg stellte sich vor den Henner und erklärte, diese gemalte Nymphe gleiche frappant einer seiner gräflichen Cousinen, weshalb man den Hochstapler wegen Beschimpfung der Familie zur Rechenschaft ziehen werde.

Dieser Henner kam den ganzen Winter wieder, auch als er glücklich verkauft war. Natürlich gab es manche Henners, und die Herren Chefs fanden die Erträgnisse des Entresol unzureichend. Vincent hatte eine vermaledeite Art, an einer und derselben Sache herumzuzerren, bis sie zu einem hartgesottenen Strick wurde, mit dem man bei jeder Gelegenheit dem anderen ins Gesicht fuhr. Versuchte Theo eine gelinde Auflehnung, drohte sofort der Bruch. Der Winter war immer Vincents schlimme Zeit, da man sich draußen nicht lüften konnte und alle Bitterkeit in sich hineinfraß. Sie saßen sich abends oft stundenlang gegenüber ohne Worte. Theo wäre wirklich manchmal ganz froh gewesen, der Bruder hätte sich eine andere Wohnung gesucht, sagte aber nichts, duldete alles. Es stand dahin, ob aus Duldung oder aus Scheu vor dem Stärkeren. Dann wieder, immer ohne äußeren Anlaß, war Vincent ganz umgewandelt, holte Blumen, trotzdem sie im Winter teuer waren, lief bis zu den Hallen, wo man den alten Holländer, den Theo liebte, bekam, sorgte wie eine Mutter.

Theo, ich weiß, ich bin schlecht. Den einzigen Menschen, der gut zu mir ist, quäle ich zu Tode. So bin ich. Alles, was du von mir geglaubt hast, ist Unsinn. Oft halte ich meine eigentliche Natur für gemein. Doch kann es sein, daß meine Natur mich ebenso quält wie dich, vielleicht mich noch mehr, und daß etwas außer der Schlechtigkeit immer noch in mir lebt, das besser ist und eines Tages überhandnimmt – möglicherweise.

Mit dem Ende des Winters begann wieder das Landschaftern. Er malte viel in Asnières mit Bernard, der dort bei seinen Eltern wohnte. Seine Zähigkeit brachte es fertig, die Farbe zu lichten. Es half ihm niemand, aber es tat ihm vielleicht gut, daß

Gauguin, dessen aufstachelnde Art ihn ebenso förderte wie beunruhigte, Paris mit den Antillen vertauscht hatte. Vincent schien nun wirklich Pariser Landschafter zu werden, und natürlich einer der neuesten Art. Es war der Frühling des Neo-Impressionismus. Seurat hatte im Jahre vorher die Grande Jatte, Signac seine ersten konsequenten Bilder ausgestellt. Beide hatten schon manche Anhänger um sich, und soeben hatte der alte Pissarro mit seinem kaum verhüllten Beitritt zu der Gruppe ihr Prestige nicht wenig gefördert. Theo stellte zum Entsetzen der Herren Goupil ihre Bilder aus; die schlichten Marinen Seurats, über die sich die Boulevardiers amüsierten, die robusteren Teilungen Pissarros, denen man noch Zusammenhänge mit Monet ansah, die Symphonien Signacs, über die man heulte. Vincent saß nächtelang mit Seurat zusammen. Eigentlich sprach jeder Nerv in ihm gegen die Methode. Das war alles klar, folgerichtig, praktisch, aber einem Menschen von der Art der Rembrandt und Millet so entgegengesetzt wie möglich. Wohl konnte das Handwerkliche gelten, aber war nicht eine Anschauung, die im Manuellen, im Visuellen, im Rechenbaren steckenblieb und mit dem vertrackten Handwerk allein Kunst zu machen vorgab, blöder Hokuspokus?

Seurat überwand ihn mit seiner Einfalt. Weder handelte es sich um große Taten, noch war er ein Genie. Keine Tat, kein Genie vermochte die furchtbare Verschwendung von Energie, die krasse Unökonomie in dieser Zeit, den Gegensatz zwischen einzelnen und Masse aufzuheben. Gab es je einen größeren Künstler und lichteren Geist als Delacroix? Dem war das Schicksal unserer Kultur aufgegangen, und er hatte alles eingesetzt, nicht um persönliche Werke, sondern um eine Sprache zu schaffen, Kunst, an der andere teilnehmen konnten, ohne sie gemein zu machen. Was war daraus geworden? – Stücke für

Museen, für reiche Leute, Spekulationsobjekte. Der Boulevard raste achtlos daran vorüber. Zehn Delacroix' hemmten nicht die Masse malender Sykophanten, das Heiligtum zu schänden. Irrtum häufte sich auf Irrtum. Je mehr Maler, groß oder klein, desto mehr Schaden, weil desto mehr Richtungen, Gegensätze, Spaltungen. Gab es einen Glücklicheren als Renoir? Wer nahm daran teil? Gelang es seiner unerschöpflichen Fruchtbarkeit, das Niveau der zeitgenössischen Kunst auch nur um einen Zentimeter zu heben? – Diese aber, Renoir, Delacroix, dachten an die Allgemeinheit, waren auch als soziale Individuen seltene Ausnahmen, während die anderen nur dem Rausch eigener Erleuchtung nachhingen und selbst einem Kreis von Adepten unzugänglich blieben.

Das alles hatte längst in Vincent geschlummert, ohne Erkenntnis und Antrieb zur Handlung zu werden. Er war schon in der allerersten Zeit mit Mauve auf ähnliche Gedanken gekommen, und Mauve hatte ihn stehengelassen, nannte das alles Überhebung und Blödsinn. – Folglich waren selbst so kristallklare Organismen wie Delacroix, solche einfachen Verkünder wie Renoir viel zu kompliziert für die Masse. Heute kam wieder ein Großer, vielleicht ein Gauguin, vielleicht ein Cézanne. War Cézanne nicht wert, für ein Genie zu gelten? War Gauguin nicht glänzender Entwicklung fähig? – Aber würden sie dem Volk, der Kunst, der Welt helfen? Sie kamen, gingen, hinterließen Rubriken in Kunstgeschichten und Werte für die Regale der Händler und die Wände der Snobs. Die Welt aber blieb häßlich, wurde stets häßlicher, sank immer tiefer in Schlamm. Vielleicht waren solche Leute fähig, die Welt aus den Angeln zu heben, nie, sie zu festigen. Ob Vincent schon darüber nachgedacht habe, daß hundert moderne Werke höchsten Grades keine Wand, kein harmonisches Stück Architektur hervorzubringen

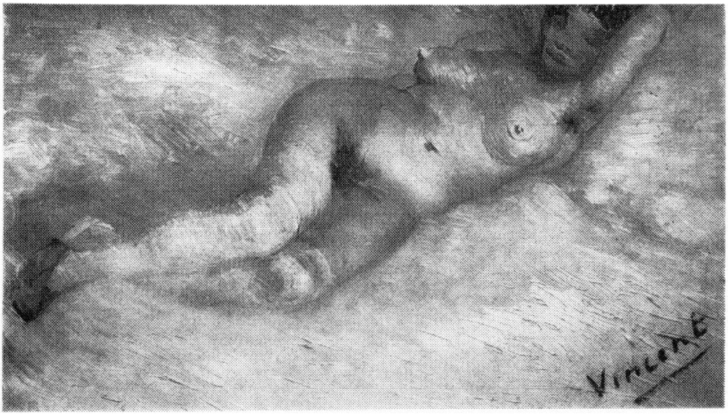

6. *Liegende,* 1886

vermochten, nicht das geringste Objekt alltäglicher Notdurft? Feiertag war die Kunst, Feiertag für Leute, die ohnehin nichts Besseres als Feiern im Kopf hatten. Werktätigen Menschen, den besten, tüchtigsten, blieb sie gläserner Luxus.

Vincent starrte. Nein, er hatte noch nicht darüber nachgedacht. Langsam enthüllte sich ihm die schwankende Gestalt einer milderen, stilleren Muse. Ihn, den Bruder der Bauern und Arbeiter, den Freund der Bettler und Huren, den Ausgestoßenen, den Anarchisten, schreckte nicht der matte Blick dieser Göttin, und ihre allzu menschliche Einfalt erschien ihm hoheitsvoll. War nicht auch in Rembrandt und Millet dieser Blick auf das Volk das Zündende? Den wollte Seurat von aller Ideologie befreien und auf das unbedingt Nützliche richten. Man konnte mit der Menschheit alles mögliche Mitgefühl haben, ja aus diesem Gefühl allein schaffen, und jeder ernsthafte Mensch, auch die großen Zerstörer, glaubte so zu schaffen, tat aber doch nichts dafür, weil es in einer abseits gerichteten Form geschah. Nicht das Motiv, sondern die Form mußte sozialer werden.

Vincent gestand sich beschämt, daß ihm alles das fremd war. Wieder ergab sich eine klaffende Lücke. Wie hatte er gelebt? Wo hatte er gelebt? Wieder stand da ein Mensch, vor dem er sich ein Nichts dünkte.

Seurat erhoffte von der entschlossenen Bescheidenheit des Künstlers einen Weg ins Freie. Nicht von gespielter Einfalt, wohlverstanden. Kokettieren mit primitiven Verzichten war diesem Primitiven ein Greuel. Alles, was auch nur von weitem wie Archaismus aussah, floh er wie die Pest. Darüber waren sie sich bald einig. Wirksame Mittel waren nur aus der Gegenwart zu gewinnen. Das gesuchte Gemeinsame durfte die natürlichen Möglichkeiten nicht überschreiten, zum Beispiel nicht an das eigentlich Psychische der Erfindung rühren, das Privatsache blieb. Eine Form wie die Gotik also. Vincent jubelte. Aber dafür bedurfte es des Glaubens. – Des Glaubens oder einer ebenso starken Skepsis. Auch der Glaube der Gotik war für Seurat letzten Endes nur eine Form der Kohäsion jener Zeiten und erschöpfte sich keineswegs in religiöser Überzeugung. Aber gab es heute eine Tendenz, mächtig genug, um gemeinsamen Ausdruck zu schaffen? – Nun, wenn man bescheiden, sehr bescheiden war, ließ sie sich vielleicht finden. Sittliche Forderungen wurden verlacht. Der Kodex der Idealisten lockte keinen Hund vom Ofen. Reale Forderungen, die jeder ohne Widerspruch erfüllte, lagen zum Beispiel im Prinzip des Kalküls. Man glaubte nicht an Gott, aber an Kausalitäten, zweifelte nicht, daß zwei mal zwei vier war, hielt etwas von Chemie und Physik, ja, diese Dinge galten für Heiligtümer. Besser eine wissenschaftliche Grundlage als gar keine. Die Gefahr der Mechanisierung war geringer als das drohende Chaos, war überhaupt nicht, sobald die Wissenschaft nicht als Inhalt, sondern als Rahmen genommen wurde. Da die Farbe dem modernen Maler am nächsten stand, galt es Farbengesetze; eine Einstellung von weniger begrenzender Art als zum Beispiel die ausschließliche Leidenschaft der Klassizisten für die Linie. Die Erkenntnisse eines Constable, eines Delacroix verbürgten den Gesichtspunkt. Die moderne Optik, geführt von Chevreul, hatte für Wahl und Anordnung, Teilung und Tönung der Farben wesentliche Elemente gesichert. Die hatten mit Unrecht bis dahin für subjektive Erscheinungen gegolten und waren aus dem Bereich persönlicher Willkür zu entfernen. Auch für die lineare Struktur des Bildes ließen sich wissenschaftliche Grundsätze finden. Der Einfluß dieser Elementarschule mußte vorsichtig begrenzt werden. Je mehr Sätze aber der gestaltende Künstler zu beobachten hatte, um so reiner die Abstraktion. Waren diese auf Logik und Erfahrung beruhenden Gesetze schwerere Fesseln als der Kanon der Gilden im Mittelalter oder die Vorschriften der Kirche? Erlag die Vision unter dieser Last, nun, so war sie es nicht besser wert. Und mochte sich wirklich zunächst dieser oder jener wertvolle Impuls an der neuen Regel stoßen: besser wenige litten, als alle. Der Welt wurde geholfen. Aus den rationellen Bedingungen dieser Malerei ergaben sich Weiterungen, vielleicht die Umrisse eines sehnsüchtig gesuchten Freskos, vielleicht die ersten Zeichen eines allgemeinen Stiles, der nicht nur dem Ingenieur gehörte.

Die sachlichen Teile der Lehre hatten viel Überzeugendes, zumal die konsequente Formulierung des Modernen. Mehr als das einzelne bestach die Richtung der Gedankengänge Seurats, und mehr als die Spekulation des Kunstphilosophen die Sauberkeit des Menschen. Mit Signac, der jeden Andersgläubigen grob abwies, kam man schlechter zu Rande, obwohl manche Bilder Signacs, dem das verborgen Klassische Seurats ganz abging, Vincent näherstanden und ihm die derbe Handwerkerart des Menschen sympathisch war. Die Intoleranz störte. Seurat war ein Primitiver, nicht nur als Maler, und ein Apostel der Demut. Nach der gelassenen Abgeklärtheit, für die es keine klaffenden Abgründe gab, sehnte Vincent sich.

So wurde er Neo-Impressionist. Wenigstens theoretisch. Das letzte Ziel Seurats, die Befreiung des Bildes von den vier Leisten des Rahmens, Ersatz der Staffelei durch die Wand, entging ihm. Wie hätte der Heimatlose an Dekoration denken können? Später erst sollte ihm diese Möglichkeit, und zwar fern von Seurat, zum Erlebnis werden. Nur das allgemein zugängliche Vernünftige der Methode und die Rechtschaffenheit ihres Erfinders gingen ihm ein. Er gab sich ans Pointillieren. Saure Arbeit! Gar zu leicht verrückte die Hand, der Empfindung gehorsam, den farbigen Fleck, brachte die mühsam zusammengesetzte Fläche aus dem Gleichgewicht, griff in der Hast nach einer nicht chromatischen Farbe. Er gestand sich knirschend, es fehle ihm die rechte Hingabe, und seinem Egoismus versage sich der Gehorsam des Handwerkers. Weder erreichte er die Pracht Signacscher Flächen, noch viel weniger den ruhigen Aufbau Seurats. Immerhin hat er ein paar dem orthodoxen Rezept genügende Landschaften gemalt; entlauchte van Goghs, nicht reizlos, nur ohne wesentlichen Inhalt, Epidermis ohne Nerv. Mit der Zeit hoffte er, ganz die Unart abzulegen, und es war Theo, als strenge sich da einer an, Sätze ohne Worte zu finden. Sie redeten wenig über die neue Schwenkung. Nur, wenn andere dabei waren, konnte Vincent plötzlich in tobende Hymnen auf Seurat ausbrechen und gab Einblicke in die Theorie ohne sachliche Belege. Übrigens mißfiel ihm der Name der Gruppe, den Signac erfunden hatte, weil zu anspruchsvoll. Er zählte sich zu den Impressionisten des kleinen Boulevard; Pissarro, Monet, Sisley und so weiter waren die Impressionisten des

7. *Restaurant,* 1886

großen. Seurat aber stand eigentlich jenseits von aller Koterie. Ein Mensch, der das naive Handwerkertum der alten Mosaikisten mit dem Intellekt eines Menschen von heute vereinte. Und ein antiker Mensch. Vincent fühlte Ehrfurcht. Seurat hatte die Griechen gesehen. – Es klang sonderbar, van Gogh von den Griechen reden zu hören. Er fand es selbst abgeschmackt und verhedderte sich in zusammenhanglosen Sätzen. Der Zwerg nannte Seurat den Giotto des kleinen Boulevards und verglich Vincent mit Orcagna. Signac, der unsachliches Gerede nicht liebte, erklärte kurzerhand, Vincent habe überhaupt nichts mit Seurat zu tun und bleibe besser bei seinen holländischen Bauern. Eher könne man einen Gaul zu einer Katze machen als ihn zu einem Neo-Impressionisten.

Das war die Wahrheit. Im Innern Vincents sagte etwas Ja zu dem groben Verweis. Aber Mauve und so viele andere vorher und nachher hatten ihn von einem Fortschritt abhalten wollen, der schließlich doch gelang. Oder bedingte etwa der Fortschritt eine Änderung des Blutes, Umwandlung des Hirnes, Verzicht auf die Rasse? – Er gab es nicht auf, malte weiter, durchlöcherte sich, zerlegte sein eigenes Dasein in Punkte, die nicht leuchteten, und schäumte über den Widerstand seines Organismus, der ihn erhielt. Immer schien ihm eine Vermittlung zwischen Doktrin und seiner Anlage wie feiler Kompromiß, womöglich das Gebaren eines Henri Martin und ähnlicher Leute, die ein Netz von Punkten über eine höchst akademische Form warfen und auf diesem Wege zwei Fliegen mit einer Klappe schlugen. Auch er sah in seinen Bildern zuweilen eine Form unter den Punkten, die sich nicht mit dem System verwischen ließ. Sobald er nachgab, kam sie wieder, schien von unsichtbaren Kräften an die Oberfläche geschleudert, und die Punkte tanzten wie Wasser auf glühendem Eisen. Theo kam einmal dazu – es war draußen an der Seine –, riß ihm das Bild aus der Hand. Es sei hundertmal besser als alle Neos zusammen.

Es war eine Landschaft. Vincent fand darin einen vergröberten Monet, während er Signac gewollt hatte. Auch Theo rechnete das Bild eher zu Monet. Das Grobe aber war eine Vergrößerung, weit über alles Monethafte hinaus. Nicht der Analytiker traf diese aufbauenden Lichtträger; die Landschaft teilte sich nur, um als leuchtendes Ganzes, geschlossener als der gesehene Ausschnitt, wieder zusammenzuwachsen. Die Technik folgte keiner begrenzten Regel. Der Maler hatte sie sich nicht vorher zurechtgelegt. Sie entsprang nur dem Bedürfnis des Augenblickes, bestand aus Strichen, Punkten, wie die Rede aus verschiedenen Lauten, war nicht von dem Redenden zu trennen. Ein Erleuchteter, der sein Licht reden ließ.

Theos Zuspruch blieb erfreulich, obwohl sich auf so ein vereinzeltes Urteil, zumal des Bruders, nicht viel geben ließ. Tatsache war, er fiel in die Vergangenheit zurück, obwohl er genau das Gegenteil wollte. Wenigstens in der Zeichnung steckte der Anfänger von Nuenen.

Gott sei Dank! sagte Theo. Nur steckte eher in dem Mann von Nuenen der Maler von Paris. Vor allem steckte Vincent darin. Er hatte vorher ein rauhes Fell umgehabt, Lumpen, Zotteln, und stand auf einmal frei da. Die neue Farbe war nichts Umgehängtes, sondern Natur.

Doch blieb die Tatsache, daß sich das vollkommen gegen seinen Willen vollzog, während ein Mensch wie Seurat mit dem Willen malte. Folglich war Seurat auf dem rechten Wege. Wenn einmal so eine Landschaft gelang – ja, sie hatte vielleicht wirklich Licht, Farbe, Aufbau, stand auf zwei Beinen –, konnte es Zufall sein. Kunst war kein unbewußtes Getriebenwerden, kein animalisches Sichhäuten. Damit wäre nie ein Paris, ein Delacroix entstanden. Damit wurde der Welt nicht geholfen, und es war, wenn man das einmal erfaßt hatte, gemein, so zu malen. Es mußte sich rächen. Jeder Fortschritt hier war irgendwo anders Rückschritt. Er wollte doch nicht ein Popanz seiner Hand, Sklave seiner Sinne sein.

Immer wieder kam er versuchsweise auf das System zurück, zwang sich, punktierte handwerkerhaft redlich, und fünf Minuten Sichgehenlassens am Schlusse genügten, um das ganze System zu verderben, um das ganze Bild zu retten. So malte er, als der Winter kam, Bildnisse. Da passierte es noch viel leichter, daß man sich gehenließ. Den Père Tanguy, seinen Farbenhändler, den er einmal draußen bei Emile Bernard traf, malte er in einer Sitzung, mit Strichen wie Säbelhieben; strich eine Tapete aus japanischen Fratzen um das derbe Gesicht, weil ihm der alte Tanguy auch japanische Schnitte verkaufte. Und da Tanguy, der Augen hatte, das Bild nicht hergeben wollte, malte er ihn zu Hause noch einmal, noch lichter, noch japanischer – was er so unter Japanisch verstand –, noch flächiger, noch derber, und hatte sich dieses Mal besonders vorgenommen, behutsam zu sein. So malte er die Straße, wo sie wohnten, und die Butte Montmartre in der Nähe, und eines Tages in einem stillen, ein wenig müden und fast glücklichen Augenblick den Tisch mit den Pariser Büchern; ein lichtes Stilleben, gemäßigter als die saftigen Blumen, ein geistigeres Leben, Esprit französischer Prosa. Er malte die Freunde, jeden, der wollte, am häufigsten sich selbst. Es glückte nicht immer so gut wie mit dem Père Tanguy. Manchmal kamen Reste von Nuenen zum Vorschein und verdarben das Japanische. Verkrustete, verquollene Farben klemmten sich in die helle Palette, und der Klang, dem man nachgelauscht hatte, blieb aus. Oder, noch schlimmer, die Helligkeit wurde zu dünn, die Geistigkeit schwächte sich, und er irrte mit dem Pinsel, ein Blinder am Stab, in der Leere herum.

Das waren schlimme Tage für Theo. Das Unleidliche lag nicht in dem Egoismus des Künstlers, der seine Umgebung nur nach ihrem Nutzen beurteilt und sie den Ärger über mißglückte Arbeit entgelten läßt. Van Gogh war im Bewußtsein nie ausschließlich Künstler, und jede Prätention aus diesem oder jenem Anlaß ging ihm ab. Aber die Nerven taten nicht mit. Nur die Kunst hielt sie im Gleichgewicht. Es gab keine andere ebenso wirksame Entladung für seine Spannungen. Diese nahmen zu. Je mehr er sich mit Methodik mühte, desto explosiver wurden die Bilder, wenigstens die glücklichen. Malte er nicht so, kam selten etwas heraus. Seurat, Signac und die

8. *Pére Tanguy*, 1887

anderen Theoretiker und seine eigenen Gedanken über Kunst wirkten auf ihn wie die Fesseln eines Ballons, die zerschnitten werden müssen, wenn man steigen will. Ganz Paris wirkte so auf ihn, alles, was er hier sah, hörte, erlebte. Theo merkte wohl, wie der Ballon sich immer mehr füllte und zuweilen bis zum Platzen gespannt war, wie den Bruder die Spannung marterte, die des Künstlers Glück war. Denn schließlich hatte es eben dieser Spannung bedurft. Diese war es, eine unter Zwang zum Fieber gesteigerte Wallung, was ihm den Pinsel in die Hand gab, nicht das Modell, nicht der Fluß mit der Landschaft. Jedes Motiv wurde im psychologischen Moment zum Funken im Pulverfaß. Oft vermochte der zufällige Gegenstand die Explosion nicht zu erschöpfen. Reste entluden sich auf andere Art. Er redete, was er hätte malen wollen, was nie zu reden war. Dem Bruder, der abends abgehetzt aus dem Geschäft kam, fiel es nicht immer leicht, von Vincents Worten das erregte Unterbewußtsein abzuziehen, das sich keineswegs in logischen Gegensatz zu seinen gewohnten Anschauungen stellte, aber ihnen eine schwer erträgliche Unbedingtheit gab. So war es, und so mußte es sein. Und wenn man nicht genauso handelte, polterte er los. Das stieß viele ab, und so kam es zum Leidwesen Theos zu einer Zerstückelung des intimen Kreises. Zwar brachte das Geschäft immer Verkehr mit sich. Die Künstler band materielles Interesse an den Entresol. Wenn aber Vincent dann loslegte, drückte man sich, und draußen hieß es: *Quel rasoir!* – Vincent redete weiter, merkte so wenig von der Abkühlung, daß er in jenem Winter 87 den Plan seiner Künstlergenossenschaft gehörig weiterzubringen glaubte, den Plan, der just auf dem Einvernehmen mit allen Künstlern beruhte. Von den guten Momenten Vincents bekamen die wenigsten ab, am meisten noch Emile Bernard, der als Jüngster leichter eine oberflächliche Toleranz aufbrachte. Vincent glaubte, in der flauen Ideologie Bernards eine Gemeinschaft zu erkennen, gab sich viel Mühe mit ihm, suchte die Seichtheit und den kleinen Ehrgeiz des Jungen zu vertiefen. Wenn Bernard sich über irgendeinen Konkurrenten aufregte, wies ihn Vincent auf das maßlose Glück, Künstler zu sein. Gleich übersprang er die Misere des kümmerlichen Kameraden, und der Sprung riß ihn selbst aus aller Misere heraus. Gut, hundert Tage quälte man sich wie ein Pferdeknecht, aber ein Tag glänzte und löschte alle anderen aus. Es bedeutete vielleicht nicht so viel, Maler zu sein, noch viel weniger, dieses oder jenes zu malen, Impressionismus, Neo-Impressionismus. Wunderbar blieb, daß in dieser Welt immer noch Leute an Gott dachten, Leute, die schmutzige Worte im Munde führten, zu den Weibern liefen, Alkohol tranken. Für Gott kämpften sie, trugen jeden Schimpf für Gott, priesen mit Farbenklecksen, mit sonderbaren Hieroglyphen, mit schmutzigen Worten und elenden Gewohnheiten Gott und immer nur Gott. So Delacroix, der kalte Weltmann – oh, die Kälte Delacroix'! So der Dandy Manet, so der Trunkenbold Monticelli. Nicht Millet allein war fromm, auch so ein Lautrec, auch so ein Gauguin. Gauguin war ganz einfach ein Heiligenmaler und ging in die Kolonien, um sich dessen nicht schämen zu müssen. Wo war Gott in Paris, wenn nicht bei den Künstlern? – Und da ihrer wenige waren in der furchtbaren Masse der Gottlosen, gab es nichts anderes zu tun, als zusammenzuhalten.

Auch Theo mußte ganz anders mithalten. Theo verhalf den Herren Goupil & Co. zu Millionen. Theo mit seinem Herzen, mit seinem Auge, Theo, der wichtigste Mann in Paris, wichtiger als alle Vincents, trieb Tulpenhandel. Warum? Wollte er vielleicht auch Kapitalist werden? Das ging nicht mit diesem Herzen und diesem Auge. Warum nicht den Herren sehr höflich Adieu sagen und endlich selbst etwas aufmachen? Kein Geschäft, sondern ein großes, herrliches, gemeinschaftliches Unternehmen. Zum Besten der Kunst und aller guten Künstler, zum Besten der Menschheit. Dabei höchst praktisch, leicht ausführbar, unbedingt erfolgreich. Eine Genossenschaft freier Künstler, auf Gemeinschaft der Idee, auf Not und Hoffnung begründet. Man fing klein an. Alle, die um Theo herum waren, taten mit. Man wählte die Richtigen, tat sich zusammen, brachte das Beste, das jeder hatte, zu einem Block zusammen. Der Block handelte, nicht der einzelne. Was eingenommen wurde, kam nicht dem zufälligen Maler des Bildes, sondern dem Block zugute, von dem alle ihre Einkünfte, Geld für Brot, Wein, Farbe und Leinwand bezogen. Theo leitete das Ganze. Zu Theo hatte jeder Vertrauen. Er war nicht der Händler, sondern der Herbergsvater, Verwalter, Verteiler. Ein Jahr, zwei Jahre ging es langsam. Sehr bald aber begann der Block zu wirken. Leute wie der Père Pissarro taten auch mit. Natürlich mußten solche Leute mehr als ein junger Copin ohne Familie bekommen. Das brauchte nicht erst festgesetzt zu werden. Theo machte es nach Gerechtigkeit. Der Block wurde bekannt. Man ging in die Provinz, zog die verschlafenen Rentner aus den muffigen Betten heraus. Da, seht mal, das ist Gott, das ist Brot und Fleisch. Nun eßt mal! Für hundert, zweihundert Francs könnt ihr ein Licht in eueren dummen Salon stellen, einen kleinen Altar, für hundert Francs frische Luft und Gott. Man ging auf die Jahrmärkte, zu den Arbeitern, zu den Bauern. Da habt ihr, was euch die Bourgeois verwehren. Umsonst geben wir es euch, damit ihr es erst einmal bei euch habt. Nachher werdet ihr schon mehr wollen und die Taschen aufknöpfen. Und wenn die Bourgeois in zwanzig Jahren Tausende dafür bieten, lacht ihr euch in die Faust. – Der Block geht nach

Holland, lüftet die alten Buden im Haag, rennt den feisten Herren die Bäuche ein, sammelt die Jugend. Ein paar Junge gibt es überall, in Belgien und Deutschland; ein paar, die nicht wissen, was los ist und mit Ungeduld es erfahren möchten. Eigentlich müßte man wie so eine Seiltänzerbande im Karren herumziehen und jeden Tag anderswo die Bude aufschlagen. Der Block geht übers Wasser nach England, Amerika. Die Reichen kommen angewackelt. Sie haben schon etwas davon gehört, man ist berühmt geworden. Nun regnet der Dollar. Da kann man dann ins Große gehen und mit zehn Karren, mit hundert herumfahren, kann Filialen in der ganzen Welt errichten wie die hochberühmte Firma Goupil & Co. und der ganzen Welt Gott bringen.

Theo kam sich bei solchen Phantasien wie Sancho Pansa vor, ohne sich der Kapriolen seines Ritters ganz erwehren zu können. Er haßte den Tulpenhandel nicht minder, hatte nicht geringere Lust, etwas ganz anderes zu treiben, und glaubte zuweilen an die Gangbarkeit neuer Wege. Theo, der ruhige, bedenkliche Theo fing Feuer und entwarf in erhitzten Abendstunden Pläne für die Genossenschaft. Warum sollte sich die Kooperative der Künstler nicht durchführen lassen, sobald man der Leistungsfähigkeit und Zuverlässigkeit der Mitglieder sicher war und die Eigenart der Produktion Absatz erwarten ließ? Es ging natürlich nicht so einfach, wie sich's Vincent vorstellte, namentlich nicht ohne Anfangskapital, und das mußte trotz sparsamer Generalunkosten eine runde Summe sein. –

Von Generalunkosten verstand Vincent nichts. Kapital aber war nicht nur Geld, auch Arbeit, auch bemalte Leinwand. Gut, man begann noch kleiner, zum Beispiel mit dem Umtausch eigener Bilder gegen die der anderen, um zunächst einen Stock zusammenzubringen. Das konnte ganz im stillen gemacht werden, ohne die Herren Häscher etwas merken zu lassen. Man tauschte mit Signac, Seurat, Gauguin. Von Monticelli gab es Meisterwerke zu zwanzig Francs. Man tauschte mit Pissarro. Selbst die Beteiligten durften nichts vor der Zeit erfahren, denn sie hielten doch nicht das Maul. Mit hundert Bildern ließ sich schon eine kapitale Genossenschaft anfangen. Ein Kapital, das so gut wie nichts an barem Geld kostete.

Am anderen Morgen sah Theo immer alles grauer und schlich zu Goupil mit dem Bewußtsein, halb seinen Bruder, halb seinen Brotherrn zu verraten. Vincent aber saß zu Hause, leer wie eine entladene Batterie, starrte in den Regen, den Wein vom Abend vorher im Kopfe, ohne Trieb zur Arbeit. Vielleicht war alles Unsinn. Gab es zwischen Menschen so verschiedener Art noch ernsthafte Zusammenhänge? Lautrec, Gauguin, die anderen – er hörte die Witze. Sie hatten immer Witze. Dachten sie wirklich mit ihren Witzen an Gott? – Der Regen klatschte ans Fenster.

Das ging eine ganze Weile so hin und her, während jeder seine Arbeit und Last hatte und das Leben hundert Einzelheiten dazwischen warf, die es nicht besser machten. Da alle auszustellen versuchten, ging auch Vincent daran, gab dem Père Tanguy, was er wollte, hängte mit Lautrec und Bernard zusammen ein paar Bilder im Café Tambourin der Avenue Clichy auf. Wenn nur einmal ein Anfang gekommen wäre, daß man Aussicht gehabt hätte, wenigstens mit der Zeit die Kosten für Leinwand und Farben zu decken! Alle anderen fingen an. Mit den Verkäufen Lautrecs hätte man schon beinahe leben können. Selbst Bernard wurde dann und wann etwas los. Nur er nicht, nicht das mindeste. Auf das Café Tambourin hatte er einige Hoffnung gesetzt, weil die Kassiererin des Lokals etwas für ihn übrig hatte, wenigstens so tat. Theo warnte, und die Affäre endete mit dem Bankrott des Lokals, und man verlor die Bilder und die Rahmen dazu.

Natürlich fiel es angesichts solcher Symptome nicht immer leicht, den Ton für die Zukunftspläne zu finden. Abends begegneten sie sich mit Mißtrauen. Theo wartete, Vincent wartete. Mühsam redete man, setzte ächzend die Maschine der Begeisterung wieder in Schwung. Bei der Lampe ging es besser, namentlich wenn Alkohol da war. Manchmal mußte man sich betrinken. Nach Theos Meinung durfte man einen Faktor nicht außer Rechnung lassen: die äußerst geringe Anziehungskraft der Genossenschaft, nicht für die Genossen, sondern für das Publikum; die allzu große Anziehungskraft für die Hungerleider. Man hoffte auf die Zukunft. Pissarro hoffte seit dreißig Jahren. Monticelli hatte sich in die Gosse gehofft.

Vincent fühlte deutlich: Wenn er zum Beispiel jetzt den Bruder nicht aus der Skepsis aufrüttelte, immer wieder aufrüttelte, schlief die Idee ein, und alles, was man seit Wochen und Monaten darüber geredet hatte, war Schall und Rauch. Nun ja, das Publikum! Das war heute nicht anders wie vor tausend Jahren, wie zu Christi Zeiten. Hatte Christus auf das Publikum gehört? Freilich war es seitdem mächtiger geworden, zumal in Paris. Also das Maul halten, bis es dem Publikum einfiel, die Herren Künstler zur Gründung der Genossenschaft einzuladen, die eben dem Publikum den Hals umdrehen sollte. – Manchmal schwor er sich, nichts mehr zu sagen, redete aber weiter, schon aus Gewohnheit, weil man getrunken hatte. Eine Art Alkoholismus. Man lebte in der Idee wie eine Schnecke in ihrem Hause, und es stank nach Alkohol in der Bude. Natürlich ließ sich der Bruder überzeugen, schon aus Gewohnheit, war wieder zu allem möglichen bereit. Auch andere ließen sich überzeugen, wenn man sie ordentlich vornahm, und waren zu allem bereit. Bis zum nächsten Morgen.

Plötzlich gab er es auf. Eines Abends, als ausnahmsweise nicht er, sondern Theo optimistisch gestimmt war, erklärte er, nicht mehr zu wollen, und schob die Flasche beiseite. Warum? – Darum! Etwas Dumpfes, über das sich nicht reden ließ und das sich dunkel zu regen begann, vor dem alles Gerede zu Wasser auf Stein wurde, hielt ihn gepackt. Er hatte genug. Weg aus dem Schneckenhaus, aus dem Loch, wo man sich vorn und hinten mit Kompromissen behalf und immer nur, wenn man nicht den Kopf ins Freie steckte, warm hatte! Weg aus den Theorien und Witzen, aus allem Geschwafel! Weg aus der Stadt, die auch nur ein großes Loch war! – Was war schuld an der Schwäche des Bruders, an der Inkonsequenz aller Menschen, an der Feigheit aller Triebe? – Paris mochte anders als der Haag und Amsterdam sein, besser als alle Städte der Welt. Deshalb gefährlicher als alle, denn es konnte sich füglich nicht der Eigenschaften entäußern, die seine Stärke ausmachten. Je mächtiger die Stadt, desto schwächer die Menschen. Im Entresol auf dem Boulevard hatte jeder Mut, ritt auf hohem Roß, blitzte, donnerte, höhnte Gott und die Welt. Auf der Straße aber wurde er zum Fußgänger, zu Monsieur X und lief dem Omnibus nach. Gemeinsinn führte hier immer zur Herde. Man konnte Revolution machen, konnte alles kurz und klein schlagen und das Kind im Mutterleibe vergiften, nur nichts aufbauen. Die Stadt knebelte die Tat. Es lag am Geld, das hier mehr galt als sonstwo, und noch mehr an dem Unbestimmbaren, an dem Asphalt, an der Luft, an der Künstlichkeit allen Gebarens.

Endlich brach der Bauer durch. Ein Wunder, daß er sich so lange gehalten hatte. Um so größer die Sehnsucht ins Freie. Es stand plötzlich fest, daß er es nicht einen Tag länger hier aushalten konnte. Wohin, ganz gleich, irgendwohin ins Freie, aufs Land, zu Bauern. Nur nicht nach Holland. Nicht die Spur einer Sehnsucht trieb ihn nach Hause zurück. Es gab kein Zuhause. Man hätte das Zuhause noch am ersten in dieser verrückten Stadt, wo es alles gab, finden können, mindestens den Ersatz dafür. Dem, der keinen Ersatz wollte, konnte das Lokal gleich sein. Es gab nur den Menschen, allein mit seinem Gott. Folglich da leben, wo es am bequemsten war. Am besten im Süden, in der Wärme. Diese Kälte in dem Häusermeer, wo man sich nur mit Alkohol warm hielt, machte verrückt. Zum Beispiel nach Marseille, wo Monticelli zu Hause war. Dort gab es Sonne und billiges Brot. Übrigens konnte man vielleicht in Marseille die Genossenschaft eher zustande bringen als in Paris. Für Marseille waren die Impressionisten, die des großen und des kleinen Boulevard, Überraschung. Der Süden erleichterte dem Auge, die Sehnsucht der neuen Maler zu begreifen. Gab es etwas Verrückteres als den Sonnenkult in einer Stadt, in einem Loch ohne Sonne? – Mit dem Budget, das Theo für Holland bewilligt hatte, konnte man auch da unten leben. Und wahrscheinlich besser.

Theo sagte zu, ohne gefragt zu werden. Es gab gar keine andere Möglichkeit mehr, und nachdem es einmal soweit war, erfolgte die Lösung in besten Formen. Theo ging sie nahe. Oft hatte er sein früheres Dasein zurückgewünscht. Zumal im ersten Winter, als die Last mit dem Bruder unerträglich war. Alle höchst legitimen Anlässe, sich von dem Störenfried zu trennen, wurden plötzlich zu gemeinsam ertragenen Strapazen auf einem Marsch in die Höhe. War man oben? Konnte man oben bleiben? – Vincent kam sicher hinauf. Der Fortschritt gegen Nuenen sprang in die Augen. In den zwei Jahren hatte sich der

Holländer in einen Europäer gewandelt. Das Herumliegende sammeln, dann war es soweit. Wo blieb Theo? Im Grunde war das Unbequeme, Unleidliche des Störenfrieds nichts anderes als vorwärts dringender Gedanke. Die Unruhe des Schöpfers verbot bürgerliches Behagen. Man ärgerte sich, aber bekam seinen Teil davon ab. Theo war anders geworden, hatte den ihm zufallenden Teil der Aufgabe schärfer erkannt. Ohne den Trieb fiel man in den Tulpenhandel zurück, wurde Geldmacher, Agent der Herren am Boulevard. Das wollte er nicht. Lieber Abenteurer, obwohl er dafür nicht die geringste Anlage hatte. Deutlicher als je malte sich der Umriß der Genossenschaft am Horizont. – Nun, meinte Vincent, wenn es so war, würde sich's in Wirklichkeit übersetzen. Während er im Süden eine Etappe schuf, konnte Theo England erobern. Es gab holländische Kunsthändler in London, Bekannte von früher, mit denen sich arbeiten ließ; van Wisselingh, zum Beispiel. Schon regte sich in Antwerpen und Brüssel Interesse an der neuen Richtung; das Publikum begann zu kaufen. Kam man mit fünfzig gut gewählten Bildern über den Kanal, konnte der Erfolg nicht ausbleiben. Auch Theo fand es möglich, sogar wahrscheinlich. Theo wurde beredt. Er konnte verkaufen, wenn er im Zuge war und die rechte Ware in der Hand hatte, zumal wenn man nicht Goupil & Co. hinter sich fühlte. Hundertmal mehr hätte er in einem anderen Entresol verkauft. Warum das eigentlich nicht sofort versuchen? Theo fiel plötzlich ein: Warum wollte man eigentlich auseinander? In einem Augenblick, wo man sich über alles klar war? Mindestens brauchte Vincents Flucht aus Paris kein Definitivum zu sein. Eine Reise von ein paar Wochen, da Vincent nun einmal in den Süden wollte, gut! Dann wieder zusammenkommen!

Aber Vincent blieb fest. Was Theo in Paris tat, tun konnte,

war wichtig und hundertmal wichtiger als alles, was man da unten tun konnte, aber er mußte hinaus. Das Blut stockte ihm in den Straßen. Der Asphalt taugte für ihn nicht. Er hatte hier etwas gehabt. Es war wunderbar, es war wahnsinnig schön. Alles das blieb, wuchs weiter, es würde in der Einsamkeit erst zur rechten Wirkung gelangen. Vielleicht war er nur zu voll davon. Wieder einmal allein sein, er in der Natur. Vielleicht war es Irrtum, was ihn hinunterzog. Man mußte hindurch. Er träumte eine ganz andere Landschaft. Sie unterschied sich von der Landschaft der Pariser wie seine Gedanken von ihren Gedanken. Monet war gut, Pissarro war gut. Nie konnte man es so gut wieder treffen. Vielleicht aber gab es noch etwas ganz anderes in der Natur, näher, leiblicher, etwas, das den Meistern zu einfach war und das ihm mit Fahnen winkte. – Bruder, noch einmal von vorne! Noch einmal nackt in die Erde hinein! Nicht mehr lange, drei, vier Jahre. Ein großes Armrecken noch. Da unten, irgendwo unter freiem Himmel mußte es endlich kommen. Es gab da einen Wind, der die Leute matt machte. Nach dem sehnte er sich. Er mußte es auf der Haut spüren. In Paris verlor er alles Gefühl für Wind, wurde langsam hautlos.

Man kam überein, nicht Marseille, sondern zunächst Arles zu wählen. Von der Crau, der Ebene bei Arles, hatte ein Bekannter Wunderdinge erzählt. Auch lebte man da vermutlich billiger als in Marseille und fand gute Bauern-Modelle. Bauern waren die einzig möglichen Menschen.

Der Bruder nickte traurig. Und Vincent schmückte am letzten Tage, während Theo im Geschäft war, die Bude, scheuerte und putzte, machte zum ersten Male in seinem Leben Ordnung, zog die gerollten Bilder unter den Betten hervor, glättete sie, nagelte sie an die Wände. Damit Theo glauben könnte, der Bruder sei noch bei ihm. Auch Blumen holte er und stellte sie auf. Sie schienen Theo matt neben der Reihe gemalter Sträuße, die den Verlassenen mit großmütigen Augen anblickten.

Das Glück in Arles

Am 20. Februar 88 traf Vincent in Arles ein. Es war kalt, Schnee lag in den Straßen; Ebene und Berge hielten sich verhüllt. Hier und da ein Baum von sonderbaren Formen, seltsame, groß geschnittene Menschen. Alles sehr neu. Eine Weile blieb die Pariser Atmosphäre. Theo erhielt einen Briefentwurf für Tersteeg, den widerhaarigen Haager Partner der Goupil, sehr wichtig für die englische Kampagne. Der Mann konnte, wenn er wollte, würde natürlich nur die Impressionisten des großen Boulevard nehmen wollen, aber es war so einzurichten, daß man ohne die kleinen nicht an die großen herankam. Sollte aber Tersteeg der Angelegenheit nicht die notwendige Aufmerksamkeit zuwenden oder sich gar, wie es fast den Anschein hatte, beleidigenderweise der Antwort enthalten, nun, dann konnte man ihm einen nicht gewöhnlichen Streich versetzen, einen, gegen den er sich nicht einmal wehren konnte. Mauve, der Intimus Tersteegs, war vor kurzem gestorben. Wie wäre es, wenn man der Witwe im Namen der Genossenschaft ein Gemälde Vincents schickte, wohlverstanden, im Namen der Genossenschaft? Schließlich war Mauve eines Ehrengeschenks wohl würdig. Dazu einen Brief ohne ein Wort gegen Tersteeg, aber zwischen den Zeilen mußte deutlich zu lesen sein, daß man sich einigermaßen wunderte, wie Luft behandelt zu werden. Wer die Renaissance in der Malerei nicht erkannte, mußte wohl blind sein. Oder so ähnlich. Das würde sich Herr Tersteeg doch wohl nicht so ohne weiteres hinter den Spiegel stecken. Man konnte vielleicht auch so weit gehen, ganz nebenbei anzudeuten, man sei verblüfft über sein Schweigen. Verblüfft war das rechte Wort. Unbedingt mußte die Genossenschaft jetzt endlich gegründet werden. Gauguin war zurück und lag krank und ohne Geld in Pont Aven.

Bald lockerte sich die weiße Hülle in Arles, und der Städter taute auf. Ein Glück, daß es nicht auf einmal geschah. Der plötzliche Übergang aus dem dunklen Häusergewirr mit den Omnibussen und den vielen Menschen in diese lautlose Farbe wäre unerträglich gewesen. Arles war schön; die Plätze, die Arlesierinnen, die Zuaven, die Kinder, der nashornhafte Priester im Chorhemd, auch die Bordells. Man erschrak über die Schönheit, schlich dahin wie der Protestant im Dom während der Messe. Was wollte er in dieser südlichen Farbe, er, der Mensch aus dem Norden? Frecher Einbruch schien ihm die Reise. Man wagte, nichts anzufassen.

Sonderbarerweise aber war alles das schon einmal dagewesen. Im Traum der bunten Crepons. Nicht das einzelne, wohl aber hatte er diese dem Norden ganz entgegengesetzte Lichtheit in den kleinen Bildern der Japaner vor sich gesehen: das Japan seiner Sehnsucht, die Welt aus Einfalt und Klarheit. Sogar gemalt hatte er sie, zu malen versucht. Eine Ästhetik, ein Impressionismus, irgend so eine Theorie hatte ihn zu der Palette der bunten Crepons getrieben und war natürlich vor dem ungeeigneten Objekt künstliche Einstellung geblieben. Der Schnee schmolz, die Mandelbäume blühten. Eine Natur regte sich, die just dieser Palette bedurfte, um in ihrer blanken Tatsächlichkeit wiedergegeben zu werden. Jeden Tag stellte sie ein neues Bunt hinzu, wuchs hundertmal so schnell als der Norden, spottete der vorsichtig tastenden Hand. Der Mistral fegte die Ebene. Der Stein der Berge blinkte; aus der Erde wucherte Vegetation. Das erste Grün des Frühlings war hier Ouvertüre eines Riesenorchesters. Es fing gleich mit einer Fanfare an. Darüber aber wölbte sich das ungeahnte Blau, das bis

9. *Die Ebene von Arles,* 1888

in den letzten Winkel strahlte, bis ins Innerste des letzten Menschen. Es zog den Körper an, hob ihn auf Fußspitzen, streckte gebückte Schultern. Man wandelte, ein Schweben, als habe man statt der alten Proletenstiefel so etwas wie Flügel an den Füßen. Man lachte wieder. Die alten unwirschen Linien des Gesichts glätteten sich.

Er begann. Was hätte er sonst tun sollen? Malen war die einzig mögliche Existenz. Malte er nicht, wuchs die Pracht über ihn, und die Fremdheit erdrückte. Er hätte erblinden, ersticken müssen ohne Pinsel. Vor den Toren erhob sich die Baumblüte zu rundlichen Fontänen von Rosa und Weiß. Das wogte von Sternen, von Weiß, von Geruch, bildete Perspektiven weißer Tunnels, die in der Ferne in Gebirgszüge von zitterndem Glast übergingen. Ein Lüftchen hielt alles in Schwebe. Das unbegreiflich

Neue, das die Nerven zu Strängen spannte, war dieses Licht. Das Licht verwischte nicht nur nicht den undurchdringlichen Duft wie in der weicheren Pariser Luft, sondern gab jedem Detail scharf umrissene Formen. Das Leichteste stand vor der Luft wie Buchstabe. Knorrige Äste, muskulös wie gebräunte Männerarme, hielten, ineinander verflochten, die schäumende Pracht, und in dem Schaum hatte jeder Stern seine Leuchte.

In zehn Tagen entstanden zehn Bilder der blühenden Gärten von Arles, ebensoviel in sprühende Farbe gesetzte Gärten Hokusais. Er fand sie kein Zehntel, kein Hundertstel des Gesehenen; objektiv betrachtet, ganz leidlich, ein Anfang. Wenn man so ein paar Jahre weitermachte, konnte es werden. Aber man hatte nicht ein paar Jahre, sondern ein paar Tage, wenn die Baumblüte nicht versäumt werden sollte. In einer Woche war sie abgeblüht. Das ließ ihm keine Ruhe, trieb ihn immer wieder vor das Tor. Die Leute sahen dem rothaarigen Menschen verwundert nach.

Abends kam er gebrochen zurück. Dann aß er, schlang hinunter. Man mußte gut essen, um so malen zu können, und nicht zuviel trinken, obwohl es lockte, Fässer zu trinken. Auch das Bordell war nicht gut. Das Blut mußte ganz ruhig sein. Eigentlich gehörte eine Boxergesundheit zum Malen. Da keiner der Impressionisten des kleinen Boulevard sie hatte, litt die Kunst. Früher waren die Maler gesunde Menschen gewesen.

Übrigens malte er zwischendurch die Zugbrücke bei Arles mit dem kleinen gelben Wagen und den Wäscherinnen am Fluß. Das Bild lachte in die Luft. Die Orange, Rot, Grün und Blau hatten schon etwas vom Süden, auch noch etwas von dem Pariser Geist. Vielleicht konnte man das Bild dem widerhaarigen Tersteeg dedizieren als Dank für die freundliche Antwort

10. *Boote in Saintes-Maries,* 1888

auf den bewußten Brief. Theo hatte richtig eins der ersten Gartenbilder der Frau Mauve geschickt, und Tersteeg hatte sich zu einem anerkennenden Wort herbeigelassen. Ein nicht zu unterschätzender Erfolg. Folglich war Aussicht, ihn für die Genossenschaft zu gewinnen.

Es ist anzunehmen, daß Vincent in Arles eine Art Doppelleben führte. Möglicherweise geht es allen Menschen in ähnlicher Lage so. Sein Malen war animalisches Sichhingeben an fremde Natur, Rausch, Orgie. Ein Mensch, der auf See war und zum ersten Male zu Frauen kommt, draußen von der Frau alles mögliche geträumt hat, Mutter, Kamerad, Schwester, und plötzlich das Femininum sieht, den entgegengesetzten Pol, Paradies und Drohung. Paris war eine menschliche Angelegenheit, verlangte und erlaubte geistiges Einvernehmen. Man tat alle physiologischen Eigentümlichkeiten ab, redete sehr viel.

Paris war Kunst, seine Sache, bestand aus Künstlern, seinen Kollegen. In Arles gab es Arlesier, Arlesierinnen, Berge, Himmel, Farben, Dinge, die schweigend genommen werden mußten – hier der Mensch, dort die Dinge. Es war alles noch ungemalt, formlos. In ein paar Stunden fuhr man mit der Diligence nach Saintes Maries am Mittelländischen Meer, kam durch Gegenden, die an Ruisdael erinnerten, und war in der Nähe von Afrika. Es gab Schiffe am flachen Strand, die man zeichnen und malen konnte, und er setzte sich gleich hin und strich sie herunter, wobei er an das Bild mit Barken von Monet dachte, das Theo besaß. Sonderbar, wie so eine Zeichnung, so ein einfaches Ölbild mit derben Strichen den Menschen festigte. Wenn man alles malte, kam man vielleicht dem Lande näher und sich selbst in dem Lande. – Vor den Toren Arles' dehnte sich die Ebene mit dem Mont Majour. Die Ebene erinnerte an den alten Salomon Koninck, natürlich ohne die Farbe. So gab es allerlei Beziehungen. Ungemalt blieben die Spinneweben ohne Verlaß. Gemalt kam wenigstens ein Stückchen Wahrscheinlichkeit in die neue Existenz. Natürlich nur ein winziges Stückchen, natürlich ohne rechte Farbe. Wo nahm man die Farbe her?

Gelang es wirklich je, das Leben durch Malen zu ersetzen? War solches Dasein nicht eine mehr oder weniger hübsche Fiktion? Manchmal erschien ihm das Beginnen Willkür und anomal. Wie kam man dazu? Keiner der Menschen, die dazugehörten, wäre darauf gefallen. Er fiel darauf, weil er nicht dazugehörte. Norm wäre gewesen, mit den Leuten zu reden, ihre Arbeit zu teilen, ins Bordell zu gehen. Dafür taugte man nicht. Schweigen und Malen, ein überanimalisches, überkünstliches Dasein. Abends saß man und las. Daudets Tartarin paßte für seine Lage. Diese guten Gascogner wußten gar nicht, was für

11. *Mont-Majour,* 1888

ein Tartarin bei ihnen war. Er las Zola, die Goncourts, Maupassant, alles Erreichbare, auch das Abgelegene. Vor allem Zola. Zola war das Brot. Man fraß am Abend Literatur, wie man am Tage Licht und Farben gefressen hatte, tat so, um die physiologische Anstrengung des Tages irgendwie auszugleichen und das ausgepumpte Hirn irgendwie wieder zu füllen. Was hatte Lesen mit dem Leben zu tun? Oder er schrieb an Theo, ans Ende der Welt, zog andere Fäden zwischen anderen Einzelheiten, schrieb von Ideen, die sich nie verwirklichten, und von Wirklichkeiten ohne Idee. Die ewige Geldnot, der ewige Mangel an Farben und Leinwand, die Malgier, die den Bruder ruinierte, bei der nie ein Verdienst herauskam, und die man unbedingt fortsetzen mußte. Aus dem Schreiben wurde immer Forderung, während der Wunsch, zu geben, dazu getrieben hatte. Man war oft des Abends so müde, daß die Buchstaben auf

12. *Landschaft mit Windmühle,* 1888–89

dem Papier tanzten und wirre Worte entstanden. Was hatte Schreiben mit Leben zu tun? – Gut, er redete mit dem Briefträger, einem rührenden Menschen, und malte ihn. Es gab einen Unterleutnant bei den Zuaven, einen kleinen, freundlichen Kerl mit Stiernacken und Tigeraugen, Milliet hieß er. Er malte ihn. Das war seine Rede. Roulin, der gutmütige Briefträger, saß ihm, sooft er konnte, und wurde sein Freund. Der einzige Freund außer Theo, den er gehabt hat.

Doch, er redete in den Bildern. Da standen die Farben wie knappe Frage und Antwort. Die Worte flogen in der Hitze des Gesprächs. Ob je etwas für Theo dabei herauskam oder nicht, hier lebte etwas. Gut, ein anderes Leben als das der Menschen in ihren Häusern, schwächer, weniger einfach. Es leugnen, hieß, alle Kunst leugnen. Oder war etwa seine aufbrennende Tätigkeit von anderer Art als die für Kunst geltende Malerei?

Manchmal schien ihm das so, weil es ihn hinriß, weil er nicht standhalten konnte, weil er während des Malens nicht dachte. Manchmal fand er komisch, dergleichen überhaupt Tätigkeit zu nennen. War er nicht Künstler genug, oder war er nicht animalisch genug? – So ein Courbet hätte sich spielend mit der neuen Umgebung abgefunden, froh der ungemalten Motive. Also war Courbet der wahre Künstler. Wie nannte ihn Gauguin? – Die Hand ohne Kopf, das Malvieh. War er auch so ein Malvieh?

Er rang mit der Kunst wie mit einem Laster. Es wäre sittlicher gewesen, in das Bordell zu gehen. Auch vernünftiger. Er zwang sich des Abends nach dem Sinken der Sonne, Stellung zu seiner Malerei zu nehmen. Gewiß, man konnte dies und jenes korrigieren, die Farbe klären, den Strich stärken, Flecken besser verteilen. Immer aber nur innerhalb eines Schwungs, den er jetzt ebensowenig in der Hand hatte wie bei dem Bild des Père Tanguy. Der Schwung mißfiel ihm nicht. Dieser Schwung schuf das Organische. Das ließ sich mit aller Sachlichkeit nachweisen. Nur die Verbindung dieses Organismus mit dem Hirn des Menschen, dessen Hand ihn werden ließ, entzog sich dem Denken. Er wollte am anderen Tag darauf achten, jeden Strich so langsam und mit Absicht hinsetzen wie in Nuenen oder Drenthe, den Schwung seinem Willen unterordnen. Er nahm es sich fest vor. Es war der letzte Gedanke vor dem Einschlafen. Und beim ersten Strahl, der ihn weckte, war der Zwang wieder da, und er tat tagsüber nichts anderes, als den Menschen gewaltsam dahin zu bringen, nur Objekt seines Auges, seiner Faust zu sein.

Dieser Süden! Dieses Gelb! Dieses mit nichts vergleichbare

Leuchten! – In etwas glich er Marées, als der zum ersten Male nach Rom kam. Arles war ihm so neu wie dem Deutschen damals Rom, und Arles und Rom waren im Grunde nur Kulissen für den erwarteten notwendigen Kampf. Van Gogh kam reicher in den psychologischen Moment, künstlerisch besser vorbereitet. Paris hatte ihn gewappnet. Aber eben die Vorbereitung beschränkte den Kreis seiner Möglichkeiten. Das Milieu, aus dem damals Marées kam, Berliner Realismus, Münchner Romantik, gab dem Sucher nur gebrechliche Stützen für eine geistige Auseinandersetzung mit seinen Göttern, aber fesselte ihn nicht. Ruhig beginnen, ruhig vollenden. Die schnell gewonnenen Resultate der Vorzeit lagen hinter ihm. Er zwang sich zu warten, wußte, warum, und hielt das Warten aus. Van Gogh hatte schon zu lange gewartet, wartend gehungert, ohne zu wissen, warum, und sah keine abgeschlossene Form, kein Rom, das Arena werden konnte, sondern eine erhöhte Natur, rasendes Gelb. Man konnte von allen Seiten dazu, wurde von allen Seiten dahin gerissen. Nichts hielt ihn zurück. Da stand kein unerschütterliches Menschenwerk, Werk des Geistes, sondern blühende Bäume.

Ungeheurer Nachteil des Impressionismus. Einen Marées belasteten alle Grübeleien des Deutschen. Der Gegensatz zwischen dem Norden, den er verlassen hatte, und dem Süden, den er erobern wollte, war keine Frage des Lichts, der Farbe, sondern schlechterdings menschliche, nur zu menschliche, nur zu geistige Angelegenheit. Die Gefahr des Malviehs existierte gar nicht. Die Antike stand vor ihm. Die Last, ungeheuer für die Schulter eines einzelnen, zumal eines Germanen, unvergleichlich größer als alles, was sich ein van Gogh bewußt vornehmen konnte, wies ihm wenigstens die Richtung, wo er ansetzen konnte. Sie war sichtbar. Hunderte hatten sie vor ihm

13. *Der blaue Karren,* 1888

gesehen: hier bin ich, nimm mich! Van Gogh fühlte nur die Last, ohne sie zu sehen. Als Denker, als Idealist, war er Jünger Rembrandts und Delacroix', ein Marées; als Maler, wie er durch Erziehung und Erlebnis des Autodidakten geworden war, war er ein Naturalist reinsten Wassers. Der Anfänger hatte vielleicht manche unreife Formen geistiger Aspiration, die ihm jetzt hätten dienen können, besessen, sie als unreines Mittel erkannt und beiseite getan. In dem Kreise Pissarros galt alles, was nicht unmittelbar der Natur diente, als Literatur. Van Gogh nahm die Forderung der Schule, nur das körperlich sichtbare Objekt zu malen, wie eine von Gott gegebene Vorschrift. Er wußte von nichts anderem.

So die Qual des Menschen. Was hatte ihn aus der großen Stadt fortgetrieben, wenn nicht Sehnsucht nach seelischem Erlebnis, nach unverbrauchten Formen für solch Erlebnis. Der sinnliche Zauber, der dem Pariser nur den Witz schärfte, war ihm zuviel geworden. Nun stand ein verhundertfachter Reiz vor ihm, frei von allen Hemmungen großstädtischer Skepsis, viel ausschließlicher sinnlich, die Urquelle jenes verwirrenden Pariser Zaubers, der Mutterboden der Rasse. Wollustreiche Qual. Ein Frühling, der mit jedem Blatt nach Dichtung rief, ein Land von antiker Fülle, wo die Sonne, leibhaftiger Gott, leben und sterben ließ; Menschen, die eigentlich griechische Gewänder tragen mußten, mit Augen voll uralten Götterglaubens. Was besaß ein van Gogh für die grenzenlose Herrlichkeit dieses Zaubers? – Die Prosa der Courbet und Manet; wieder einmal eine »Fleckentheorie«, eine Farbenanalyse; entzauberte Instrumente.

So der Segen des Künstlers. Da nur Prosa blieb, nun, so mußte sie eindringlicher werden, als je eine war, mußte sich eingraben in das Objekt, das Auge wie Stahlstachel einbohren in Baum und Erde, mußte die Dinge und ihre flüchtige Atmosphäre mit hundertfingrigen Händen zusammenkneten, so daß Gleichnis von gewaltiger Wachheit entstand. Da es nur Gelb gibt, male das Gelb, aber so, daß es gleichzeitig zu schmecken, zu hören, zu riechen ist, daß man es anfühlen kann. Steine müssen reden.

Nun kam der Kampf, Körper an Körper, und gab den Stil. Die äußere Not bildete Formen aus Kurzschrift. Da fiel alle entbehrliche Bindung wie Plunder ab. So macht der Überfallene aus seinem Zimmer eine Festung, biegt sich aus dem ersten besten Ding den Schild, greift ein anderes als Waffe. Innere Not aber bereicherte die Improvisation. Das bedrängte Selbstbewußtsein zog alle ererbten Kräfte zur Hilfe heran, sog aus jedem je erreichten Gewinn das Letzte. Der Stil ging aus Seine-Landschaften hervor, aus Pariser Blumen, Nuener Webern, Drenther Bauern, und das zuletzt Erworbene, der Impressionismus, blieb am deutlichsten. Aber das Resultat glich dem früheren wie die Begebenheit dem Epos, das sie berichtet. Der Baum Vincents in Paris oder in Holland war Verständigungsmittel, Begriff; das Schöpferische des Malers galt damals nicht gerade der Totalität des Baumes, sondern einer Einzelheit, vergleichsweise Borke, Wurzel, Geäst. Der Baum Vincents in Arles war knorriger Teil eines knorrigen Gesichts, stand an einem bestimmten Punkt so, daß man nicht anders als auf ihn raten konnte, so wie man zum Beispiel ohne weiteres den erhöhten Strich zwischen Auge und Mund für die Nase hält, ohne daß Nase da ist. Funktion trat an Stelle des Dings. Er malte nicht mehr Baum, sondern Wachstum von Bäumen, baumhaftes Dasein; nicht Blüten, sondern das Blühen. Die mit Fleiß und Ausdauer erraffte Zeichnung, die früher beschrieben hatte, bekam monumentales Gefüge und meldete außer felsenfesten Objekten unverhältnismäßig wichtigere Komplexe. Es entstanden Möglichkeiten für Bäume, die gleichzeitig noch hundert andere Organismen wachsen lassen konnten. Der langsam an hundert Tatsachen gestählte Pinselhieb wurde selbsttätiges Organ der Fruchtbarkeit schlechtweg. Die vorsichtig ertastete Palette loderte Flammen gleich.

Die gewaltsame Synthese widersteht jeder engen ästhetischen Formel. Ein Erlebnis, von dem wir nur Einzelheiten, kaum die wichtigsten, wissen, menschlich und allgemein, weil ganz im Seelischen ruhend, machte aus dem Betrachter und Forscher einen besessenen Eroberer. Van Gogh konnte vorher in Paris als Lyriker mit spontanen Einfällen gelten; die Sonne von Arles machte aus ihm den Dramatiker der modernen Malerei. Das Prädikat gebührt ihm mit einer Ausschließlichkeit, die ihm eine gesonderte Stellung in der Moderne zuweist. Die Zeit, der große Rangordner, wird einmal Mühe haben, ihn seiner Bedeutung gemäß unterzubringen. Er, der immer zu den anderen will, ist mehr Outsider als irgendeiner seiner Epoche. Das haftet ihm an. Sonderstellungen sind immer verdächtig. Dramatiker war Delacroix, auch der späte Courbet, auch der frühe Cézanne. Schon diese drei zeigen das Variable des Begriffs; Delacroix seinen weitesten Umfang. Solange Delacroix lebt, ist der Dramatiker auch in der Malerei vor allem Dichter, denn sein beflügelnder Trieb dichtet alle Vergangenheiten zur Gegenwart. Ein Umfasser des Kosmos. Das Dramatische verengt sich in der Hand Courbets zu einem Hilfsmittel der Persönlichkeit, mit dem sie ihre Eigenart steigert. Die »Woge« des Louvre ist der stärkste und reinste Courbet, der vergänglichste Courbet. Cézanne erreicht seine Reife just mit Überwindung des dramatischen Affekts der frühen schwarzen Legenden. Seine Eigenart wird um so weniger greifbar, je tiefer er sie erschöpft. Van Gogh hat wie Delacroix »den Orkan im Busen«, vielleicht einen noch stürmischeren Orkan, vielleicht eine noch leuchtendere »Sonne im Hirn«. Das Überdramatische droht, physiologisch zu werden. Weder gelingt ihm die Selbstüberwindung Cézannes, noch gießt er seine Kraft in die weiten Gefilde eines Courbet, bevor er sich zu der kühnen Einseitigkeit seiner Hauptwerke erhebt. Auf seinem Gipfel hat nur er selber Platz, so viele er ruft und so viele ihm nachrücken. Das Drama des Menschen wird von seiner Kunst vorhergesagt. Der Orkan Delacroix' vermeidet alles Physiologische. Sein vollendetes Bild gleicht dem Furioso Michelangelos. Keine Interjektionen, keine inartikulierten Laute selbst im größten Tempo. Nichts Menschliches, das nicht gestaltet wäre. Was ist die Wärme Delacroix', was seine Kälte? Man mißt nicht die Wärmegrade eines Kosmos. Temperatur hat Courbet: Temperament. Van Gogh kämpft gegen das Maltier, möchte den Kosmos. Nie pochte ein glühenderes Herz an die Pforten der Menschheit. Delacroix möchte er. Hinter der Pforte aber gibt es nichts mehr. Nur das Tor steht noch. Er sieht es oft winken. Es führt ins Chaos. Schließlich ist er doch nur ein Courbet. Freilich ein Courbet, nicht aus Eigennutz, noch aus Überhebung. Gäbe es einen Delacroix, wäre er sein letzter Knecht, Staub zu seinen Füßen. Aus Not wird er Courbet, aus einfältiger Menschlichkeit, weil man an den Anfang zurück muß. Ein Courbet, heldenhaft und tragisch. Die Not biegt jeden Strich. Begrenzt sie die Kunst, steigert sie die Intensität des Künstlers. Bricht sie das Band mit Delacroix, bricht sie alle Schranken zwischen uns und ihm. Wir fühlen ihn uns nahe wie unser Auge im Spiegel. Viel ist gegen die Bilder zu sagen, nur nicht, daß sie anders sein könnten. Nichts blieb übrig als das halsbrecherische Rasen dem schmalen Gipfel zu. Diesen dramatischen Anteil am Drama gewährt kein anderer Meister des kunstreichen Jahrhunderts. Atemlos rasen wir mit. Wohin? – Gleichviel. Ein Mensch, ein Held, der letzte!

Daher ist von dem Europäertum des Mannes manches abzuziehen. Van Gogh gehört als erster in ein neues, ein anarchisches Europa, in das er alles elementare Gefühl der Alten retten wollte. Diese Tendenz veredelt den Anarchisten wider Willen, erhöht ihn über Courbet, der nur die Rezepte der Alten zu retten gedachte. Er war immer noch Holländer, als seine Bilder eine in der Kunst seiner Landsleute unerhörte Wucht erreichten und seine Unerbittlichkeit alle Konventionen des stillen Landes durchbrach. Holländer selbst in der Farbe. Er paßt in keine Galerie von Niederländern, aber die alten Niederländer passen ebensowenig in die Zimmer des heutigen Hollands. Den lichten Gartenhäusern des wanderlustigen Volkes wurde längst das Bunt seiner Kolonien vertraut, und hier stoßen die kühnen

Kontraste van Goghs auf keine Widerstände. Holländer war er in der Unbestechlichkeit der Vision, die auch jetzt im Tumult stärkster Eindrücke immer nur sagte, was ihr die nach Realität ringende Erkenntnis eingab; Holländer mit dem gesunden Naturalismus, mit allen guten Eigenschaften der Rasse, nur ins Gigantische verzerrt. Seeghers, der aus einer für das siebzehnte Jahrhundert kaum weniger gewaltsamen Vergrößerung des holländischen Rhythmus die Eindringlichkeit seiner Radierungen gewann, mag ein verwandter Typ kleineren Umfangs gewesen sein. Elemente der Handschrift van Goghs findet man da in überraschenden Keimen. Solche Elemente stecken in der ganzen holländischen Kunst von Anbeginn an. Der letzte der Reihe hat das eifrige Sehen und Sammeln aller Kleinmaler von Landschaft und Interieur mitbenutzt und, nachdem er selbst enthaltsam und still gemessene Zeit mit Betrachtung verbracht, in Handlung umgesetzt, was die Vorgänger bereitet haben. Mit der aufbauenden Handlung mehrt sich oder regt sich ein Bestand, den vor ihm nur einer der Meister Hollands, unendlich größer als er und als alle, gewonnen hatte. Rembrandt hob mit seiner Dramatik die holländische Kunst aus der Stilleben-Malerei, die dem satten Bürger diente, aus dem Artistentum, aus Geschicklichkeit, Geschmack, Verkäuflichkeit in einen höheren und viel weiteren Bereich, erschloß sie dem Menschen schlechtweg, auch dem, der keine schönen Interieurs, keine Erziehung, keinen Geschmack besaß; hob sie aus Holland heraus und machte sie fähig, eine größere, übernationale, übersoziale Entwicklung zu tragen. So, fast so, machte es van Gogh mit dem Impressionismus, wohlverstanden nicht mit einem organischen, durch und durch lebensträchtigen Komplex, wie ihn Rembrandt vorfand, sondern mit dem sonderbaren Konglomerat Impressionismus, und es ist drollig genug und nicht ohne tiefe

Bedeutung, daß der Mann der Kartoffelesser berufen war, dieses Konglomerat der französischen Kunst zu einen. Ob es ihm gelang, es zu vergrößern, steht dahin. Keinesfalls ist die Vergrößerung so bedingungslos wie die Zutat Rembrandts, nicht annähernd. Ließe sich aber wohl je ein so protuberanzenhaftes Konglomerat vergrößern? Konnte man etwas anderes mit ihm vornehmen als Verdichtung, Sammlung, Synthese? Auch ist die Tat keineswegs so spiritueller Art – hier wird der Unterschied zwischen den beiden Holländern zu der Kluft zwischen Welten – noch war sie so ausschließlich sein persönliches Werk. War Rembrandt das Genie des Kreises, den er sprengte, muß van Gogh eher als Diener einer fruchtbaren Idee gelten, die den Kreis zu einen versuchte. Die Idee übertraf ihn bei weitem, und seine Bescheidenheit tat alles, um den Unterschied zu unterstreichen. Er hat in sich nie etwas anderes als einen Handlanger gesehen. Das war er mit Vollkommenheit.

Angesichts der Mittel, die ihm zur Verfügung standen, kommt man dahin, die Tat zu bewundern. Das segensreiche war die von ihm gewollte tendenzlose und trotzdem soziale Bedeutung. Hatte überhaupt vorher das Konglomerat soziale Beziehung? Der Griff mit dem *Déjeuner sur l'herbe* war sicher eine Regung in dieser Richtung, aber beschränkte sich darauf, die sozialen Reaktionen Courbets zu erhöhen. Diese wendeten sich gegen den Bourgeois, ohne der Verneinung ein unzweideutiges Ja gegenüberzustellen. Ein biographisches Detail, nicht viel mehr. Schließlich folgte trotz Daumier und Courbet, trotz der stillen Opposition der Leute von Barbizon die französische Kunst auf höherem Niveau und weniger bewußt den bürgerlichen Instinkten der kleinen Holländer des siebzehnten Jahrhunderts. Jetzt schenkte man dem Publikum weniger, aber ließ sich dabei durchaus nicht von sozialen Vorstellungen leiten. Im

Gegenteil. Was sich gegen die populäre Überlieferung erhob, war eine durchaus asoziale Regung, die nur auf Grund entlegener Abstraktion als französisch erkannt wurde, ein volksfeindliches, rein artistisches Programm. Die Revolution der Monet und Pissarro beschränkte sich auf das Mittel, trieb zu einer helleren, farbigeren Interpretation der Natur und stützte sich auf eine mehr oder weniger wissenschaftliche Doktrin, die unter Seurat und Signac geradezu dogmatisch wurde. Man holte nach, was die Literatur unter Flaubert vorgemacht hatte, und bekannte sich zu einer abstrakten Ästhetik, die mit der Feststellung von Tatsachen zufrieden war und jede »Conclusion« als unkünstlerisch verweigerte. Die Abstinenz mußte hier wie dort zum Spleen führen. Für das Subjekt blieb in der Malerei immer weniger übrig. Auch das Subjektive gehörte zum Mittel, zur Palette, zum Sonnenspektrum und wurde schließlich nur, soweit es dazugehörte, erlaubt. Die Kunst der Kunst wegen, besser, des Lichts oder des Farbigen oder der Atmosphäre wegen. Der beste Weg, um sie in Nichts aufzulösen. Schließlich war auch der späte Manet nur noch sublime Bravour vor einem Parkett gesättigter Liebhaber. Jeder energische Kampf gegen diesen hochkultivierten Manierismus schien nur nach gewaltsamem Bruch mit der Herkunft dieser Malerei möglich, und damit wurde ungefähr alles Eigene und Fruchtbare des neunzehnten Jahrhunderts bedroht. Man war, wie einst in Holland nach der Blüte, reif für jeden hergelaufenen Aberglauben. Wir erkennen in dem wilden Treiben der Indépendants, das bald nach dieser Zeit begann, das Vorspiel zu dem Zusammenbruch unserer Tage.

Van Gogh, der Revolutionär, rettet die Tradition des Impressionismus, das, was sich retten ließ, und gerettet werden mußte, wie einst die Impressionisten das Brauchbare der alten Meister gerettet haben. Der kleine Boulevard kommt dem großen zu Hilfe. Aber die Hilfe soll einem noch viel größerem Boulevard zugute kommen. Allen Einfältigen mit Empfindung möchte Vincent die Kunst zuführen. Eine Vereinfachung also, die nicht lediglich aus dem Artistengehirn entspringt, nicht auf dieses oder jenes Mittel zielt, sondern den ganzen Komplex meint. Die Sinne sind der Weg zur Seele. Die Vereinfachung Vincents soll den Weg zu der entseelten und immer noch dürstenden Menschheit reinigen.

Wieder malen! Wieder Farbe! hatten damals die Delacroix und Manet gesagt; Empfindung frei machen, damit sich das Spiel neuzeitigen Lebens entfalte. Der Ton liegt auf dem Spiel. Viel Leben ist dabei. Wer aber von den Gedrückten und Beladenen könnte mit dem Leben spielen?

Wieder zeichnen! sagt Vincent, denn zeichnend baut man sich die zerrissene Welt wieder zusammen. Zeichnen, nicht nach einem aus staubiger Vergangenheit hergeholten, abstrakten Schema, sondern mit jenem noch nicht zersplitterten Mittel der Gegenwart, mit dem Pinselstrich der frühen Manet und Monet, die Courbets Marinen vor Augen hatten, mit dem geheimen Barock eines Delacroix. Die Farbe sei in der Gestalt, leuchtend wie blauer Himmel und rote Frucht, aber die Gestalt stehe fest wie Erz. Laß die Striche jauchzen in Gelb und Preußischblau, in Orange. Welches einfältige Auge wäre nicht der Freude solcher einfachen Klänge zugänglich? Erhöhe diese Flächen noch mit Wellenlinien des Pinsels, laß sie wie bewegte Fahnen schwingen, aber bändige die Farbe mit der Zeichnung. Laß sie wie wilde Rosse ohne Sattel zwischen festgefügten Planken dahinrasen. Und die Planke sei die Leibhaftigkeit des Geschauten.

Die Bilder von Arles haben einen neuen Geschmack. Sie schmecken dem Auge ganz anders als die früheren, unbedingt würziger. Die früheren hatten etwas Ungares, das verwöhnten Sinnen widerstand, zuweilen etwas Breiiges und Übergares, wenn auch die derbe Zubereitung keine Fadesse zuließ. Die holländischen schmeckten nach Erde. Der neue Geschmack scheint von einer Linienstruktur und von besonderen Farbenharmonien herzurühren. Ein unerhörter Geschmack. Gleich das erste Stilleben in Arles, der Kaffeetisch mit dem blauen Geschirr vor dem gelben Grund, ist voll davon, trotzdem die emaillierten Blaus noch zu hart vor dem Grund stehen. Holländisches Küchengerät, das lange im Dunkel stand, dort nützlichem Brauch diente und plötzlich, in hellstes Licht gerückt, Pracht wird, Kultgerät. Oder das ganz reife Stück mit Leuchter, Zwiebeln, Pfeife, Tabak. Oder die Rast der Gaukler, oder fast alle Landschaften dieses überreichen Sommers. Ein Phänomen von Geschmack. Denn man denkt an keins der raffinierten Dinge, die wir als Gipfel des Geschmacks verehren. Van Gogh übertrifft sie nicht mit einem höheren Grad, sondern mit einem unvorhergesehenen Wechsel der Wirkung, mit einer unwahrscheinlichen Vertiefung der Wirkung. Als plauderten die anderen geistvoll in allen möglichen Wendungen amüsanter Art, während er plötzlich ein Wort hinwirft, ein einziges, funkelndes Wort, das den Kern öffnet.

Konnte der Mann aus Drenthe, der Prolet ohne Milieu, der im Leben haarsträubende Geschmacksverirrungen beging, wirklich Geschmack besitzen? Dann hat ihn auch der serbische Bauer im buntgestickten Leinenkittel, oder der Singhalese, der seine braune Haut besser kleidet als der weiße Großstädter die seine. Fast wie solche seit Jahrhunderten überlieferte Gewohnheit, die ohne Aufbietung des einzelnen wächst, erscheint der farbige Rahmen, an den sich Vincent hielt. Als ob ein ganzes Volk naiver Eingeborener mit ihm malte, das diese Wahl der

Farben als uralten Brauch betreibt. War das andere, was noch in der Farbe gespürt wird, Geschmack, so lag er auf einem sonst nicht wirksamen Niveau, mit anderen Faktoren verbunden, die, stärker als er, ihn mitrissen und seine Wirkung ins Ungewohnte steigerten. In dem Stilleben mit den Zwiebeln treibt die gesammelte Kraft der Leibhaftigkeit in alle Richtungen, und Geschmack ist vielleicht nicht der Klang der Farben, sondern die Sammlung der auseinanderstrebenden Kräfte, die ihm nichts raubt, nur hinzufügt. Diese Zwiebeln, diese Häufchen Tabak, Pfeife, Leuchter, sind von höchster Anstrengung gespannte Glieder, sind zum Beispiel heroisch, Trophäen eines Kriegers, im Nahkampf überlegenen Feinden abgerungen, heldenhafte Bejahung. Das, was wir daran Geschmack nennen, ist eine diesem Begriff sonst diametral entgegengesetzte Erscheinung: die ungewohnte, sichtbar gewordene Tatsache, daß Tabak, Pfeife, Leuchter unter Umständen handeln, unter Umständen unerhörte Beziehungen unter sich und zu uns haben können. Geschmack ist das Pathos dieser Dinge. Wir würden uns, wären es keine Zwiebeln, sondern ein Danton, ein Brutus, hüten, dieses flammende Pathos Geschmack zu nennen, tun es hier, weil wir vergebens nach Deutung unserer unerwarteten Ergriffenheit suchen und den am wenigsten zureichenden Begriff nehmen, weil er gerade zur Hand ist. Es wäre zutreffender, die Leidenschaft eines gemalten Danton oder Brutus für Geschmack zu halten, weil ganz gewiß eine gültige Malerei aus erregten Revolutionshelden Stilleben von friedlichen Qualitäten machen würde. Erfahrungsgemäß schwächt der Geschmack das Objekt. In alten Stilleben schimmert er als wollüstiger Dunst auf den Dingen, als Schimmer, Lüster des Glases, Flaum des Pfirsichs auf gleißendem Teller, Gold der braunen Kruste des Brots. Der Naturalismus würde uns zugreifen lassen, hielte uns nicht der Geschmack des gewitzten Malers, der die Frucht in ein Bild stellt. Der Glanz der Anordnung vor dem Hintergrund entzieht sie unserem Begehren. So machte es noch Manet mit größter Meisterschaft, steigerte die Schmackhaftigkeit des Objekts und milderte sie mit seinem Esprit. Manets Geschmack ist differenzierter Naturalismus. Van Gogh exaltiert, dramatisiert die Natur. Sein Dämon weckt das Objekt, das in den Händen der holländischen Stillebenmaler schlief und von dem spezifischen Impressionismus im Grunde nur gesäubert wurde, ohne das traditionelle Scheindasein aufzugeben; weckt es mit unwiderstehlichem Griff, reißt es in neue bildhafte Wirklichkeit. Sein Geschmack ist, daß die Zwiebeln trotz der Erregung Zwiebeln bleiben, ja erst recht Zwiebeln werden, daß der zufällige Wurf, der sie und die anderen zufälligen Dinge ins Bild schleudert, alle organischen Möglichkeiten ihrer Substanz entblößt.

Man braucht nicht lange in der Kunstgeschichte nach scheinbaren Äquivalenten verwandten Geschmacks zu suchen. So steckt im Ornament der »Arlésienne« ein Schauspielerkopf Sharakus. Sicher hat van Gogh von allen Japanern Sharaku, falls er ihn kannte, am höchsten geschätzt. Nur verrät diese Beziehung nichts von dem Dämon des Europäers. Van Goghs dämonischer Naturalismus ist einem Sharaku so fern wie Ostasien unserem Weltteil. Man kann mit dem Reiz des Japaners tapezieren, und was uns an ihm gefällt, ist zu allererst das Tapezierbare der kühnen Linie auf dem matten Silbergrund. Zu alledem auch noch beinahe ein Gesicht in halbwegs deutbarer Erregung. Gleich wickeln wir das beliebte Silbergrau um unsere zärtliche Seele und entledigen uns des halbwegs Menschlichen wie einer Schale, deren Frucht wir verspeisten. Das Verfahren läßt sich auch auf europäische Kunst anwenden, die ihres Europas nicht sicher oder allzu sicher ist. Bei Degas geht

14. »*Arlésienne*«, 1888–89

es langsamer, bei Whistler schneller. Bei van Gogh, wenigstens bei seinen ungebrochenen Werken, deren Zahl nicht unbeschränkt ist, setzt das Verfahren aus. Die Arlésienne läßt sich nicht applizieren, und wir denken nicht daran. Wenigstens heute noch nicht. Wenn man es einmal versuchen wird – naive Zyniker sind vielleicht schon soweit –, wird man den Balg des edlen Tiers haben, nicht sein Auge, nicht seine zuschlagende Tatze, nicht seinen Sprung. Sharaku fügte der Konvention seiner Landsleute eine Übertreibung hinzu, wodurch sich die Wirkung der Kalligraphie um eine Schwingung vergrößert. Übertreibung ins Groteske. Degas fügte besondere Anatomie, Reflexe der Psychologie und Sittengeschichte hinzu. Kein Nachtrag vermag den Prozeß umzukehren. Alle diese Artisten machen. Sie machen mit Fleiß, Umsicht, Geschmack, sogar mit Empfindung und bringen ähnliche Regungen im Betrachter hervor. Es bleibt bei flüchtigen Reflexen, Regungen, die begrenzt sind, da an endliche Zwecke gebunden. Nichts Gemachtes bringt Wachstum hervor. Van Gogh ist lebensträchtige Spannung. Seine Entwicklung bis dahin hat, scheint es, lediglich darauf hingezielt, die Spannung, die immer in ihm war, an die Oberfläche zu bringen, wo sie dem Zünder nahekommen, sich entladen kann. Seine Malerei ist aufflammender Sprengstoff. Die Flammen gleichen strotzenden Gärten, lodernden Bäumen, jagenden Wolken, glühenden Sonnen. Die Pariser Stilleben, in denen das Glühen beginnt, sehen daneben wie Herbarium-Blumen aus. Die Flamme genießen wir in dem mühsam gebändigten Barock, in den sonderbar geschwungenen Arabesken, die wir für Zwiebel, Leuchter, Tabak nehmen, weil ein Nichts, eine Runzel, ein Dickes, Dünnes unseren Sinn dahintreiben. Mit der Vehemenz von Flammen stürzen wir uns auf Deutung. Vielleicht stecken in dem Sharaku ebensoviel

Deutbarkeiten; der Degas enthält ihrer sicher viel mehr; nur der Antrieb zur Deutung, die jagende Flamme fehlt. Dieser Trieb ist in der Arlésienne so mächtig, daß ich eines Tages in dem kleinen Café der Place Lamartine in Arles, zwanzig Jahre nach dem Tode Vincents, ohne Bedenken eine alte Frau nach ihm fragte, die niemand anderes als das Modell des Bildes sein konnte. Wir sprachen über ihn wie über einen Menschen, der eben einmal weggegangen war, gleich wiederkommen mußte. In einer der beiden Fassungen des Bildes ist die Spannung nur um eine Nuance geringer, bei sehr ähnlicher Komposition der Linien und der Farbe. Gleich drängt das Dekorative den spontanen Trieb zur Deutbarkeit zurück, und man hat schon fast einen Sharaku.

Natürlich kein neues Verfahren, so wenig wie gesteigertes Leben neues Leben ist. Malerei, die über Nebensachen hinausgeht, ist immer so, wenigstens seitdem sie aufhörte, an andere Betätigungen gebundenes Gewerbe zu sein. Der Versuch, van Gogh die Erfindung eines neuen Prinzipes, etwa eines Expressionismus, zuzuschreiben, setzt ihn herab. Es ist die ins Dämonische gesteigerte Art der Rembrandt, Rubens, Greco, Delacroix; dämonisch, weil nicht auf eine Medea oder einen Othello, sondern auf einen Tisch mit Tabak, Leuchter, Zwiebeln gerichtet; weil dieser Romantiker mit dem Orkan im Herzen einen Pegasus der Kontemplation zum Schlachtroß machte, weil dieser Don Quichote mit Sonnenblumen und Pfirsichblüten um das feurige Sinnbild seines Geistes rang, weil dieser Hyperion als Amboß eine entseelte Welt, als Hammer entzaubertes Werkzeug fand. Nie gewann der Gegensatz zwischen unserer Welt und der alten drastischere, ergreifendere Gestalt. Alle die leidenschaftlichen Seher, die noch ein Strahl der Antike wärmte, wußten, wie weit sie gehen konnten.

Gerade das leidenschaftliche Motiv zog ihrem Taumel Grenzen, nahm ihn auf, löste ihn. Van Gogh prallte an den Tisch mit Zwiebeln. Er umschlang ihn, wie der Mann die Frau umschlungen hätte, die sich ihm immer wieder versagte, wie Hölderlin seinen dürren Tisch umschlang, mit der Herzensüppigkeit des Empedokles.

Je näher der Sommer kam mit seiner Brunst, die in jedem Halm wütete, jedes Gefäß zum Zerreißen spannte, um so nackter bot er sich dar, malte taumelnd, taumelte malend, ein vom Süden Trunkener, dem das seit Ewigkeit seiner Rasse entzogene Licht alle Sinne stachelte. Er fühlte manchmal die Natur über sich, so daß es schien, nicht er male die Bilder, sondern die Sonne selbst stieße den Pinsel, zuckend, hämmernd wie Schläge erhitzten Blutes in der Halsader. Seine Qual war vielleicht nur, daß er es spürte, sich immer noch bewußt blieb, unter einem Dämon zu sein, daß immer noch die Überlegung des Nordländers gegen die Wollust kämpfte und ihm nicht gönnte, in hämmernde Blutwelle aufzugehen.

Und daher inmitten des rasenden Genusses an der Arbeit die taumelnde Ahnung von der Unzulänglichkeit der Erschöpfung und die Sehnsucht Hyperions nach anderen Freuden. Alles das ist nicht das wahre Leben. »Man könnte mit geringeren Kosten Kinder in die Welt setzen.« Wäre es nicht besser, mit Menschen zu sein? – Sicher gesünder. Den Körper quälen die vielen Hungerjahre. Noch immer lebt er sehr dürftig, obwohl er die Nahrung vorsichtiger wählt. »Man muß so leben, als hätte man schon eine schwere Nervenkrankheit . . . Vor allem keine Dummheiten machen, sich nicht von den Frauen und überhaupt von dem wahren Leben verleiten lassen!« – Paris hat geschadet. In Paris schob man es auf Drenthe, in Drenthe aufs Borinage. Vielleicht trank man in Paris zuviel.

Nun malt man mehr und trinkt weniger, und es ist auch nicht besser. Theo klagt auch des öfteren. Theo hat es am Herzen, behauptet der Doktor; es wird aber wohl der Kopf sein. Wir haben es alle im Kopfe. Das macht die Kunst. Der Schädel geht auseinander, aber die Kunst blüht.

Um wenigstens für die Arbeit ein Zuhause zu haben, mietet er sich an der Place Lamartine eine leere Wohnung, die Hälfte eines Hauses, außen gelb, im Innern weiß, der Fußboden aus superben roten Ziegeln; kostet zwar 15 Frs. den Monat, aber man könnte auf die Dauer die Bilder nicht in dem scheußlichen Hotelzimmer lassen. Hier stehen sie sehr gut auf dem Weiß. Am liebsten würde er auch in dem Hause wohnen, aber dazu gehören Möbel. Er läßt auch noch Türen und Fenster weiß streichen, kostet noch einmal 10 Frs. Es sieht gut aus, aber natürlich ist es eine Gemeinheit, da Theo das Geld besser für eine Erholung brauchen könnte. Zu alledem muß Theo auch noch Gauguin helfen, der in Pont Aven am Verhungern ist. Das Richtige wäre, Gauguin nach Arles kommen zu lassen. Zweie brauchen zusammen, wenn man sich einrichtet, nicht viel mehr als einer allein. Das Haus hat Platz genug. Man kocht sich das Essen ... Wenn Gauguin nicht will, könnte man es auch Bernard sagen oder einem anderen. Eigentlich gehört nach Arles eine ganze Kolonie von Künstlern, die zusammen leben und arbeiten, Stilleben-Maler, Landschafter, Figurenmaler, wie im alten Holland. Es könnte natürlich auch in der Bretagne sein, und Vincent wäre sofort bereit, dorthin abzureisen, aber der Süden hat seine Vorteile. Hier ist Licht und Farbe. Kommt noch ein großer Maler der Zukunft, wird es ganz sicher ein »Farbiger« sein.

Gleich ist ein neues Projekt fertig, Fortsetzung der im Winter ausgeheckten Genossenschaft. Die ist übrigens keineswegs aufgegeben. Vincent tauscht regelmäßig seine Bilder gegen die der Kameraden, und bei Theo sammelt sich ein Stock von Impressionisten des kleinen Boulevard. Dies aber geht das Wirtschaftliche an. Jetzt handelt es sich um etwas ganz anderes. Aus der gemeinsamen Arbeit könnten, glaubt er, ganz neue Werte entstehen, reicher, allgemeiner, nützlicher, als wenn der eine in Pont Aven, der andere in Arles, der dritte in Paris sitzt. Ganz abgesehen davon, daß dadurch erst so eine Malerexistenz Sinn und Form erhielte und man nicht wie ein bunter Pierrot unter Bauern und Spießern herumliefe. Vorsichtig wird bei Theo die Idee vorbereitet und das eigentlich brennende, höchst persönliche Bedürfnis, die Sehnsucht des Empedokles, verschwiegen. Es handelt sich nur um die Malerei, um praktische Vorteile. Vorsichtig wird bei Gauguin angetippt. Dem liegt Arles gar nicht; er hätte lieber eine Herde um sich in Pont Aven, vorausgesetzt, daß man nicht gemeinsam vor Hunger krepierte, und er brütet an einem Pariser Projekt, einem Kunsthandel großen Stils mit einer halben Million Kapital und mit ihm als Generaldirektor. Vincent wartet geduldig. Er wird Gauguin gewiß nicht an seinen Projekten hindern. Vielleicht ist es überhaupt unbescheiden, einem so großen Künstler wie Paul Gauguin dergleichen zuzumuten.

Inzwischen lebt er wieder mal ein paar Wochen von Schiffszwieback und dergleichen, weil soviel Geld für die Modelle draufgeht. Er zahlt ihnen nur das Essen, aber auch das läuft zusammen. Roulin, der Postbote mit dem Sokrateskopf, sitzt ihm gern. Ein Prachtmensch, ein Revolutionär. Wenn er die Marseillaise singt, glaubt man, 1789 zu erleben, und denkt an Daumier. Wenn genug Geld da wäre, malte er nur solche Kerle. Man müßte lernen, sie mit ein paar Strichen zu machen. Mit Figuren drückt man sich am stärksten aus, namentlich mit solchen Menschen, zu denen nähere Beziehung bestehen könnte, zum Beispiel Gauguin. Bei den Figuren sieht er ein, daß er im Grunde viel mehr den Ideen Delacroix' verdankt als den Lehren der Impressionisten. Seine starke Farbe, sein willkürlicher Auftrag, seine gar nicht willkürliche Empfindung, alles das ist nicht ihre Art und entfernt sich auch immer mehr von ihrer Pointillierung. Natürlich teilt er wie sie die Fläche, um sie leuchtend zu machen, aber hält sich an kein Schema, nimmt Punkte, wo die Farbe schmückend dahingleiten soll, sammelt sie in starken Strichen, wo es die Zeichnung verlangt. Den Impressionisten dient die Farbe für die Bezeichnung der Natur. Natürlich nicht allein – jeder hat seine Palette –, aber doch mindestens halb zu diesem Zweck, während sich das eigentliche Malen mit der anderen Hälfte begnügt. Für ihn aber ist die Farbe das Brett für den Sprung über die Natur hinaus. Die Lokalfarbe gibt lediglich den Beginn. Er malt den Menschen, zum Beispiel einen, den er gern hat, zunächst so getreu wie möglich, blond oder braun, je nachdem. »Dann aber kommt das Eigentliche, die willkürliche Erhöhung des Farbigen. Das Blond des Haares wird zu Orange, zu Chrom, zu hellem Citron gesteigert. Hinter dem Kopf verschwindet die dumme Wand, und ein einfacher Grund von reichstem Blau dehnt sich ins Unendliche. Und mit dieser einfachen Zusammenstellung der beiden reichen Farben gelingt es, so einen Kopf leuchten zu lassen, geheimnisvoll wie ein Stern im Azur.« – Das glückt natürlich nicht mit jedem. Einen Pariser Spießer konnte man nicht so malen. Wohl aber hat er schon damals mit dem Père Tanguy so zu malen begonnen, weil der Père Tanguy mit seiner Freude an gar nicht bourgeoisen Dingen auch so ein Revolutionär in seiner Art war und man ihn gern haben konnte. Damals traute er sich noch nicht, ausschließlich wie Delacroix dem

Impuls nachzugeben, hielt sich noch mehr an Monet. Man müßte dahin kommen, mit den Farben ganz deutlich zu zeigen, wie man zu dem Dargestellten steht und wes Geistes Kind der Mann im Bilde ist. (Hier droht ein Abgrund.) Dafür muß man natürlich den Mann sehr gut kennen. Deshalb wäre es schon gut, manche Menschen um sich zu haben, zum Beispiel Gauguin. Gauguin könnte monatlich ein Bild an Theo liefern als Zahlung für den Unterhalt in Arles, also zwölf im Jahre. Es bleibt teuer genug, aber zwölf Bilder von Gauguin sind auch nicht zu verachten. Natürlich wird Gauguin nicht so weit von Paris weg wollen, denn er gehört noch zu den Leuten, die auf Erfolg hoffen und sich irgend etwas zurecht machen. Vincent hat sich das lange abgewöhnt. Nun, ob Gauguin kommt oder nicht, jedenfalls wäre es gut, das Haus ein wenig einzurichten, damit man darin schlafen und auch einen Freund aufnehmen kann. Dieses Leben im Hotel und Caféhaus paßt nicht für ihn. Es gibt Bohemiens, die sich an solchen Orten wohl fühlen. Ein Arbeiter aber muß wissen, wohin er gehört. Wenn man zu dunklen Gedanken neigt, sind solche Orte Gift. Daher die wilden Farben seines Bildes mit dem Nacht-Café; »um auszudrücken, daß das ein Ort ist, wo man verrückt werden und Verbrechen begehen kann . . . eine Atmosphäre von glühender Unterwelt, ein bleiches Leiden, die Finsternis, die über einen Menschen im Schlaf Gewalt hat.«

Theo erbt von dem Onkel im Haag eine kleine Summe; die wird für Gauguin und für die Einrichtung des Hauses benutzt. In das Atelierzimmer mit dem Parkett aus roten Ziegeln kommen weiße Küchenstühle und ein gediegener Tisch aus weißem Holz, die glänzend mit den weißen Wänden zusammengehen. Dazu viele Porträts an den Wänden, eigene und zumal andere. Theo soll nur soviel tauschen, wie er kann. Jeder, der ein Bild

15. *Café in Arles*, 1888–89

will, kann eins haben, auch zwei, aber immer gegen Selbstporträts. So ein Atelier mit vielen Künstlergesichtern ist schon etwas. »Das wird einen Charakter à la Daumier haben, und ich wage, vorauszusagen, es wird nicht banal sein.« – Das schönste aber wird oben das Gastzimmer. Ein Bauernbett aus Nußbaum, Doppelbett, weil das mehr nach Gediegenheit, Ruhe und Dauer aussieht. An die Wände kommen die Sonnenblumen, ein richtiges Damenboudoir. – Für sich selbst hat er unter der Hand eine weiße Bettstelle erstanden, die man gelegentlich bemalen kann, zum Beispiel mit einer nackten Frau oder mit einer Wiege. Vierhundert Francs hat die Einrichtung verschlungen. Wenn nun niemand in dem Gastzimmer wohnen sollte, wäre es schade um das Geld, aber wenigstens könnte Theo hier die Ferien verbringen. Keinesfalls darf man Gauguin verübeln, überschlau zu sein und im Norden bei den gebratenen Tauben zu bleiben. Gauguin wird nur kommen, wenn das sein Vorteil ist. Das schadet gar nichts. Ein großer Künstler darf so rechnen. Wenn aber zum Beispiel ein Vincent so dächte, wäre es schlecht. Man soll Gauguin nur ja nicht zureden. Am besten, man überläßt ihn ganz sich selbst. Soviel aber steht fest, bessere Freunde wird er nirgends finden. Vielleicht wäre es doch jetzt an der Zeit, Gauguin zu fragen: Kommst du, oder kommst du nicht?

Dies ist Vincents glücklichste Zeit in Arles. Das Haus, ein Nichts, ein blitzendes Lichtchen, ein Stückchen Gelb, sichert ihn. Selbst wenn Gauguin nicht kommt und wenn auch kein anderer kommt, nun, dann und wann wird wohl einer durch Arles durchreisen und eine Nacht hier absteigen. Und wenn auch das nicht, nun so werden später Leute kommen. So wird man das Haus den Nachfolgern überlassen, Leuten, die mit den hier gemachten Dingen weiterkommen, daraus Besseres machen werden: die Fortsetzung. Alles kommt auf die Fortsetzung an. Er mag noch so plump und schrecklich malen – darüber gibt es keine Illusionen – nun, so wird er besser beratenen Nachfolgern Obdach geben. Ein echtes Künstlerhaus für Leute, die eigentlich in der Welt keinen Platz haben. Denn Kunst ist nachgerade etwas Überflüssiges geworden, kann nicht mehr lange bestehen. Nur Reste rühren sich noch hier und da. Wie lange?

Es paßt ausgezeichnet, daß Theo gerade auf dem wunderbaren Speicher bei Bing war und herrliche Crepons erstand. Die werden das Haus nicht schlecht schmücken. Ja, ein Japan muß es werden, eine Insel. Man wird hier das stille, beschauliche Leben des großen Weisen Hokusai führen. Wer hereinkommt, weiß sofort: Hier gibt es nur friedliche Arbeit. Einst stählte ihn die Hoffnung auf Frau und Kind. Jetzt leiht ihm die Aussicht auf das Haus gemeinsamer Arbeit neue Kräfte. Gauguin schreibt, er werde noch ein paar andere mitbringen. Immerzu! Es wird das große Atelier des Südens mit Gauguin an der Spitze. – Die Freude strömt in die Bilder, und die Farben singen. Tag und Nacht wird gemalt. Man lebt von Kaffee und Brot, um alles Geld für die Arbeit zu haben. Der Mistral ist dieses Jahr besonders niederträchtig. Weht er, kann man es draußen nicht aushalten. Da muß jede Pause benutzt werden.

Er malt die Bilder des Stadtgartens. Der Garten liegt nahe bei seinem Haus, vor der Straße der guten kleinen Mädchen. Es ist so ein Garten, wie ihn die Dichter träumen, von keinem Gärtner gemacht. Noch immer blühen die Oleander, immer wieder, ganze Fontänen von Blüten. Für zweie, die welken, sind gleich zehn neue da. Ein tollwütiges Blühen. Die Zedern und Kugelzypressen, riesige Blätter aller möglichen verrückten Pflanzen, spritzen ihre Grüns hinein. Man muß es malen, wie es da wächst, womöglich noch übertreiben, nicht den Baum, nicht die Pflanze, sondern das geile Spritzen, und doch muß über dem Tumult das Feierliche der Zypressen sein. Auf rosa Wegen wandeln verliebte Paare. Das paßt gut dazu. Man muß merken, warum sie hier und nicht anderswo wandeln.

Ein ganzer Zyklus entsteht, genannt der Garten des Dichters, denn man kann sich wohl denken, daß große Dichter des Südens, Dante zum Beispiel, in solchen Gärten ihre Träume gewannen. Der Zyklus soll in das Zimmer Gauguins, denn nun wird er doch wohl bald kommen. Das Paar am Waldesrand gehört dazu: zwei Menschen, ein leuchtender Akkord aus drei Strichen, mit der Faust gemalt – blau, gelb, rosa, vor einer Reihe züngelnder Zypressen. Mit dem Schwung erreicht man die natürliche Verbindung des Figürlichen mit der Landschaft, so daß es nicht wie bei Courbet von außen dazukommt, sondern organisch aus dem gleichen Impuls entsteht, wie bei Monticelli. Wer aber fände je die bezaubernde Verliebtheit Monticellis wieder, das amouröse Bienensummen im warmen Schatten. Dafür müßte man leichteren Herzens sein, auch selbst wohl einmal von dem Honig schmecken, nicht immer Gefühl verbotener Fremdheit mit sich herumschleppen. Längst aber war diese Fortsetzung da. Van Gogh lichtete das pastose Imbroglio Monticellis, ersetzte das summarische Vibrieren durch klaren Bau und das Gesumme durch Symphonie. Weit über den rückwärts gewandten Schwärmer ging der harte Kämpfer hinaus, und es stützte ihn nichts als höheres Menschentum, dem das Amouröse versagt, aber auch viel zu gering war. Es gab viel Dumpfes in ihm in dieser Zeit, zu jeder Zeit. Mit aller Energie hielt er es von den Bildern fern, ließ das Dumpfe für den Feierabend, für die Tage des Mistral. Nicht der kleine Schwärmer Monticelli, der ihm unerreichbar schien, hatte Raum für

16. *Getreidefeld und Zypressen,* 1888

ihn. Über dem nahen Ziel stand himmelhoch ein Stern, zu dem man heimlich die Blicke hebt, das Genie des Mannes mit dem Orkan in der Brust und der Sonne im Haupte. In ihm fand er den Halt, den jener in Raffael erkannt hatte: die große Regel gegen die Wirrnis unbändiger Triebe. Wenn es je gelänge, das kleine Feld so zu beherrschen wie jener das All! – Feuriger Lava gleich strömt in den Delacroix die Farbe, von einem Krater ausgespien, aber ein wunderbares System von Kanälen verteilt sie auf die Leinwand bis in jeden Winkel. So spontan überläßt sich van Gogh dem Eindruck. Aber während die Vision Delacroix' vergleichsweise aus vielen Quellen gespeist wird und, um geordnet zu werden, von vornherein einer viel umfassenderen Geistigkeit bedarf, strömt die Empfindung van Goghs aus einer einzigen Mündung mit um so größerer Heftigkeit, und es sind primitivere Maßregeln, breitere Kanäle, hastig gebaut nach einfacherem System, die das Berieseln der Leinwand besorgen. Man spürt die Eile. So ordnet einer, wenn es brennt. Die Hingabe hat immer etwas von Besessenheit, und die Besonnenheit immer etwas von Gewalt. Ein Wunder, daß es glückt, aber es glückt fast immer. Er malt mit der »Blindheit und Hellsehigkeit des Verliebten«. Die amourösen Paare in den Bildern mehren sich. Natürlich sind es nur irgendwelche Figuren, irgendwo unter Bäumen. Die singenden Farben der Kleider deuten das Verliebte an. Übrigens kann man im Süden immer nur verliebt sein, vorausgesetzt, daß man als Paar zusammensteht oder geht. Namentlich in der Gascogne. Milliet, der Zuavenunterleutnant, bekommt soviel Arlesierinnen, wie er will, und macht sich schon nichts mehr daraus. Dafür freilich kann er sie nicht malen. Ein anderer malt sie und bekommt sie auf keine andere Art.

Der Herbst beginnt zu färben. Neue Gelbs – wie viele gibt es noch? Die Reben bluten. Man möchte nicht mehr essen, nicht mehr schlafen, nur sehen, sehen. Wie tragen es die Augen? Manchmal möchte man sich in ein finsteres Zimmer sperren und schreibt Briefe, um die Augen abzulenken. Die Bilder sind Erntefeste, Winzerfeste. Die Farben lösen sich von der Palette wie Früchte vom Ast. Man brauchte hundert Hände. Manchmal wünscht man sich den Stumpfsinn von Nichtstuern, die vor sich hinvegetieren, herbei, damit es länger dauert.

Gauguin schreibt gedrückt, unzufrieden mit der Arbeit, immer noch krank. Er kommt, sobald er kann. Das schreibt er nun zum zehnten Male. Als Ersatz schickt er sein Bildnis, ein verwahrlostes, düsteres Antlitz ohne Farbe. – Man könnte wütend werden über die Dummheit der Menschen, die im Norden krank sind und nicht die Energie aufbringen, sich im

Süden Gesundheit zu holen. Längst hätte Gauguins Gesicht die Frische und die Bilder hätten die Farben der früheren aus Martinique, säße er nicht in Pont Aven. Aber er bleibt in Pont Aven, kommt womöglich nie. Die Menschen sind träge. Nie fühlte sich Vincent so im Besitz aller Kräfte. Das gelbe Häuschen füllt sich mit immer strahlenderen Bildern. Und das war nur der Süden. Wie wäre sonst die Besserung seit Paris zu erklären? Er schrieb es Theo in jedem Briefe. Jedem Maler, von dem er hörte, ganz gleich, wer er war, und wo er herkam, ließ er das Rezept empfehlen, dem Delacroix, Monticelli, Renoir, Cézanne die Gesundheit verdankten. Es war das Licht ohne Schatten, die Wärme, die einfachen Menschen, der Wein, das Essen; Dinge, die bei anderer Laune auch wohl einmal andere Gesichter haben konnten. Im Süden aber war es das gelbe Haus mit den weißen Wänden und den roten Fliesen. Ja, wer weiß, ob nicht im Grunde das gelbe Haus wichtiger war als Arles und die ganze Provence.

Das Haus trug dazu bei, der Produktion eine neue Richtung zu geben. Erst wählte er Bilder, die den weißen Wänden gut standen, und eines Tages kam Robinson darauf, einen Zyklus für das Häuschen zu malen. Der bestand aus fünfzehn Bildern gleichen Formats. Die Bilder gehörten irgendwie zusammen, nicht gerade so, daß das eine unbedingt das Motiv des anderen ergänzte, keine zusammenhängende Folge im engeren Sinne. Sie stammten wie die vier Bilder des Dichtergartens aus einer gemeinsamen Zone, bestanden jedes allein, aber fügten sich im Rhythmus ungezwungen aneinander. War er draußen vor der Natur, so verschwand die unmittelbare Absicht; ein anderer Robinson baute, aber der Instinkt behielt einen flüchtigen Schein des gelben Hauses, der weißen Wände, des »Kunsthauses« für andere, und diese latente Rücksicht zügelte den Trieb, verallgemeinerte das Ungestüm der Vision, verdeutlichte den Rhythmus. Es war nicht der einzige Trieb noch der einzige Zügel. Delacroix stand immer neben der Staffelei, und über der Landschaft lag der Traum eines Japan. Es war eine Einsicht, die hinterher, nachdem der Funke gezündet, der Schwung seinen Weg in die Erscheinung geschlagen hatte, die Bahn richtete und säumte. Jetzt erst begriff Vincent manches Wort Seurats, das im Alkoholdunst der Pariser Nächte wie undeutbares Signal geblitzt hatte: Dekoration. Seurat machte die Suche nach dem neuen Stil für die Allgemeinheit zum Inhalt seines Rationalismus. Es fehlte ihm nichts außer der Hauptsache, dem zündenden Sinnbild. Er sah die Notwendigkeit der Tat, besaß die Instrumente und das Baumaterial zur Errichtung der Gemeinschaft, nur nicht das überzeugende Erlebnis, nicht das Wort des Anfangs, um das sich Kirchen bauen. Er war ein Primitiver wie van Gogh, vielleicht in manchen Überzeugungen primitiver, in seiner Weltferne nur zu primitiv; ein edler Mensch, hilfreich und gut, nur ohne das assoziative Motiv. Schließlich hätte er irgendwo in einem Winkel seine Punkte malen können, ein Gelehrter, ein Spezialist. Die Japaner, von denen Vincent träumte, hätten viel eher Seurat zu sich gerechnet. Van Gogh hatte das assoziative Motiv. Es war das A und O seiner ganzen Existenz, seine Lust, sein Stachel, sein Schicksal. Es hatte ihn durch Länder und Völker, durch alle möglichen Berufe gejagt, und trieb ihn jetzt, die Grenzen des gegenwärtigen Berufs, vielleicht noch nicht des letzten, zu erweitern; trieb zur Dekoration, wenn diese geeignetes Mittel für die Gemeinschaft war, um etwas Menschliches zu werden. Zu solchen Suchern gehört das ganz Unbewußte des Triebs. Wäre er bewußt, käme immer nur Absonderlichkeit oder Kunstgewerbe heraus. Sie dienen ihrem Sehnen wie andere der täglichen Notdurft und merken gar nicht, daß ihr Leben, das sie zu leben meinen, ihnen längst nicht mehr gehört. Vincent war höchst verwundert, eines Tags in seiner Malerei Möglichkeiten der Dekoration zu erkennen, und dachte nicht im Traume daran, in dieser Entwicklung notwendige Folge seines natürlichen Dranges zu sehen. Eben deshalb brachte er mehr als Ornamente hervor. Die Dekoration war bei ihm wie bei dem reifen Marées Verallgemeinerung der persönlichen Tat und behielt in jeder Kurve den dramatischen Ursprung. Gewohnt, jeden Fortschritt auf die Hilfe anderer zurückzuführen – was auch gar nicht anders sein konnte, – schrieb er glühende Dankesbriefe an Theo, den Stifter des gelben Hauses. Denn das Haus hatte ihn geführt. Und so ließ er ausdrücklich Seurat sagen, wie oft er seiner gedenke und wie tief er sich verpflichtet fühle. Theo wurde aufgefordert, für die Genossenschaft alle großen Werke Seurats zu erwerben für mindestens fünftausend Francs das Stück. Keine Andeutung, daß er auf entgegengesetztem Wege zur Dekoration gelangen könnte. Seurat hatte auch so etwas gewollt, das genügte. Er dankte überströmend.

Eher hätte er an seine eigenen kümmerlichen Versuche der frühesten Zeit denken können, zum Beispiel an die Zeichnung »Sorrow«, die nackte, knöcherne Frau, die das Elend illustrierte und in denkbar billigster Weise dekorativ war. Er empfand damals nicht weniger leidenschaftlich, nur der Gegensatz zwischen Empfindung und Form war so banal wie möglich. Van Goghs Entwicklung ist nichts als Überwindung dieses Gegensatzes. Sie gelingt nicht mit einem Nachlassen der Empfindung, nicht mit irgendeinem Rationalismus, sondern mit einer Vergrößerung des seelischen Motors. Die Empfindung trieb die Erscheinung aus Tiefen des Traumlebens empor, hielt sie mit äußerster Anstrengung hoch genug, daß alle faule Natur wie

Schlamm von ihr abfloß und die Zacken und Höhlen, Kanten und Beulen des rhythmischen Objekts zum Vorschein kamen; organische, funktionelle, ausschließlich ins Bildhafte gesteigerte Natur. Also das Charakteristische etwa, nur muß man damit keine Nützlichkeit, die sich isolieren, aus dem Bilde herausnehmen läßt, verbinden, vielmehr das kürzeste und schlagendste Zeichen für lebendige Natur meinen. Seurat dachte an organisierten Schmuck, hoffte, aus diesem Gedanken heraus neue Legenden mechanisch konstruieren zu können, geeignet für die Wand, und glaubte, den Eklektizismus eines Puvis und die eigene klassizistische Herkunft zeitgemäß durch physikalische Spekulation ersetzen oder erweitern zu können. Eine neue Art von Akademiker, milder, lichter, intelligenter als die alte Sorte; derselbe Inhalt in einem neuen Gefäß. Van Gogh spekulierte nicht. Wenn ich das Bewegte in mir, das vor meinen Augen Bäume und Menschen zusammenschweißt, die Sonne wie einen roten Feuerball glühen läßt, die Wolken jagt, Erdschollen aufreißt, so bringe, wie ich es fühle, muß es richtig sein und vielleicht auch dekorativ. Auch Dekoration ist nichts als gesteigerter Ausdruck.

Diese Wendung zog neue Eigenschaften aus den Dingen heraus. Er malte damals gleichzeitig mit den fünfzehn Bildern für das Haus die Brücke von Trinquetaille und den Straßentunnel unter der Eisenbahn, beide ohne die auf das Haus gestimmte Palette, ohne im Traum an Dekoration zu denken. Und er gewann mit solchen Bildern eine Formel von unerhörter Wucht für die kalte gradlinige Eleganz unserer Maschinenzeit. Eine Eisenbahnbrücke van Goghs hat etwas von dem nackten Material und der Zweckmäßigkeit unserer neuen Baukunst. Übrigens trägt in vielen Bildern eine Struktur von ganz unmittelbar architektonischer Form den dekorativen Reiz. Auf manchen

Olivenbildern wachsen die sich umschlingenden Bäume zu Kapitälen nordischen Gefüges zusammen. Seine viereckigen Getreidefelder scheinen Grundrisse ungeheurer Säle. Das spartanische Schlafzimmer mit den dickfüßigen Bauernmöbeln auf den gradlinigen Fliesen – kein Strich der Zeichnung entfernt sich von der kindlichen Sachlichkeit des glücklichen Besitzers – hat den Pomp primitiver Tempel. Freilich bringt die Palette aus allen Gelbs, Lila, Blau, Grün, Zinnober, Scharlach tolles Leben in die Stille. Was er von seinem Tempel will, das singen die Farben.

Als Gauguins Ankunft feststand, ließ Vincent noch Gas in das gelbe Haus legen und opferte das Geld eines halben Monats für Ergänzung des Mobiliars im Gastzimmer. Die vier Bilder aus dem Garten des Dichters hingen in richtigen Rahmen an den weißen Wänden. Theo konnte eine leise Kritik nicht unterdrücken. Die Einrichtung des Hauses und die fortwährend gestiegenen Ausgaben der letzten Zeit für Farben und Leinwand hatten ein Loch in sein Budget gerissen. – Vincent brachte diesmal nicht einmal die gewohnte Zerknirschung über den wahnsinnigen Luxus auf. Gut, viel Geld, weiß Gott! Aber die Anlage lohnte. Zum ersten Male sah man, wo man stand. In den acht Monaten war etwas fertig geworden. Wo blieb der Pointillist, der Pariser Schwätzer, der flaue kranke Mann, der Pariser Säufer und Kopfhänger? Viel Geld, viel Gut. Und jetzt begann es erst richtig. Nachdem man das Schlimmste allein gezwungen hatte, mußte es zu zweien wie auf Rollen gehen. Nie war die Ernte so reich. Kiloschwere Trauben hingen an den Reben, und die Leute konnten die Oliven kaum bergen. Der Herbst loderte in allen Farben und das gelbe Haus stand mitten darin wie der Bottich im Weinberg.

Die Brüderschaft des Südens

Am 20. Oktober 88, genau acht Monate nach Vincents Ankunft in Arles, traf Gauguin ein. Ein ganz erstaunlicher Mann. Man hatte sich auf einen leidenden Kranken vorbereitet. Er sah genauso aus wie damals in Paris; ein Hüne, ein Athlet, der Körper nur Sehne und Muskel. Ein ganz erstaunlicher Mann, Mischung von Urmensch und Pariser. Anscheinend kalt, mit einer großen, rührenden Weichheit im Innern, und ein ganz einziger Künstler. Das verriet sich schon in dem scharfen Blick für alle Notwendigkeiten des Lebens. Was für Vincent ein Problem, eine furchtbare Kette von Problemen war, ließ sich im Handumdrehen erledigen. Ein geborener Praktiker, pfeilschnell in seinen Entschlüssen. Es gab kein Wenn und Aber. So wurde es gemacht, so mußte es gehen, und so ging es. Man sparte Zeit mit so einem Menschen, man fühlte sich mit so einem Menschen geborgen, hatte einen Schatz im Hause. Ein ganz großer Künstler und ein außerordentlicher Freund. Mit den Bekannten ging er etwas flüchtig um, lachte, wenn Vincent die treffenden Bemerkungen Roulins hervorhob und von der Güte aller dieser Menschen sprach. Das wußte wohl, warum es gut war. Doch fügten sich ihm alle, und er fand für jedermann das rechte Wort. Eine Herrschernatur. Eine Herrschernatur, wie sie eigentlich zu jedem großen Künstler gehörte, ein Rubens. Er wäre sicher auch guter Staatsmann geworden, wußte über alles draußen in der Politik Bescheid, hatte seine Meinung über Carnot, Clemenceau, Rochefort, über Freycinet und Jules Ferry, über die parlamentarische Republik. Zugleich ein großer Finanzmann. Das hatte er von dem früheren Beruf behalten. Klare Einsicht in alle Möglichkeiten erlaubte ihm gelassene

Disposition. Geld war keine dunkle Macht, vor der man Angst zu haben brauchte, sondern legte sich dem Verstand gehorsam zu Füßen. Man konnte so viel davon haben, wie man wollte, nur langweilte es zuweilen, sich darum zu kümmern. Er durfte so sprechen, da Theo soeben eins seiner Bilder aus der Bretagne für nicht weniger als fünfhundert Francs verkauft hatte; übrigens ein im Vergleich mit den hohen Werten Gauguins fast bescheidener Preis. Gauguin verwies ihm solche Rechnung. Fünfhundert Francs konnten ebensowenig Entgelt für geistige Leistung sein wie hundert oder zehntausend. Die Überzeugung von der Fiktion der Münze hatte ihn getrieben, den Bankschwindel aufzugeben, mit dem sich Millionen erraffen ließen, und es war jetzt sein Sport, mit so wenig wie möglich auszukommen. Das Monatsgeld Theos reichte für ein prinzliches Dasein, vorausgesetzt, daß man die notwendigen Materialien nicht beim Apotheker kaufte. –

Das hatte Vincent schon gemerkt. Eifrig gab er das Resultat seiner vergleichenden Ökonomie zum besten, nannte die billigsten Quellen. Neulich hatte sich ein Tischler gefunden, der sehr gute Rahmen für drei Francs das Stück herstellte. – Gauguin lachte. Rahmen kaufte man überhaupt nicht, sondern setzte sie aus Leisten, die man auf den Keilrahmen nagelte, zusammen. Nachher strich man sie an. Gauguin war sozusagen Erfinder des weißen Lattenrahmens. Die goldenen gehörten in das Spießer-Milieu. So ein sehr aparter weißer Lattenrahmen kostete nicht drei Francs, sondern drei Sous. Farben kaufte man roh und en gros und rieb sie sich selbst. Ersparnis sechzig Prozent. Auch die Leinwand bereitete man eigenhändig und gewann außer den Kosten, die an die hundert Prozent betrugen, besseren Malgrund. Ob es vielleicht früher den Meistern eingefallen wäre, solche für das Metier entscheidenden Arbeiten Söldlingen zu überlassen?

Ein ganz erstaunlicher Mann. Ein Dénicheur, wie die Pariser sagen. Alles, was Vincent fehlte – das wurde täglich deutlicher –, hatte er. Vor allem, das Bewegliche. Kunst war nicht lediglich sentimentale Angelegenheit, sondern kam mit körperlichen Bewegungen zustande. Der Künstler war ein mit Phantasie begabter Fechter. Man sprang vor und zurück, griff an, parierte. Ganz selbstverständlich, daß ein Mensch, der keine Kiste zunageln konnte, Hemmungen ausgesetzt war. Der richtige Künstler mußte von Rechts wegen seine Stiefel besohlen können. Setzte man ihn in die Wildnis, war er imstande, sich so ein gelbes Haus mit eigenen Händen zu bauen. Der Künstler, der mit der sogenannten Zivilisation – dabei spuckte er aus – rechnete, war nur in seiner Einbildung unabhängig.

Und er redete nicht nur so, obwohl er viel redete; er hätte, beim Wort genommen, genauso gehandelt. Sie aßen zu Hause, und Gauguin übernahm die Küche. Vincent erinnerte sich nicht, je so vorzüglich gegessen zu haben. Gauguin hätte Chef bei der Herzogin d'Uzès sein können. Die Speisen hatten nicht die unverdauliche Schwere der Marseiller Art. Die Gemüse behielten ihr natürliches Aroma, das Fleisch das Maximum von Nährwert. Geschickte Wahl stellte komplementäre Wirkungen zusammen. Das war alles kein Kunststück, auf das er sich etwas einbildete, noch kostete es ihn Zeit. Es wurde ganz nebenbei im Handumdrehen erledigt, gehörte zu den äußerlichen Vorzügen angeborener großartiger Fähigkeiten. Vincent hatte noch nie so tief seine Beschränktheit gefühlt.

Ein ganz besonderer Mensch. Es war schwer, ihn zu einem präzisen Urteil über Vincents Bilder zu bringen. Einzelheiten, zum Beispiel die Gebärde des Sämanns, fanden Anerkennung. Auch die Sonnenblumen, und offenbar hatte er etwas für das Schlafzimmer übrig. Wenn man es sich aber recht überlegte, konnten ihm die Sachen gar nicht ernsthaft gefallen, und Fragen erübrigten sich. Die Bilder sahen neben den seinen wie Schlächtereien aus, hatten nicht das Gefaßte, die ruhige Haltung der Farbe. Die Wucht des Rhythmus belastete sie. Alles, was sie auszeichnete, rührte von plumpem Materialismus her. Gleich in der ersten Zeit malten sie zusammen jeder ein Bild mit denselben Winzerinnen im Weinberg. Eigentlich hatte sich Vincent als erste gemeinsame Arbeit ein gegenseitiges Porträtieren gedacht, gleichsam als Verlöbnis, und es wäre ihm keine geringe Ehre gewesen, von Gauguin gemalt zu werden. Aber Gauguin bedurfte für die Schöpfung eines Bildnisses, da er es wie alles andere auswendig malte, einer Vertrautheit mit dem Objekt, die natürlich noch nicht vorhanden war, gar nicht vorhanden sein konnte. Nun, das kam vielleicht einmal. Auch die Arbeit an dem gemeinsamen Winzermotiv hatte ihr Gutes. Man erkannte seine Grenzen. Bei Gauguin kam ein übersichtliches, feinmaschiges Gewebe heraus. Es hob die großen Gestalten hervor und verband sie zugleich. Schön abgestimmte Akkorde wärmten das Auge. Das Bindemittel, charakteristischen Gebärden der Gestalten entnommen, war wichtiger als alles andere. Ein zuweilen verwegener, aber wohlgeordneter Stil: Ruhe, Überlegenheit, Klarheit. Bei van Gogh ging alles drunter und drüber. Die Farbe überschwemmte das Bild. Ein Gemisch aus Menschen, Blättern, Erde, Wolken, flammte wie roter Wein. Der Maler war nicht Ordner, sondern Winzer, saß selbst mit drin in dem Wein. Das Bild war Teil der Begebenheit, noch ganz im Werden begriffen. Möglicherweise gab es eine Ordnung, aber sie steckte unentwirrbar in der Tiefe des Trubels. Vincent schämte sich, als er die beiden Bilder nebeneinander erblickte, und wollte das seine gleich in den Ofen stecken.

Ein anderes Verfahren, natürlich ein besseres. Gauguins

17. *Der Sämann,* 1888

Bilder waren ruhiger, wie der ganze Mensch ruhiger war. Nichts schien Vincent begehrenswerter. Wohl konnte man nicht seine Natur ändern, und es war Torheit, es zu wünschen, aber es gab eine Ruhe, die jeder Anlage abgerungen werden mußte: Lebenserfahrung. Die wenigen Jahre, um die Gauguin im Alter voraus war, erklärten nicht den Unterschied. Gauguin hatte eine ganz andere Schärfe des Geistes. Ein außerordentlicher Mensch! Sprach er über Kunst, zog, bald langsam, bald schnell, zuweilen sprungweise, ein Wandelpanorama vorüber. Bei den Ägyptern fing es an und endete bei Manet und Cézanne. Wenn man richtig aufpaßte, merkte man die Logik in der Reihenfolge der Etappen. Doch mußte man gut aufpassen, da Gauguin neben dem großen Panorama mehrere kleine zu entrollen pflegte. Es strengte an, man wurde nervös, wenn man die verschiedenen Grundrisse nicht auseinanderhalten konnte, wenn man ein tölpelhafter Zuhörer war. Auffallend viele Gestalten aus Vincents Vorstellungen fehlten in dem Panorama. Zum Beispiel, wo blieb Millet? Wo Breton? Wo Ziem? – Er fragte ganz naiv. Gauguin starrte. Breton? Ziem? – Richtig, der Mensch hatte schon damals in Paris solche Einfälle gehabt. Ob vielleicht auch Meissonier dazu gehöre? – Und prompt kam die Antwort, darüber könne doch wohl kein Zweifel bestehen. – Gauguin fühlte sich oft bewogen, bei gewissen Geschichten Vincent genau anzusehen, ob es Spaß oder Ernst war. Vincent entrollte die Meriten Meissoniers. Gauguins Lachen hatte noch dieselbe glasschneidende Schärfe wie im Entresol des Boulevard. Wenn es ganz toll kam, dröhnte der Thorax des Athleten. Meissonier! – Vincent, ahnungslos, warum, wieso, stotterte. Nun ja, Meissonier . . .

Gauguin fand in seinem Hausherrn Unstimmigkeiten. Schließlich konnte man dies und jenes in seinen Bildern gelten lassen, auch wenn man auf anderem Erdteil wohnte. Woher diese Banalität? Dabei redete er über Delacroix und war mit Rembrandt intim. Meissonier und Rembrandt! Dieselbe Unordnung wie in seiner Kleidung, in seinem Atelier, in allen Dingen. Dahin führte uferloser Naturalismus. Wer so wenig nachzudenken vermochte, konnte kein Leben aufbauen, geschweige eine Kunst.

Unordnung mußte Vincent zugeben. Er dachte wohl sehr viel, aber ganz sicher nicht richtig. Dieses Panorama und alles das. – Wenn ihm Gauguin das richtige Denken beibringen wollte, würde er gern sein Schüler. Nur war es vielleicht nicht nötig, so zu dröhnen und Glas zu schneiden.

Da man des Abends Zeit genug hatte, übernahm Gauguin außer den häuslichen Dispositionen auch noch die Aufgabe, diesem Menschen vernünftige Weltanschauung beizubringen. Eben das war das Verlogene der europäischen Zivilisation, zwischen Delacroix und Jules Breton nicht zu unterscheiden, beide zu fressen. Eben das bezeichnete den Naturalismus: jedes Motiv zu fressen, überhaupt zu fressen. Vincent betrank sich an der Natur wie früher in Paris an schlechtem Wein. Eine Geschmacksfrage.

Nein, gestand Vincent, befriedigt fühlte er sich durchaus nicht. Den Argwohn, es handele sich bei seiner Malerei womöglich gar nicht um Kunst, hatte er schon oft gehabt. Immerhin war es doch ein Anfang.

Oh, meinte Gauguin, es war sogar viel mehr; z. B. ein recht brauchbares Mittel, dem Bourgeois einzuheizen. Es war, das konnte einwandfrei festgestellt werden, erstaunliches Temperament. Es war die Geschicklichkeit, mit dem Temperament zu jonglieren und sich die Zufälle des Pinsels dienen zu lassen. Es war die Leidenschaft für Chromgelb, es war noch mehr, tadellose Ehrlichkeit, es war sogar Impressionismus, systematischer als der des guten Claude Monet und beinahe so brav wie der des alten ehrlichen Père Pissarro. Außerdem war es geradezu Exhibitionismus.

Gauguin hatte gewiß recht. Wenn Gauguin nicht dabei war, nahm Vincent seine Worte, überlegte sie ordentlich und kam auf das Richtige. Nur im Augenblick fiel es bei solchen Fanfaren schwer, nicht zu widersprechen. Das Glasschneiden störte und die fixe Art des Aufraumens. Also war man auch schon mit Pissarro fertig? Das ging ein bißchen schnell. Vor einem Jahr hatte man noch anders gesprochen. Das war doch auch ein klein wenig pietätlos. Hatte nicht Gauguin selbst von Pissarro gelernt?

Ja freilich, antwortete Gauguin. Unsinn hatte er von Pissarro gelernt, Pointillieren! Den Verlust von drei Jahren verdankte er Pissarro und die hübsche Aufgabe, von dem unsinnigen Kram wieder loszukommen.

Es war wohl nicht alles Unsinn, was nicht von Gauguin gemacht wurde!

Doch, kam es gelassen, fast alles Unsinn. Nicht nur in der Kunst. Das Panorama der Malerei zeigte, je näher man unseren Zeiten kam, immer schwächere Bilder, und dieser Niedergang hing mit der Degeneration anderer Gebiete des Geistes, vor allem mit der Zerrüttung der Gesellschaft zusammen, die sich ebenso panoramahaft darstellen ließ. Es gab viele Panoramen. Wer diesen Gang der Entwicklung und die Unmöglichkeit, ihn aufzuhalten, einmal erkannt hatte, konnte nichts Besseres tun, als Europa sobald wie möglich den Rücken zu kehren und in den Kolonien unter sogenannten Wilden zu leben. Dies war sein Ziel. Alles, was man hier trieb, war nur Mittel, um wieder aus Europa herauszukommen. Sobald er genug Geld hatte, schiffte er sich wieder nach Martinique ein oder nach einer anderen glücklichen Insel. Auf Nimmerwiedersehen! –

Vincent überlief es eiskalt. Die Hilflosigkeit machte ihn stumm. Natürlich hatte er Gauguin nie etwas von seinen Plänen für die Gemeinschaft im gelben Haus geschrieben, noch weniger gewagt, ihn mündlich davon zu unterrichten. Aber es war doch wohl der Sinn der ganzen Zusammenkunft, es konnte doch gar nicht anders genommen werden, es war doch wohl eine ungerechte Kränkung, wenn man es anders verstand. Dies alles aber hatte er schon in der ersten Minute nach der Ankunft gesehen.

Vincent vermochte nicht, das Dasein hier oder dort nur als Provisorium zu nehmen. Dem widersprachen alle seine Instinkte. Er hätte mit solchen Ideen nicht einen Strich malen können. Gewiß dachte er im Grunde nicht weniger skeptisch über dies und das, zumal an gewissen Tagen. Aber es blieb ein Denken, wurde nicht zur Empfindung. Sobald es Empfindung wurde, mußte man sich umbringen. So weit war man noch nicht. Eben weil alles die Kunst bedrohte, mußte man zusammenhalten, Gemeinschaften gründen. Freilich war das vielleicht alles Unsinn. Gauguin hatte das Leben nach jeder Richtung durchdacht, mußte es besser wissen.

Ein außerordentlicher Mensch, aber es gab Widersprüche in seinem Wesen. Wenn er gut und alle anderen schlecht waren, ließ sich schwer verstehen, warum er seine Frau nach Dänemark geschickt und sich von seinen Kindern – prachtvolle Geschöpfe erschienen sie auf den Photographien – getrennt hatte, warum er sich in Arles durchaus unverheiratet benahm. Aber es war gemein, an so etwas zu denken. Schließlich ließen sich auch dafür genügende Erklärungen finden. Es hing wieder mit einem Panorama, dem Ehepanorama zusammen, und Vincent war am wenigsten berechtigt zu richten, maßte sich solche Kritik nur aus kleinlicher Rankūne an.

Übrigens behauptete Gauguin gar keine sittliche Überlegenheit. In der Moral war ihm Vincent sicher voran, namentlich in der europäischen Panorama-Moral. Nur bildete sich Gauguin ein, der Vernunft einigen Einfluß lassen zu müssen. Vernunft war oberster Leiter aller Vorstellungen des Künstlers. Wenn alles in dem verlungerten Europa nach verwahrlostem Herdentrieb geschah, sollte wenigstens die Kunst geistigen Bedürfnissen einer imaginären Auswahl dienen. Wenn das Imaginäre nicht vollkommener Unsinn werden sollte, mußte wenigstens der Künstler sich geistig zu zügeln suchen. Naturalismus aber war Ersatzmittel für entlaufene Sklaven, Bankrotterklärung des Geistes, Zusammenbruch.

Vincent bockte. Er liebte die Natur. Über den Naturalismus konnte er nicht viel sagen. Nahm man ihm den Weg über die Natur, so blieb kein anderer übrig. – Gauguin ließ nicht nach. Natürlich liebte jeder das Objekt seiner Schwächen. Übrigens kam es keineswegs auf das Objekt an, sondern auf die Qualität der Neigung. Liebe machte bekanntlich blind. Das war das Übel. – Vincent lachte. Er hatte sich eingebildet, hier sehend geworden zu sein. – Nun, wenn man sich vor den Apfelbaum hinpflanzte, war es weiter keine Hellseherei, den Baum nicht für ein Kaninchen zu halten. Gauguin hatte sich in dem Augenblick als Maler gefühlt, als ihm das erste Bild aus dem Kopfe gelungen war. *Par cœur!* – Eine alte Bitterkeit stieg in Vincent auf. Wie der Mensch ihn durchschaute, ohne hinzusehen! Wie er im Handumdrehen alles umwarf. – Gauguin aber meinte, Meissonier und die andere Sippe bildeten sich wohl ein, seherische Kräfte zu haben.

Sobald Namen aufs Tapet kamen, wurde Vincent falsch. Er konnte Verunglimpfungen seiner Leute nicht hören. Gut, das Eigene taugte nichts, das war ohnehin klar, hätte nie anders sein können, aber die anderen sollte man zufrieden lassen, wenn man mit ihm Frieden haben wollte.

Gauguin hatte sein gewohntes Achselzucken und ging an die Arbeit.

Trotzdem ein außerordentlicher Mensch! Und ein höchst wertvoller Freund. Schließlich kam es nicht auf Worte an, sondern auf Werke, und Vincent sah kein Bild Gauguins ohne größte Dankbarkeit an.

Da Gauguin nun einmal darauf bestand, wollte er versuchen, aus dem Kopf zu malen. Es war ja sicher nicht Streitsucht, was Gauguin zu dem Rat trieb, sondern der Wunsch, dem undankbaren Freund die Erfahrungen zuteil werden zu lassen, von deren Vorteilen alle seine Bilder zeugten. Gauguin wollte ganz gewiß nur das Beste und erhielt dafür alberne Redensarten an den Kopf. Auch leuchtete ein, was bei der Abhängigkeit von der Natur auf dem Spiel stand. Erstens war man immer linkischer, und dann ließ sich das Legendenhafte Gauguins auf diese Art nicht erreichen. Dies Legendenhafte steckte in ganz einfachen Landschaften Gauguins, zum Beispiel in dem Weinberg. Ein freieres, loseres Spiel, nicht so belastet, nicht so begehrlich, ein geistigeres Spiel, während so ein plumper Naturalist überhaupt nicht ans Spielen, eher an alles andere, dachte.

Man mußte, riet Gauguin, Dinge nehmen, die sich in der Erinnerung zu Bildern verdichtet hatten. Also versuchte es Vincent mit dem Garten der Eltern in Nuenen. Es mißlang, und das Bild kam in den Ofen. Vincent ließ sich nicht abschrecken. Man mußte mit Motiven beginnen, bei denen man leichter mit der Kontrolle nach der Natur nachhelfen konnte. Er nahm sich die Gräberstraße in Arles vor, wo sie oft spazierengingen, und malte sie im Atelier. Die Methode hatte auch den Vorzug, sich unabhängig von der Witterung zu machen. Außerdem gelang vielleicht auf diesem neuen Wege Erfüllung des geheimen Traumes, die Nacht mit Sternhimmel zu malen, was sich natürlich nie nach der Natur machen ließ.

Die Gräberstraße gefiel Gauguin. Das in Wirklichkeit bescheidene, eher behagliche Motiv, ein breiter unregelmäßiger Weg mit Pappeln, vor denen hier und da einfache römische Sarkophage standen, eignete sich zur Vergrößerung. Van Gogh übertrieb die gegebene Struktur, machte aus den beiden Baumreihen symmetrische hohe Wände aus flammendem Rot und säumte sie unten mit einer durchlaufenden Linie von Steinen.

So entstand eine Riesenallee, geeignet, den Triumphzug eines Cäsar aufzunehmen, höchst wirksam. Gauguin lobte das Übersichtliche des Motivs und die Zurückhaltung der Handschrift. So weiter, dann kam man zu einer vernünftigen gemeinsamen Basis. Man konnte Fresken zusammen machen. – Vincent starrte. Fresken! Geradesogut hätte man ihm die Pyramiden Ägyptens vorschlagen können. Gauguin lachte. So waren diese Menschheitsbeglücker, redeten immerfort von Gemeinschaft, und zeigte man ihnen eine vernünftige Möglichkeit, standen sie wie Ochsen da.

Zu Fresken gehöre allerlei, meinte Vincent, zum Beispiel Wände.

Gauguin zeigte auf das weiß getünchte Zimmer. Richtige Fresken ließen sich natürlich nicht so machen; da gehörte der Maurer dazu; aber zur Übung und im Kleinen konnte man es auch mit solchen Wänden versuchen. In Pont Aven hatte man es auch so gemacht. – Es gab einen längeren Vortrag über die Gesetze der Wandmalerei, ein Panorama von Pompeji bis Puvis. Das Schöne an der Freske war die Unabhängigkeit des Geistes von der Pfote. Tripotagen der Pinselführung versagten, auch das Malen nach der Natur, da man das Modell nicht mit auf die Leiter nehmen konnte. Man mußte das Werk von Anfang bis zu Ende im Kopf haben und schrieb es dann in einfachen Zügen nieder.

Seurat hatte schon davon gesprochen, und deshalb verband sich für Vincent damit die Vorstellung einer anderen Art von Neo-Impressionismus. Womöglich mußte man wieder pointillieren. – Gauguin erklärte Seurat für Unsinn. Man setzte sich hin, dachte nach und dann los auf das Gerüst. Hoch oben stand man in der Kuppel des Doms und malte für eine Entfernung von ein paar Dutzend Metern. Siehe die Herrschaften besserer

18. *Straße in Arles,* 1890

Zeiten! Man durfte nicht etwa an Schwindel leiden. Es ist damals zu Versuchen gekommen, deren Reste in dem gelben Haus, überstrichen mit Tünche, wiedergefunden wurden. Wahrscheinlich blieb Vincent unbeteiligt. Die Art lag ihm nicht. Doch wollte er sich gern darauf vorbereiten, und deshalb wiederholte er die Gräberstraße, die Gauguin gefallen hatte, diesmal mit anderer Staffage und natürlich ganz aus dem Kopf. Die zweite Fassung befriedigte ihn nicht besser. Die Methode hatte ihre Gefahren. Man verlor mit der gepriesenen Zurückhaltung den Nerv, wurde dünn, nicht nur in der Farbe, wurde flach, statt flächig, machte Kulissen, statt Handlung; richtige Kulissenmalerei.

Ja, meinte Gauguin, der sich zuweilen in dem Nest langweilte, es gab viele Maler, die, wenn man sie zwang, sich lediglich ihrer Vernunft zu überlassen, flach wie ein Bügelbrett wurden. Das war nun mal so.

Vincent aber nahm seinen Freund Roulin vor, und Frau Roulin und die Kinder Roulins und malte ein halbes Dutzend Porträts, die sich gewaschen hatten. – Gauguin hatte vor den Bildern sein Achselzucken, und Vincent sprach von dem Schick der Symbolisten. Sie machten Literatur, um den Schwierigkeiten des Handwerkes zu entgehen, und erhoben sich über die Natur, weil sie den Dingen nicht gerade ins Gesicht sehen konnten. Etwas Verlogenes war in ihnen, Schwäche und Hinterlist. Sie waren auch nicht gut. Über einfache Modelle, wie die Roulins, dünkten sie sich erhaben. Solche Roulins aber waren ihnen hundertmal überlegen.

Er war gut im Zuge. Gauguin amüsierte sich. Wenn man so einen Berserker ein bißchen kitzelte, trieb man ihn an den Südpol. Vincent aber trat zu ihm, nahm Gauguins beide Hände: Gauguin, gut sein! Ja? –

Er stieß es mit heiserer Kehle heraus. Gauguin lachte. Er wollte gern gut sein, aber es sei ihm unmöglich, seine Herzensgüte pastos zu äußern.

Vincent nickte mit blödem Gesicht. Aha! Wie sonderbar war das alles!

Er lief in die Crau hinaus, lief sich müde. Sechs Stunden blieb er fort. Komisch, daß ihm immer im entscheidenden Augenblick die Worte fehlten. Vielleicht nützten aber bei den Parisern keine Worte. Sie redeten, wie sie malten, hörten nur nach außen. So ein Gauguin floh zu den Wilden, schleppte aber seinen Pariser Boulevard auf dem Rücken mit. Armer Gauguin! Erst mußte er sich einmal entparisern. Eine Krankheit war es. Vielleicht konnte das gelbe Haus als Heilmittel dienen, besser als Martinique oder Tahiti. Man mußte es langsam versuchen, nicht mit harten Worten, überhaupt nicht mit Worten. Gauguin war wohl im Grunde, ganz im Grunde, obwohl ein großer Künstler, nicht gut. Also mußte er gut gemacht werden. Das Strahlende, das ihm fehlte, war das Gute, für das es in seiner Vernunft keinen Platz gab. Auch die Abneigung gegen die pantinenhafte Farbe war nur ungute Überhebung des Boulevard-Menschen. Da er aber dem Boulevard in hundert Dingen so überlegen war, ließ sich vielleicht auch der Rest überwinden, wenn man ihm half. Ja, er wollte ihm helfen, so, wie man allein helfen konnte; mit rechten Bildern.

Und er malte an dem Tag faustdick seinen Stuhl mit dem buttergelben Strohsitz auf den superben roten Fliesen. Nichts wie ein Stuhl, durchaus nicht legendarisch, durchaus nicht artistisch, aber so, daß mit dem Stuhl das ganze gelbe Haus in den Betrachter eindrang, und dazu Arles, und dazu die ganze Provence und Holland von Nuenen bis Drenthe.

Als er das kleine Bild Gauguin zeigte in Erwartung des bekannten Achselzuckens, stieß Gauguin einen Fluch aus. Der faustdicke Stuhl gefiel ihm. Der Stuhl war fast so stark wie die Sonnenblumen, vielleicht sogar noch stärker, das Gesicht eines Stuhles. Das hatte noch keiner gemalt. Sonderbarer Kerl! Die Impressionisten konnten sich verkriechen.

Natürlich Übertreibung, genau wie der Einfall, die Sonnenblumen über Monet zu stellen. Immerhin tat es sehr gut, und Vincent nahm sich vor, von jetzt an nie mehr zu streiten. Gewiß, man mußte reden, dafür war man zusammen, und nach der Arbeit war manchmal so ein Fluidum zwischen ihnen, das zur Rede zwang. Wenn Gauguin dann ausbog – er behalf sich nach einer Widerrede auf eine unmögliche Behauptung gern mit einem Achselzucken und ließ den anderen reden –, war es auch nicht recht. Es fiel Menschen, die einer Sache auf den Grund wollten, immer schwer, sich zu verständigen. Wer redete heute selbst mit dem leiblichen Bruder dieselbe Sprache? Alle Panoramen waren viel zu plump. Schon so ein dummer Stuhl warf sie um. Also mußte man andere Verständigungsmittel suchen. – Gauguin schlug eine Fahrt nach Montpellier vor. Dort im Museum hingen solche Mittel an den Wänden. Es gab den Saal Bruyas mit den Courbets und Delacroix'. Für einen Franc fuhr man hin.

Wider Erwarten wurde es ein guter Tag. Es war schon Dezember, aber man hatte Sonne und blauen Himmel. Gauguin kannte die Sammlung von früher her und führte, und Vincent war es, als sei Gauguin ein Verwandter des generösen Herrn Bruyas, und man habe ihm für den Genuß zu danken. Dies war ein Genuß. Seit fast einem Jahr war er in keiner Sammlung gewesen. Das Auge schien inzwischen geruht zu haben, so lebhaft faßte es die Dinge. Es traf sich gut, daß die Sammlung reich an Bildnissen war, weil ihm gerade jetzt das Bildnis als besonders geeignete Domäne vorschwebte. Und die Courbets, mochte Gauguin sagen, was er wollte, standen wie Erzbilder da. Übrigens ließ Gauguin das Bruyas-Bildnis gelten, wenn er auch das Porträt von Delacroix vorzog. Darin trafen sie sich. Freilich überragte Delacroix turmhoch alle anderen, wäre es auch nur mit dem Anstand. – Eben der Anstand! Wie klein kam man sich vor! Ein Fürst! Es war ein Inkognito in Delacroix' Bildnissen. Er malte sie anders als seine übrigen Werke, wie man sich anders in einer großen Gesellschaft als in einer kleineren gibt. Darin trafen sie sich. Wer diese Zurückhaltung vermöchte! Diese Milderung des Tempos bei vollendetem Ausdruck! Heute erschöpfte man sich bis aufs Blut bei jedem Stilleben. Tat man es nicht, blieb die Materie regungslos. Das war es, was Gauguin mit anderen Mitteln suchte. Jetzt erst verstand Vincent den Widerstand gegen die eigene ungestüme Art. Gauguin hatte recht. Man mußte konventioneller werden, konnte nie genug konventionell sein. Aber woher die Konvention nehmen? Delacroix hatte sie von zu Hause. Es gab damals noch ein wirksames, greifbares, redendes, handelndes Europa in Paris, nicht nur ein Paris der Artisten. Es gab Gebärden, nicht nur in Bildern.

Dies war Gauguins Stichwort: anständige Gebärden. Da die entwurzelte Künstlerbande die faule Geste des Bourgeois durchschaut hatte, was kein allzu großes Kunststück war, bildete man sich ein, mit Rülpsen und Spucken ehrlicher zu sein, und verlegte die Gebärde in den Schwung des Pinsels. Eines Tages kehrte man reumütig zu Ingres zurück. Gut, es gab keinen wirksamen Mythus mehr, also galt es, einen neuen zu finden. Wenn nicht in Europa, so draußen irgendwo bei den Wilden. Da wimmelte es von ungeahnten Legenden. Ob Vincent mit nach Martinique wolle?

Vincents Freude über die spontane Aufforderung überwand den Schauder vor der exotischen Zone. Überall ging er mit, bis ans Ende der Welt. Den Mythus aber brachte nur Gemeinschaft hervor. Ob man sie hier oder dort fand, wo sie entstand, wuchs ein Tempel. Wo zwei zusammen waren, war Gott. Gut, man verlegte das gelbe Haus nach Martinique. Delacroix aber führte sie sanft nach Europa zurück. Sie standen vor den »algerischen Frauen«. Daneben hing das schöne Kniestück der Mulattin. Das hatte Gauguin einmal mit Enthusiasmus kopiert. Ja, das Europa Delacroix'! Es reichte weiter als die Banlieue von Paris, wo die meisten steckenblieben. Der war draußen gewesen. Natürlich bestand für gewöhnliche Sterbliche die Gefahr, draußen zu einem exotischen Menschen zu werden. Man ging mit der Gefahr leichtsinnig um, weil im Inland andere Gefahren drohten. Gauguin bildete sich nichts darauf ein, nicht mit Europa fertig zu werden. Vielleicht verbarg sich hinter seiner Sehnsucht Schwäche. Delacroix war gerade draußen zum Europäer geworden. So hatte er nie gesprochen. Ein außerordentlicher Mensch! Vincent hätte ihn umarmen können. Und daß ihm die Wärme im Schatten Delacroix' kam, sagte genug. Doch brauchte sich Gauguin gewiß nicht seiner Neigungen zu schämen. Es wimmelte in Europa von Negern. Vincent fand sich und seine Farbenklexerei mehr als exotisch. Er machte Tamtam mit seinem Gelb. Delacroix hätte sich die Ohren zugehalten. Gauguin hatte recht: Leute, die ihre Kraft nur mit dicken Pasten erwiesen, rülpsten, statt zu malen. Aber es half nichts. Nur weiter! In ein paar Jahren konnte man doch noch zu der besseren Art kommen, möglicherweise.

Dann kam der Daniel in der Löwengrube. So etwas hätte nun wieder van Gogh gern kopiert. Ja, er stand nicht an zu erklären, es sei sündhaft, den Pinsel zu etwas anderem zu rühren. Der Eindruck erinnerte an die Stunde vor der Nachtwache in Amsterdam, und Gauguin erklärte das eine als logische Folge des anderen, nur stand Delacroix einige Kilometer höher. Darüber mußte man sich klar sein, und zwar trotzdem oder gerade weil dies Bild mit dem Daniel nie ohne Rembrandt entstanden wäre.

Vincent fand solche Feststellungen überflüssig. Auch ihm war Delacroix im Grunde näher. Aber verglich man die Rhone mit dem Rhein, weil man zufällig an der einen oder an dem anderen wohnte? Oder einen Pfirsich mit einer Traube? – Solche Vergleiche dienten niemandem, dumme Spielerei des Intellekts. Es hing etwas vom Börsenmakler daran.

Gauguin lächelte. Die Börse hatte ihr Gutes. Er dankte seiner Makler-Vergangenheit den rechten Kunstverstand.

Vincent schämte sich. Richtig, Gauguin war an der Börse gewesen. Wie man so etwas nur vergessen konnte! Das war wieder eine Geschichte.

Gauguin aber nahm solche Anspielungen nicht im mindesten übel. Im Gegenteil, war stolz darauf. Doch sprang er von dem Thema ab und kam auf das Florett-Fechten. Dies war so seine verrückte Art. Nie konnte man eine Sache richtig zu Ende reden. Fecht-Theorien und Delacroix!

Gauguin hatte seine eigene Theorie, und ihre Güte wurde von seinen Erfolgen im Fechtsaal hinlänglich bewiesen. Er galt nicht umsonst überall, wo man sich mit ihm gemessen hatte, als hohe Klasse im Florett.

Vincent konnte sich das vorstellen. Es war ganz selbstverständlich bei so einem Athleten, bei dieser Gewandtheit in allen Dingen. Es konnte gar nicht anders sein. Aber Vincent verstand gar nichts vom Fechten.

Gauguin erklärte die Theorie. Frankreichs Methode stand im Zeichen des militärischen Schemas. Als beste Schule galt die von Joinville-le-Pont. Sie spielte die Rolle der École des Beaux-arts. Wenn einer in Joinville-le-Pont gelernt hatte, hieß es allgemein, mußte man sich vor ihm in acht nehmen. Nun, sie hatten da besondere Tricks, geschickte Akrobaten, aber die Schule war nicht einen Schuß Pulver wert. Gauguins Regel war kein Reglement. Mit einer guten Hand traf man hier und da; mit guten Beinen traf man öfter; mit gutem Kopf traf man immer. Nur die Überlegung machte den Fechter. Diese zog vor allem die Körperbeschaffenheit in Betracht. Für kurze Beine und Arme galten natürlich andere Methoden als für lange. Ein Kurs, der nicht von vornherein von dieser Erwägung ausging, war Blödsinn. Die Dummheit der Akademiker von Joinville-le-Pont schrieb allen Schülern dieselben Arme und Beine vor. Mit dem Boxen stand es ähnlich. Das sogenannte französische Boxen rechnete mit einem Idealtyp. Es gab, abgesehen von Amerika, nur die englische Schule. Gott sei Dank hatte Gauguin englische Lehrer gehabt. Vincent schlich neben dem Athleten her. Sie aßen irgendwo. Immer wenn es sich um solche Dinge handelte, war Gauguin guter Laune. Nachmittags gingen sie noch einmal ins Museum, da in Montpellier weiter nicht viel los war und Vincent leider nicht Billard spielte. Gauguin hatte bei einem Match hundertundfünfzig Bälle gemacht. – Auf dem Umweg über Billard und Reiten kam man auf Delacroix und Rembrandt zurück. Es stand bei Vergleichen doch nicht lediglich die Superiorität des einen oder anderen in Frage wie in der Klippschule. Man erzog sich nicht anders, soweit man überhaupt etwas für seine Erziehung tun konnte. Vergleichen war vor allem vielseitiges Denken. Nur so hatte Delacroix sich gebildet. Nur so kam er über Rembrandt hinaus, entging dem Schweiß, der auf der Inbrunst des Holländers lastete. Das Denken weitete ihn, machte ihn heller, behende. Rembrandt brütete dumpf an unverdaulicher Mystik. Er hätte sich sicher schlecht auf das Florett verstanden. Poussin und Claude waren ihm vermutlich ein Greuel. Die Antike fehlte ihm.

Man hatte zuweilen Mühe mit Gauguin. Auch seine Dialektik sprang vor und zurück, schlug Finten, wechselte die Parade. Immer sehr pariserisch. Der Witz lag ihm wie der Degen in der Hand. Alle Dinge ließen sich aber nicht so abtun, im Grunde nicht ein einziges ernsthaftes Ding. Freilich verschwieg er oft absichtlich den Kern. Von den tieferen Dingen sprach er nicht, nicht weil sie ihm fremd waren, sondern aus

Geschmack. Er traf schon etwas von Delacroix; nicht gerade das, was Vincent am wichtigsten schien. Seine Vorstellungen nahmen das von einer anderen Seite, anscheinend nur von der kühlen Vernunft. Oft aber ergab sich als Resultat eine Vertiefung. Es war zum Beispiel banal, von den kühnen Motiven Delacroix' zu reden, oder gar von seiner Originalität. Schließlich handelte es sich nicht um Manschettenknöpfe. Neues roch immer infam. Neuheit war Emile Zola. Nun ja, manche Leute, die viel Bücher fraßen, sahen womöglich auch in Zola einen Dichter, weil er neu war. Delacroix' Größe beruhte auf den Zusammenhängen mit anderen. Ein Genie bestimmte sich nach dem Umfang der Gemeinschaft, die es realisierte.

Für das Wort war Vincent dankbar: Zusammenhang, Gemeinschaft. So war die ganze Kunst, wenn sie etwas bedeutete. Bruyas, der alle diese herrlichen Dinge sammelte und der Öffentlichkeit schenkte, hatte wohl auch an solche Zusammenhänge gedacht. Bruyas hatte wohl auch ein gelbes Haus errichtet, war gewissermaßen Schöpfer der Kunstschule des Südens, die man fortsetzen mußte. Übrigens glich sein Porträt mit dem Bart und dem roten Haar verblüffend den Gebrüdern van Gogh. Und da Delacroix das Porträt gemalt hatte, kam man fast mit Delacroix selbst in Berührung. Dies war alles höchst merkwürdig und lockte zum Nachdenken. Delacroix aber hatte das gelbe Haus im Geiste errichtet.

Sie kamen spät heim. Vincent ließ sich nicht abhalten, noch Feuer zu machen, denn es blieb noch sehr viel zu sagen. Das Fluidum war diesmal besonders stark. Gauguin lag schon im Bett, als Vincent noch einmal hereinkam, nur auf eine Minute. Er setzte sich auf den Bettrand. Jetzt nahte der Moment für die alte Genossenschaft. Er skizzierte die Grundzüge des Unternehmens, die Filialen in London, im Haag, in Amerika; der große

19. *Selbstbildnis mit Widmung an Gauguin,* 1889

und der kleine Boulevard, das System der Anteile. Man mußte jetzt ruhig und mit Nachdruck an die Verwirklichung herangehen. Waren nur erst einmal die richtigen Leute zusammen, mußte es glücken.

Gauguin hörte längst nicht mehr. Vincents Lippen bewegten sich weiter, während der Thorax des Athleten sich regelmäßig senkte und hob.

An einem der nächsten Tage begann Gauguin das Porträt Vincents. Ein ganz großer Künstler und ein außerordentlicher Freund. Herrliche Zeiten! Bald kam Weihnachten. Das sollte ein Fest werden, das erste frohe Weihnachten seit der Kindheit. Eigentlich hätte Theo dabei sein müssen, aber der wollte nach Holland, hatte dort mysteriöse Absichten. Eben lief ein Brief ein, heiterer als gewöhnlich. Offenbar handelte es sich um eine Liebessache. Wenn das zutraf, wenn wenigstens einer von ihnen richtige Kinder in die Welt setzte, so einen kleinen Bruyas, möglicherweise!

Diese Nachricht war hochbedeutsam. Immer wieder kam er mit dem Brief in Gauguins Zimmer gelaufen. Außerdem bildete er sich ein, der Freund brauche ihn für das Bildnis, was durchaus nicht zutraf. Gauguin war am liebsten bei der Arbeit allein. Dies der große Unterschied zwischen beiden: der eine wollte zu Bildern, weil seine Skepsis die Untiefen der Menschen durchschaute; der andere machte Bilder als notdürftigen Ersatz für Menschen. Eine Verbindung zwischen ihnen war nur bei einem Nachgeben der Skepsis möglich. Es war Vincents geheime Hoffnung, diesen großen, diesen außerordentlichen Künstler zu den Menschen zu bekehren. Wenn etwas seinen Werken fehlte, war es die Teilnahme des Menschen. Man kam nicht sofort dahinter und nahm Folgen für Anlaß. Freundespflicht gebot, nach dieser Einsicht zu handeln. Je mehr er sah, desto größer wurde sein Wunsch, dem Freunde die Stelle zu zeigen, wo der Mensch, vielleicht nur aus Geschmack, aus einem Zögern pariserischer Feinfühligkeit versagte. Manchmal waren es nicht nur einzelne Stellen; zum Beispiel in dem Bildnis. Da er selbst jedes Urteil dankbar annahm, sogar die Meinung Roulins, des Postmanns, denn jeder konnte helfen; da er seinerseits jedes Wort Gauguins wie ein Geschenk nahm, setzte er gleiche Empfänglichkeit auch bei Gauguin voraus. Der aber wurde nicht klug aus der ungereimten Kritik und verlor, wenn Vincent zu ausführlich wurde, die Laune. Es war auch wirklich schwierig, nicht ungeduldig zu werden, da Vincent an jeder Erkenntnis zähe festhielt. So begriff er nicht, wie man ein Bildnis so flach halten konnte. Eben das war Gauguins Mittel. Flach wollte heißen flächig. Gauguin liebte nicht das Kleistern mit der Farbe. Gut; das war und blieb Gauguins Privatsache. Aber ob man kleisterte oder nicht, wenigstens mußte doch, dick oder dünn, die Beziehung des Malers zum Objekt sichtbar und Ausdruck werden, dick oder dünn.

Gauguin fand es bedenklich, einem Menschen, der Meissonier schätzte, Verständnis für synthetische Schöpfungen zuzutrauen. – Dies war wieder ein Fremdwort. Aber waren nicht alle Bilder synthetisch, wenn sie überhaupt etwas waren? War das Bildnis der Arlésienne vielleicht nicht synthetisch? – Gauguin lächelte. Doch, das konnte man wohl zugeben; die Arlésienne war synthetisch, aber fiel ein wenig aus dem gewohnten Genre Vincents heraus. Und das kam vielleicht von einem Umstand her, den Vincent zu vergessen schien, von einer geringen, aber immerhin merkbaren Beihilfe Gauguins, einigen beiläufigen, aber wirksamen Ratschlägen. Erinnere er sich recht, habe er sogar einmal in ein paar Bleistiftstrichen die

Vereinfachung für dieses interessante Bildnis schematisch angegeben.

Vincent bestritt es. Nicht im Traum dachte er an dergleichen. Gauguin lächelte wieder. Nun, dann habe er sich geirrt und bitte ergebenst um Entschuldigung. – Dieses Lächeln! Lieber dröhnen und Glas schneiden. Vincent konnte bei dem dümmsten Anlaß plötzlich ins Kochen geraten. Wie gemein war das Lächeln! – Die Tür fiel krachend ins Schloß.

In seinem Zimmer aber besann er sich sofort. Doch, er hatte womöglich bei dem Bilde an Gauguin gedacht. Er dachte sehr oft an Gauguin, und es wäre gut für ihn gewesen, noch viel öfter an ihn zu denken. Er war kleinlich und schlecht, unfähig jeder Gemeinschaft. – Sofort ging er zurück und bat Gauguin wegen der Tür um Verzeihung. Ja, er wolle die Arlésienne noch einmal malen und sich dabei ganz genau an Gauguins Vorschriften halten. Nicht nur die Arlésienne verdanke er ihm, sondern alles. Seit Gauguins Ankunft fühle er sich täglich besser und es gebe nur ein Heil für ihn, stets gemeinsam mit Gauguin zu arbeiten. Übrigens bitte er Gauguin, nachher mit in den Stadtgarten zu kommen. Da wolle er ihm etwas von einiger Wichtigkeit mitteilen. – Warum es gerade im Stadtgarten sein mußte, wo es jetzt unwirtlich war, sagte er nicht.

Also gingen sie zusammen in den Stadtgarten. Vincent liebte ganz einfach, im Freien zu sprechen. Sokrates hatte es auch so gemacht, und hier waren sie genau so für sich wie zu Hause. Wenn man ging, kamen die Gedanken leichter und auch die Form für die Gedanken, die sich ihm, zumal bei wichtigen Dingen, gern versagte. Sein Plan war etwas sonderbar. Das heißt, er mochte in diesen Zeiten sonderbar erscheinen, während er in der Blütezeit sicher keineswegs für etwas Besonderes gegolten hätte. Er glaube nun, Gauguins Malerei gründlich zu kennen, und Gauguin kannte nun gründlich die seine. Betrachte man die Bilder ganz gelassen, so fehle denen von Vincent das, was die Gauguins hätten, und dies war die große Hauptsache. Nun, das verstand sich von selbst. Es fehle aber auch denen von Gauguin manches, was die von Vincent besaßen, möglicherweise, obschon dies natürlich viel geringfügiger war. Figürlich gesprochen, konnte man vielleicht in der Kunst Gauguins einen Garten sehen, in Gauguin einen Gärtner, nein, einen Gartenbaumeister, so einen genialen Gartenerbauer von der Art des Mannes, dessen Name ihm entfallen war, der den Park von Versailles konstruiert hatte. Mit einem Wort, einen genialen Konstrukteur. Wäre nun der Mann, dessen Name ihm entfallen war, wohl fähig gewesen, die Gärten von Versailles ohne Gehilfen zu machen, zum Beispiel ohne die Leute, denen der plastische Schmuck der Alleen zufiel, diese herrlichen Statuen und Reliefs, ohne die Ingenieure für die Wasserwerke, ohne die Zeichner der Teppichbeete? Ganz gewiß nicht! Nun, warum sollte sich Gauguin nicht eines solchen Helfers bedienen?

Gauguin verstand immer noch nicht, wohin das hinaus wollte. So fern lag heute jedem die werktätige Gemeinschaft. War Gauguin vielleicht nicht so ein Baumeister? Seine Bilder hatten glänzende Disposition: die Hauptwege, die Nebenwege, die freien Plätze. Es war alles immer außerordentlich imposant und klug erdacht. Doch fehlte etwas. Kein Mensch konnte alles, und der Geringste hatte etwas Geringes für sich. Die Anlage der Bilder hätte eine stärkere Vegetation vertragen, reicheres Blühen, üppigeren Fluß der Farbe, möglicherweise. Also mußte man ein Bild wie die Gärten von Versailles bauen. Gauguin fiel die Hauptsache zu, der Plan des Ganzen, und dann kam Vincent und machte seine Teppichbeete, seine

Blumen, sein üppiges Blattwerk, stellte seine Fontänen hinein. Gauguin fragte: In dasselbe Bild?

Der rote Schädel nickte. Freilich!

Gauguin blieb stehen. Vincent merkte es gar nicht, sprach weiter, wie ihm oft geschah, wenn sie zusammen draußen waren. Er sprach und sprach, und der andere blieb an einer Ecke hängen und sah sich etwas an.

Plötzlich ertönte Lachen hinter ihm. Gut, daß sie draußen waren. Im Zimmer hätten die Scheiben nicht gehalten. Gauguin dröhnte.

Zwei in demselben Bild! Warum nicht dreie oder ein Schock? Der kleine Bernard konnte auch noch mittun. Und vielleicht Lautrec für die Staffage! Oh, die Blague! Unbedingt aber mußte Meissonier dabei sein.

Vincent starrte. Was lachte der Mensch so? Dieses Lachen zerriß alles. Bäume zitterten, Erde und Luft zitterten. Warum alles zerreißen?

Gauguin aber war wie vom Bändel los, konnte sich nicht helfen. Malerei auf Aktien, Kommanditgesellschaft! Société anonyme! Etwas für die Pariser Börse! Ein Coup zu machen! Die ganze Welt kaufte. Goldmine!

Er schnitt Glas. Es dröhnte. *Coup à faire! Mine d'or!* – Vincent verstand nicht. Nur dieses tolle Dröhnen und Schneiden. Es riß immer noch.

Lassen! stotterte er mit einem Gesicht, das wirklich komisch war. Er mußte sich auf eine Bank setzen. Denn plötzlich stand die Zypresse auf dem Kopf, und die beiden Pinien hatten nur Hälften. Er legte den Kopf in die Hände, klammerte sich mit den Augen an den bunten Boden.

Hören Sie, lieber Gauguin! Freund! – Er mußte sich sehr anstrengen.

20. *Italienerin,* 1888

Aber Gauguin war schon vorweg und hörte ihn nicht mehr. Gleich hinter den Bäumen lief die Straße mit den guten Mädchen. Sie lachten. Wie Zwitschern klang es. Gauguin ging hinein. Sie waren schon ein paar Mal bei der Mère Chose gewesen. Vincent hatte sogar da gemalt. Man nannte ihn Fou-roux in dem Hause. Gauguin hieß aus unersichtlichen Gründen Montezuma. Vincent ging gern in das Haus. Eine Brünette aus Avignon war da, die ihn an eine im Haag erinnerte. Er liebte sie.

Fou-roux! Montezuma! rief alles, als sie kamen. Die Mädchen sprangen heran wie weiße, weiche Tiere, bogen sich um sie, küßten sie, streichelten ihnen die Backen. Es war zufällig ganz leer. So früh kam niemand, und die Mädchen freuten sich. Fou-roux und Montezuma! Vincent lachte.

Es war zu schön, daß es solche warmen Häuser gab. Man war wie in einem Bade. Nirgends träumte es sich so leicht wie bei den guten Mädchen. Die Brünette aus Avignon wollte ein Hundert-Sous-Stück haben. Da er zufällig keins in der Tasche hatte, versprach er, ihr Porträt zu malen, und diesmal eins, auf dem sie ganz gewiß nicht wie ein Camembert aussehen sollte, sondern wie eine Rose La France oder wie eine Feuer-Lilie.

Gauguin hatte wie gewöhnlich den ganzen Schwarm um sich. Er war der schönste und stärkste Mann in Arles. Jede hätte ihn zum *Amant de cœur* gemacht. Montezuma brachte Glück, mit Montezuma gab es immer zu lachen. Er behandelte sie wie ein Fürst, in dessen Lande noch derbe Bräuche herrschen, aber mit Grandezza. Montezuma hatte in den Bordells von Rio de Janeiro gewirkt. Montezuma war ein Bijou. Kinderchen, da muß man aufpassen! – Während er erzählte, warf er die wilde Nanette durch den ganzen Salon über den Tisch hinüber auf das rote Sofa unter dem Spiegel, daß sie wie ein Knäuel in der

Ecke lag, und er sprach, ohne hinzusehen, ruhig weiter. Er konnte auch den Trick mit dem Kronleuchter. Wenn man es sich recht überlegte, war so ein Lokal komfortabler als das gelbe Haus, und es war nicht einzusehen, warum man hier nicht Weihnachten feiern sollte. – Die Brünette sagte zu Vincent, wenn er ihr nicht das Hundert-Sous-Stück schenken könne, möge er ihr wenigstens eines seiner großen Ohren zu Silvester verehren. Darüber gab es großes Hallo, und die Brünette aus Avignon hüpfte Vincent auf den Schoß und hing sich an seine mächtigen Löffel. Vincent rollte mit ihr auf den Teppich, schüttelte den Kopf wie ein Bär, den die Hunde packen, und machte Romrom. Die Madame Chose kam dazu und hielt sich den Wanst.

Sie gingen lachend nach Hause. Vincent konnte nicht schlafen, stand mitten in der Nacht auf und tappte in Gauguins Zimmer. Die Laterne draußen warf einen Schein auf den Kopf des Athleten. Vincent stand so eine halbe Stunde. Einmal war es Gauguin im Traum, als beuge sich etwas Dunkles über ihn, ein Bär mit kleinen Augen und heißem Rachen.

Am nächsten Tage redete Vincent nicht, malte nicht, aß nicht. Als sie nachmittags im Café Giroux saßen, warf er plötzlich seinem Gegenüber das Absinthglas an den Kopf. Gauguin wich aus, packte Vincent und setzte ihn mit zwei Griffen vor die Tür. Romrom machte Vincent, ging nach Hause und schlief wie Blei. Am anderen Morgen sagte er, er erinnere sich dunkel, Gauguin womöglich beleidigt zu haben, und bitte ihn um Verzeihung. – Das mache gar nichts, antwortete Gauguin, er sei an Schlimmeres gewöhnt. Wenn aber zufällig einmal so ein Absinthglas treffen sollte, könne er nicht für sich einstehen, und deshalb halte er für gut, die Kompagnie aufzulösen. Er werde Theo seine Rückkehr mitteilen.

Er setzte sich richtig hin, schrieb an Theo und brachte den Brief selbst zur Bahn. Das war gerade vor Weihnachten. Vincent verbrachte den halben Tag im Hause der Madame Chose, um Gauguin nicht beim Einpacken zu stören. Die Brünette aus Avignon zog ihn wieder an den Ohren, aber er war traurig. Schließlich erzählte er es den Mädchen. Die wilde Nanette wollte gleich hinüberlaufen, aber Madame Chose verbot es. Wie gut die Mädchen waren, obwohl er weder stark noch schön war, noch so gute Dinge erzählen konnte. Schließlich faßte er sich, ging in das gelbe Haus und bat Gauguin. Er redete ihn Meister an wie die Schüler bei Carolus Duran. Sie waren doch zusammen nach Montpellier gefahren und hatten dort den Tag gehabt. Sie hatten von Bruyas gesprochen und von Delacroix. Für einen anderen Menschen war vielleicht so ein Tag nichts Besonderes, und für wieder einen anderen war er vielleicht zu schön, fast unerträglich, und er brauchte ein paar Monate, um sich den Tag zurechtzulegen. Aber sie waren doch da zusammengewesen.

Gauguin ließ sich lange bitten. Gemeinsamkeit im Beruf hinderte nicht tiefgehende Verschiedenheiten im Denken, in der Lebensauffassung, in allen möglichen Einzelheiten. Das durfte nicht unterschätzt werden.

Ja, Meister! sagte Vincent und hatte unwiderstehliche Lust, sich zu beugen, in den Staub niederzuknien. Es war nur eitle Hoffart in ihm. Niedrige Menschen vermochten nichts Höheres zu ertragen, nicht einmal einen guten Tag, waren ganz unwürdig, in der Nähe von solchen Wohltätern wie Herrn Bruyas zu atmen. Selbstverständlich war es nur gerecht, sich von solchen Menschen zu trennen und sie in das Finstere hinabzustoßen.

Schließlich willigte Gauguin ein, und an Theo ging ein zweiter Brief, der den ersten für Chimäre erklärte. Doch verlangte er getrennten Tisch für die nächsten Tage, wegen jener Unterschiede in der Lebensauffassung und aus Hygiene. Also blieb doch ein Stachel in ihm zurück, also war doch nicht alles vergessen. Aber Gauguin bestand auf seinem Verlangen und ging am Abend allein aus, um zu dinieren. Als er nachher auf der Place Lamartine herumschlenderte – es war sehr dunkel an dem Abend –, kamen plötzlich hinter ihm hastige Schritte. Er drehte sich schnell um. Eine dunkle Gestalt stand da mit etwas Blitzendem in der Hand. –

Vincent! – rief er streng. – Der Andere senkte den Kopf. – Ja, Meister!

Gauguin sah, wie er zurück ins Haus stürzte. Mit der Umsicht eines Vielgereisten überlegte er und beschloß, die Nacht in dem Gasthaus zu bleiben, legte sich gleich hin und schlief den Schlaf des Gerechten.

Gegen Mitternacht aber brachte man der Brünetten bei Madame Chose, die gerade im Tanz war, ein Cadeau von Monsieur Fou-roux. Sie öffnete das Papier, ein zweites, ein drittes. Das letzte war blutig, noch blutiger ein Lappen, ein Stück Malleinwand, das den Gegenstand enthielt.

Hallo, Nanette! – Alle Mädchen kamen zusammen, auch Madame Chose. Sie sahen und betrachteten das Ding. Drolliges Cadeau! Ein Ohr, ein richtiges Ohr! – Als sich die Brünette dessen bewußt wurde, fiel sie um wie ein Brett. Nanette sprang zur Tür. Wer war der Bote gewesen? – Er selbst hatte es gebracht. Also war es doch wohl nicht sein eigenes, also das eines anderen. Wem hatte er es genommen? Und war der Kopf noch heil, der zu dem Ohr gehörte? – Madame Chose fand, dies sei eine der seltenen Situationen, in denen man gut tat, die Polizei zu bemühen.

Als Gauguin den nächsten Morgen frisch und elastisch zur

Place Lamartine kam, stand eine Menschenmenge vor dem gelben Haus. Einer fragte ihn, was er mit seinem Kameraden gemacht habe. Ein anderer meldete den Tod Vincents, und man kenne den Mörder. Gauguin hatte den ihm eigenen Aplomb, durchschritt gelassen den Haufen und fand oben Arzt, Polizei und den Postboten Roulin um das blutige Bett. Vincent hatte schon einen regelrechten Verband und schlief. Gelassen stand Gauguin Rede und Antwort. Man protokollierte. Zu Roulin erklärte er, sofort nach Paris telegraphieren und abreisen zu wollen, da er sich von seiner Anwesenheit in Arles geringen Vorteil für den Kranken verspreche. Roulin, der einzige Mensch in Arles, der den Athleten nicht ausstehen konnte, billigte den Entschluß und fügte in Taraskoner Mundart noch eine seiner treffenden Bemerkungen hinzu. Doch fand es Gauguin nach weiterer Überlegung richtiger, den Bruder am Ort der Tat zu erwarten.

Theo kam vierundzwanzig Stunden später und blieb über die Feiertage. Man redete hin und her. Roulin drang mit seiner Meinung durch, und man brachte Vincent ins Hospital. Der Kranke kam zuweilen zu sich, erkannte den Bruder, entschuldigte sich und fragte nach Gauguin, nach der kleinen Brünette und nach dem lieben Gott. – Bei allen ließ er sich entschuldigen. Auch bei der jungen und sicher guten Braut Theos, die um ihr Weihnachten kam. Bei ihr besonders. Zu Theo zitierte er Bibelverse und ließ sich den protestantischen Pfarrer kommen, um ihn über das Evangelium Lukas zu befragen. Dazwischen wieder Delirium.

Theo reiste nach den Feiertagen tiefbekümmert mit Gauguin zurück. Dr. Rey, der Hospitalarzt, pflegte Vincent mit Hingabe. Roulin kam täglich. Das Jahr 88 schloß kläglich. Aber mit dem neuen Jahr besserte sich zusehends der Zustand. Die Anfälle wurden schwächer, blieben schließlich ganz aus. Vincent verlangte nach seinen Bildern, und Roulin begleitete ihn in das gelbe Haus. Wenn dieser und jener Umstand inzwischen verändert war, eins stand fest: die Bilder hielten. Die Sonnenblumen, der Garten des Dichters, die Arlésienne, das zum mindesten war Realität.

Am 7. Januar verließ er das Hospital, von dem trefflichen Dr. Rey für gesund erklärt. Es gab solche Fälle. Offenbar hatte der Verkehr mit Gauguin geschadet. Wer kannte die Psyche der Künstler? Mit Entfernung des störenden Objekts war das Leiden überwunden. Von einer organischen Erkrankung des Hirns fand sich keine Spur. Gute Kost tat not. Aufregung und Anstrengung mußten vermieden werden. Der Arzt war freundlich.

Nun, zur Aufregung fehlte jeder unmittelbare Anlaß. Nichts unterbrach die Stille in dem gelben Hause. Ja, es war auffallend still. War es wirklich nötig gewesen, aus der Bagatelle eine solche Geschichte zu machen? Die Reise Theos, die Flucht Gauguins, diese schreckliche Überstürzung. Hätte man nicht ohne alles das fertig werden können? Er war doch wohl leicht zu leiten, und Gauguin konnte ihn leiten. Auch viel Geld hatte es gekostet. Oder war es wirklich unmöglich mit ihm? Erst im Haag, dann in England, dann bei den Eltern, dann in Antwerpen, in Paris – eine lange Reihe. Eigentlich war es nie gegangen. Warum eigentlich? War er vielleicht so ein Mensch, so ein Unreiner, mit dem man nicht konnte? Aber zum Beispiel mit den Roulins hätte er immer gekonnt, auch mit Madame Giroux, der Arlésienne, auch mit den Bergarbeitern im Borinage. Freilich redete man mit ihnen nicht solche Dinge. Kam man auf solche Dinge, ging alles schief. Nur oberflächliche Berührungen waren möglich, aber ging es an, sich mit solchen Berührungen immer und ewig zu behelfen? Wenn es wirklich nur solche

Berührungen gab, dann war alles früher Gedachte Unsinn. Dies war seine Krankheit, möglicherweise.

Er lag stundenlang auf dem Bett und grübelte. Das war nicht gut. Wenn man lange so lag, verlor das Feste, das man um sich hatte, die Zuverlässigkeit. Die Wände wurden schief, die Decke knickte zusammen. Er stemmte sich hoch, schloß für Sekunden die Augen und öffnete sie dann ganz harmlos. Wenn man nicht an den Dingen zweifelte, waren sie da. Sonderbarerweise, während die unmittelbare Umgebung verschwand oder unklar wurde, sah er ganz deutlich das alte Elternhaus in Zundert; »jeden Pfad, jede Pflanze im Garten, die Felder, die Nachbarn, Friedhof und Kirche, den Gemüsegarten bis auf das Elsternnest auf der hohen Akazie.«

Am leichtesten brachten ihn immer die Bilder zur Vernunft. Wenn es möglich wäre, immer zu malen, immer unter Bildern zu sein, würde man nicht verrückt. Als die Krankheit kam, hatte er gerade eine Wiederholung der Berceuse nach Frau Roulin begonnen. Die Frau hatte das, was man sich unter Familie vorstellte; keineswegs schön, keine Pariserin – Gauguin hatte sie für horrible erklärt. Sie hatte etwas Bürgerliches, das Gauguin auf die Nerven ging, aber wenn sie einem die Hand reichte, wußte man Bescheid. In den Männern sah sie Kinder, denen geholfen werden mußte. Allen Menschen half sie auf ihre Weise, obwohl sie nicht einen Sou übrig hatte. Schon ihre ruhigen Augen taten gut. Er machte ihr Haar aus starkem Orange und setzte sie in dem Alltagskleid aus kräftigem Grün vor einen derb geblümten Grund aus Grün und Rosa. Gauguin hatte von der Einsamkeit der Schiffer erzählt. Nun, mit so einem Bild im Schiff fühlte man sich nie allein. La Berceuse nannte er es, weil man sich bei dem Gedanken an so eine Mutter geborgen fühlte wie ein Kind in der Wiege. Auch wenn die See hoch ging. Es war in der Art populärer Farbendrucke gemalt, schematisch und bunt, nur für arme Leute auf hoher See. Er malte noch eine Variante, so daß es drei ziemlich gleiche Berceusen gab. Diese sollten abwechselnd zwischen drei oder vier ziemlich gleichen Sonnenblumen hängen. Das gab wieder eine Dekoration.

Draußen nahm er sich zusammen, hielt sogar besser auf seine Kleidung, da ihn sein Anzug immer in schlechtes Licht brachte. Er ging in das Haus zu Madame Chose, um die Brünette um Verzeihung zu bitten. Alle waren gut zu ihm. Komisch, die Brünette hatte in der Nacht gleichzeitig mit ihm auch so einen Anfall gehabt und war stundenlang ohne Besinnung gewesen. Madame Chose riet gründliche Purgierung, wenn er wieder etwas dergleichen fühlen sollte. Wie gut es tat, über die Sache ruhig zu reden. Auch Madame Giroux im Café war wie immer. *Une fièvre chaude,* nichts weiter! Ihr Mann hatte das auch einmal in der Ernte gehabt. Wenn man zuviel ohne Kappe in der Sonne arbeitete, kam es, zumal bei Mistral. Auch Roulin kannte solche Fälle. Übrigens waren alle Leute in der Gascogne ein wenig verrückt. Das brachte das Land mit sich. –

Sagten sie das alles nur so für ihn oder glaubten sie es? – Er beobachtete Madame Giroux genau, ob sie sich vor ihm fürchte. Im Café in der Gegenwart anderer war kein Anlaß dazu. Er stieg ihr aber einmal auf den Boden nach, wo sie Wäsche hängte. Sie sah ihn gelassen an mit ihren großen Augen, rückte nur ein wenig mit dem Bein den Korb zwischen sich und Vincent. Er merkte es, trotzdem es ganz beiläufig geschah, und sagte irgend etwas. Vielleicht könne er Madame einmal hier oben zwischen den Tüchern malen. Er sprach ganz ruhig und sah auf die Luke, durch die das Licht eindrang. Er sprach mit Anstrengung. Das Blut hämmerte.

Pauvre Monsieur Vincent! sagte Madame Giroux plötzlich in einer Dunstwolke, während ein Athlet irgendwo in einem Winkel Glas schnitt.

Er ging wieder auf ein paar Tage in das Hospital zurück. In dem Zustand war er dort besser aufgehoben. Rey, der Arzt, meinte, das käme nur noch von dem starken Blutverlust her, weil der Messerschnitt eine Arterie getroffen hatte, und von der Unterernährung. Dies war wohl möglich. Gerade in dieser Zeit wurde das Geld knapp. Theo wollte heiraten und mußte nun sein Budget anders einrichten. Von den Ausgaben wie im vorigen Jahr konnte keine Rede mehr sein. Nun hatte man schon im vorigen Jahr, bevor Gauguin kam, oft genug gehungert. Gerade jetzt, wenigstens in der ersten Zeit, wäre ordentliche Nahrung nötig gewesen, aber der Zufall wollte, daß er jetzt weniger hatte als in der gesunden Zeit. Natürlich war die Heirat des Bruders hundertmal wichtiger als alles Malen.

Es ging ihm ganz leidlich im Hospital. Doktor Rey war gut. Zum Dank malte er ihn, und Theo mußte ihm den Stich nach der Anatomie Rembrandts schicken. Auch die anderen Ärzte waren gut, nur schienen sie auffallend schlecht über neuere Malerei unterrichtet und hielten den Impressionismus für verrückt. Sonderbar, wie vernünftige Leute, tüchtig in ihrem Fach, sich so wenig in die Regeln eines anderen Berufes hineindenken konnten. Er gab sich große Mühe mit ihnen, versuchte Panoramen zu entrollen. Gauguin hätte es besser gekonnt. Warum war er gegangen? Gauguin war wohl so ein Napoleon. Der zog sich auch aus Ägypten zurück und ließ seine Armee in der Patsche, durfte es aber wohl, weil er eben Napoleon war. In Gedanken sagte er immer Meister zu ihm. Die Erinnerung an Gauguins schwache Seiten verwischte sich, und nur die Trauer über den Verlust blieb. Immer wieder kam das Unbegreifliche hervor, warum das gelbe Haus nun verwaisen mußte. Waren sie nicht füreinander bestimmt? Konnte Gauguin je einen treueren Genossen finden? Es war noch so viel zu besprechen, man hatte kaum angefangen, zum Beispiel diese Lichtgeschichte Rembrandts. Und Gauguin, der ein außerordentlicher Künstler war, liebte doch die dummen Sonnenblumen und den dicken Stuhl.

Endlich kam ein Brief Gauguins. Er ersuchte kurz und dringend, ihm umgehend das im gelben Haus vergessene Fechtzeug nachzuschicken.

Die Schlaflosigkeit war das Schlimme. Er spritzte Kampfer in die Kopfkissen und nahm große Dosen Brom. Nicht soviel denken! empfahl Doktor Rey. Er meinte es sicher gut, aber das Mittel taugte nicht für die Dauer. Schließlich konnte man schlechtes Denken doch nur mit gutem Denken überwinden, wenn es da überhaupt etwas zu überwinden gab. Ein Gift saß in dem Kopf. Auch Delacroix hatte sicher sein Gift, das ihn gegen die Menschheit hetzte, aber besaß Gegengifte. Solche Gegengifte mußten gefunden werden. Wo konnten sie anders strecken als in der Malerei?

Nach einigen Tagen kehrte er in die Stadt zurück, aber da hatte sich auf einmal vieles geändert. Die Nachbarn, nicht die Giroux', aber die anderen, die nichts Besseres zu tun hatten, hielten sich über ihn auf. Seine schnelle Rückkehr in das Hospital hatte sich herumgesprochen. Wie lange würde es jetzt dauern? Er kam wohl nur für eine neue Dummheit? Und es brauchte diesmal nicht das eigene Ohr zu sein. Wer einmal mit dem Messer umzugehen gelernt hatte, ließ es schwerlich im Sack. – Die Giroux' wollten es ihnen ausreden. Ein Maler, ein Künstler! Er biß keinen. – Die Bürger aber waren anderer Ansicht. Eben so ein Maler! Deshalb hätte man ihn schon längst einsperren müssen. Gerade das Farbengeschmiere war seine Krankheit. Ein Hohn auf die Menschheit! Und so etwas hatte noch die Frechheit, die Leute aufzufordern, in das Haus zu kommen und sich da herrichten zu lassen! Es sah gut aus in dem Haus! Wer je einmal drin gewesen war, behielt das Alpdrücken zeit seines Lebens? Wo blieb die Obrigkeit?

Das Schlimme war, daß Roulin eine Stelle in Marseille angenommen hatte. Er kam zwei-dreimal von Marseille herüber, ging stets, bevor der die Seinen besuchte, zu Vincent, aber es war immer nur selten und kurz. Auch Pastor Salles tat alles mögliche. Natürlich hielt auch er diese Malerei für Verrücktheit, aber den Maler für einen Harmlosen, der höchstens sich, nie einem anderen etwas antat. Übrigens mißfiel Vincent diese Toleranz, obwohl der Pastor ein ganz vortrefflicher Mann war, sicher von allen Pastoren der vortrefflichste. Auch Roulin mochte keinen Pastor. Wenn Vincent recht überlegte, ging ihm der Verlust Roulins näher als Gauguins Flucht. So ein Einfacher, der ihn verstand – denn dieser Postmann verstand sogar die Bilder –, war ein Schatz von ganz ungeheuerem Werte.

Von dem Treiben der Leute merkte er erst, als die Gesichter nicht mehr von dem Fenster weggingen. Tagsüber war das gelbe Haus von einem Schwarm von Müßiggängern belagert. Man zeigte es den Gevattern aus der Umgegend: *la maison du fou.* Es war eine größere Berühmtheit als die Halle von Sainte Trophime. Sonntags begann es schon am frühen Morgen. Anfangs stob man auseinander, wenn der Rote mit der Binde um den Kopf ans Fenster trat. Die Kecken aber verloren mit der Zeit die Furcht. Ein Geheul erhob sich, wenn er sich sehen ließ. – Fou-roux! Fou-roux!

Dies bewies, daß die Kunst nicht allen Einfältigen einging.

Auch Monticelli wäre ihnen vielleicht nicht tiefer gegangen, nicht einmal Delacroix. Immerhin konnte das Geräusch um das gelbe Haus der Einführung des Impressionismus in den Süden förderlich werden, und daher hatte man nichts anderes zu tun, als gerade seinen Weg zu gehen. Die Anwesenheit dieser Menschen vor dem Atelier konnte nur beitragen, die Verantwortlichkeit des Malers noch zu erhöhen. Einmal zählte er, es waren an die Fünfzig. Alle diese Fünfzig würden sich einmal dieser Stunde erinnern. Sollte unter den Fünfzig nicht mindestens einer sein, der, richtig belehrt, die Bilder zu begreifen vermochte? Zum Beispiel die Berceuse, die aus ihrer Mitte entnommen war, die Sonnenblumen vor ihren Häusern, die blühenden Pfirsiche aus ihren Gärten. Und wenn es einer war, blieb er nicht allein, galt zunächst auch für toll, aber tat sich mit anderen Tollen zusammen. So entstand, wer weiß, eine winzige, zunächst höchst schwächliche Gesellschaft, aber dieser Anfang zählte. –

Der Gedanke begeisterte ihn. Damals malte er sein schönstes Selbstbildnis, das mit der Pelzkappe und der Binde über den Ohren. Sollte so ein leuchtendes Bild nicht die im Grunde guten und empfänglichen Herzen zu rühren vermögen? Verstand er sie doch alle, wie sie da waren, auch ihre dumme Neugier, auch ihre Albernheit. Nun ja, freilich war so ein Mensch, der malte, etwas Anormales. Wo kam er her? Wo ging er hin? Hatten sie etwa nicht recht, sich über so einen eingebildeten Menschen, der die Natur zu bändigen versuchte und ein viereckiges Bild daraus machte, zu wundern?

Er überlegte, wie man es anfangen könnte. Er war nicht empfindlich und war auch nicht scheu. Gefährlich waren ganz andere Gestalten, die der Nacht, die nicht vor dem Fenster blieben, die nicht schrien, leise schleichende Furchtbarkeiten.

Die Schreier draußen würden ihm sogar helfen. Das Richtige schien, diesen oder jenen – dafür mußte man Blick haben – ruhig hereinzubitten. Man ließ ihn sich hinsetzen, bitte schön, und arbeitete ruhig weiter. Sieh dir mal die Bilder an, rede nicht, bevor sie mit dir reden, brauchst sie auch gar nicht anzusehen. – Wie aber, wenn es zufällig einer von denen war, über die auch Monticelli nichts vermochte? Man hätte ein Millet sein müssen. Millet hätte es wohl gekonnt.

Eines Tages, es war schon warm, die Malerei ging wunderbar, es war der erste Frühling, öffnete sich das Fenster, und Fou-roux sprach zu der Menge. Ein heiserer Hahn in einer Pelzmütze krähte. Das Publikum wälzte sich. Der Bon Dieu kam darin vor und wer weiß, was sonst noch. Er hielt sich wohl selbst für den Gottseibeiuns. Schließlich wurde er ganz wild, so ein roter, verrückter Teufel. Beinahe wäre er aus dem Fenster gefallen.

Sie klatschten wie besessen. Und dann im Takt: Fou-roux! Fou-roux!

Er hörte noch mitten in der Nacht das Brüllen der hungrigen Bestien.

Doktor Rey hatte Aufregung streng verboten. Deshalb verbarrikadierte Vincent am nächsten Morgen das Fenster bis auf einen Spalt. Die Menge johlte, sie war dreimal größer geworden. Er zog sich in den oberen Stock zurück. Man konnte auch im Zimmer Gauguins malen. Die Kinder kletterten ihm nach, es gab Leitern. Manchmal schienen die Köpfe aus der Decke zu kommen, aus den Winkeln, sprossen aus den roten Fliesen. Er warf ein Bild hinunter, noch zwei oder drei andere. Gewitzte Jungen steckten die Köpfe durch die durchbohrte Leinwand und tanzten so herum. Die Bilder saßen wie riesige gezackte Kragen um die Hälse.

Da schrie er auf. Man hörte das Schreien weit über den Platz. Ein Hund, dem die Glieder abgehackt wurden und der sich nicht beruhigen will.

Einundachtzig achtbare Bürger der Stadt aber richteten ein Gesuch an den Maire von Arles, nun endlich dem empörenden Treiben ein Ende zu machen. Der Wahnsinnige, der die öffentliche Sicherheit auf Straßen und Plätzen bedrohte, war aus der Zirkulation zu entfernen und in den für solche Fälle vorgesehenen Gewahrsam zu bringen. Dafür zahlte man Steuern.

M. Tardieu, Maire von Arles, kam seinen Pflichten nach, verfügte gegen den Einspruch des protestantischen Geistlichen die gewaltsame Überführung in die Irrenabteilung des Hospitals, wo man das Individuum in die Gummizelle sperrte. So geschehen in den ersten Märztagen des Jahres 89. Das gelbe Haus wurde von Amts wegen geschlossen und versiegelt. –

Theo erfuhr die Geschichte erst drei Wochen später. Selbstverständlich, schrieb Vincent, habe er im Innern allerlei zu dieser Geschichte zu bemerken. Selbstverständlich sei er nicht im geringsten gekränkt. – Es ging in der besten aller Welten immer alles am besten, und Theo solle sich vor allem nicht einmischen, sonst würde die Sache nur verschlimmert. Man konnte von der guten Absicht des Herrn Bürgermeisters und des Herrn Polizeikommissars durchaus überzeugt sein. Sie meinten es sehr gut, sogar freundschaftlich und würden alles mögliche tun, um die Sache zu ordnen. Der ganze Skandal, so peinlich er für Theo und auch für Vincent war, konnte schließlich nur dem Impressionismus des kleinen Boulevard nützen.

Nur ging viel Zeit für die Arbeit verloren. Im Hospital machte man alle möglichen Schwierigkeiten. Die letzten Male, als er gleichsam als Privatmann ins Hospital gekommen war, hatte man ein Auge zugedrückt. Jetzt verbot man Malen und

Rauchen, auch das Briefschreiben. Die Verwaltung des Hospitals war eine Verwaltung, eine höchst mächtige und dabei gewissermaßen feinfühlende, ja, man könnte sagen, impressionistische Verwaltung. Dafür war Dr. Rey nicht verantwortlich zu machen. Dr. Rey stellte nur ein winziges Glied der Verwaltung dar. Dr. Rey mußte der Verwaltung gehorchen. Alles höchst einfach. Auch wußte man ja gar nicht, ob Rauchen und Malen nicht wirklich schaden konnte, vielleicht auch das Briefschreiben. Rey bewies jedenfalls ein warmes Herz, indem er einige Tage später den Besuch Signacs zuließ. Signac arbeitete in der Nähe, in Cassis, und Theo hatte ihn gebeten, nach Vincent zu sehen. Rey erlaubte sogar einen kurzen Gang mit Signac in die Stadt, und Vincent durfte, natürlich unter Aufsicht der Polizei, dem Freunde die Bilder im gelben Haus zeigen. Signac fand sie gut, tat wenigstens so. Doch, er schien sie wirklich zu schätzen, forderte sogar Vincent auf, nach Cassis zu kommen; ein außerordentlich guter, aber unausführbarer Einfall. Jedenfalls gab es noch andere Leute außer den einundachtzig Menschenfressern.

Auch Roulin kam wieder von Marseille herüber. Seine stille Gewichtigkeit tat sehr gut. Im Grunde ging es Roulin, der nie aus der Last herauskam, schlimmer als irgendeinem, und er zeigte nichts davon. Eigentlich war so ein Roulin ein wirkliches Vorbild und hatte eine Art Zärtlichkeit für Vincent, nicht gerade wie ein Vater, dafür war er nicht alt genug, eher wie ein älterer Soldat für einen jungen. Man hatte nicht das mindeste Recht, verbittert zu sein, ganz abgesehen davon, daß es noch viel schlimmer kommen konnte. – Übrigens gab es viele Vorbilder. Da stand in einer alten Zeitung die Übersetzung einer Inschrift auf einem der antiken Gräber von Arles: »Thebe, Tochter des Telhui, Priesterin der Ausiris, die sich nie beklagte.« – Die sich nie beklagte! Wenn man so etwas las, kam man sich wie ein undankbarer Schuft vor. Was hielt diese Thebe, was hielt diesen Roulin, der sich auch nie beklagte? Doch einfach die Freude, in diesem Süden zu leben. Es war wieder fast so schön wie das vorige Jahr. Wenn nur nicht alles so viel kostete! Ob es wohl nicht möglich wäre, von dem unerhört anspruchsvollen Hauswirt wenigstens die zwanzig Francs für die neue Anlage der Gasleitung zurückzubekommen?

Theo zermarterte sich den Kopf, was zu tun war. Dabei stand er vor der Heirat. Die Braut hatte natürlich keinen Pfennig. Man mußte in eine andere Wohnung. Wie sollte das alles gehen? Vielleicht müßte er auf die Heirat des Bruders wegen verzichten, aber die Heirat ist für Theo ein Rettungsanker im Meer seiner Enttäuschungen. Auch er hat seine Geschichten, ja, es scheint, als wende sich alles, was Vincent widerfährt, über kurz oder lang zu einem ebenso schweren Schlag gegen Theo. Es wäre doch wohl gut, eine Familie zu haben. Vielleicht hätte auch Vincent etwas davon.

Vincent ist davon durchdrungen. Es wäre für alle gut. Eine große Zukunft liegt in dieser Heirat, und er liebt die Braut schon, ein höheres Wesen. Ein wahres Geschenk ist die Heirat. Wenn man heiratet, hat man den Süden im Herzen. Und da Theo jetzt nicht mehr soviel geben kann, wird man einfach eine andere Lösung suchen. Viel Glück zur Hochzeit!

Pastor Salles überbot sich. Da die Ärzte nach einigen Wochen bestätigten, daß Vincent, selbst wenn sich die Anfälle noch öfter wiederholen sollten, nicht für gemeingefährlich gelten könne, und dem Malen an sich, auch wenn es sich von gewohnten Vorstellungen entferne, keine bedrohliche Bedeutung für die Öffentlichkeit zuzumessen sei, zog die Obrigkeit das Sperrverbot zurück. Nur wäre es der Leute wegen nicht ratsam, in das gelbe Haus zurückzukehren. Salles hält Umschau. In einer entfernten Straße hat Dr. Rey ein Haus, von dem er zwei Zimmer abgeben könnte; billig, sechs Francs im Monat, Wasser inbegriffen. Es ginge ganz gut da. Aber im letzten Moment tritt Vincent zurück. Noch einmal so eine Menage versuchen, noch einmal von vorn – Nein, es ginge über seine Kräfte. Plötzlich ist es ein Riesenunternehmen, umzuziehen, womöglich nochmals Gas legen zu lassen, täglich an das Geld zu denken, das furchtbare Geld. Nein, dafür braucht man einen soliden Schädel. Dagegen geht in so einer Anstalt alles am Schnürchen, ohne daß man sich sorgen muß. Hat man nun einmal so eine Krankheit, muß man sich mit ihr einrichten. Vermutlich würde man bei freier Wahl eine andere wählen, aber sie ist sicher noch lange nicht die schlimmste. »Vielleicht gehört diese Krankheit zu manchen Männern wie der Efeu zur Eiche.« Aber man muß damit rechnen. Alleinsein verträgt er nicht mehr, auch nicht das dumme Gebrüll vor den Fenstern. Möglicherweise alles Einbildung; möglicherweise fühlt er sich ganz ohne Grund vor den Kopf geschlagen. Aber auch Einbildungen und Gefühle müssen in Rechnung gestellt werden. Ohne Gauguin käme so ein Haus nie in Ordnung. Ja, warum eigentlich Gauguin so schnell davonlief? Gern hätte er sich ihm blind unterworfen.

Natürlich gehört allerlei zu den Einbildungen und Gefühlen. Er will durchaus nicht so tun, als stehe er über allen Bedürfnissen der Kreatur. Manchmal hat er Sehnsucht, »Stürme von Sehnsucht, wilde, an Felsen klatschende Wogen von Sehnsucht, Sehnsucht nach Umarmung. Irgend etwas umarmen, eine Frau, ganz gleich, was für eine, irgend so eine Haushenne. Natürlich nichts weiter als Überreizung, Hysterie.

Vielleicht ist die ganze Liebe nichts anderes. Dr. Rey hält sie für eine Bakterienkrankheit. Dagegen läßt sich ebensowenig einwenden wie gegen den natürlichen Christ von Renan, der schließlich viel tröstlicher ist als die papierenen Heilands, die man in den landläufigen Etablissements der Kirche serviert.«

Rey ist sehr nett. Das Beste wäre, weiter im Hospital zu bleiben, aber das geht auf die Dauer nicht. Nach dem Reglement wird man entweder als gesund entlassen oder in eine regelrechte Irrenanstalt überwiesen. Lieber in so eine Anstalt als allein. Draußen im Freien käme er sicher sehr bald um jede Fähigkeit zur Arbeit. Er ist nicht gesund, wird so bald nicht gesund werden, obwohl man selbstverständlich nicht die Hoffnung aufgeben darf. Kurz und gut, er will möglichst bald in ein Irrenhaus.

Theo erstarrt bei der Nachricht. Also endgültig! Also vorbei! – Da geht einer an dem Geist zugrunde, den ihm die anderen versagen. Da rächt sich ungemessenes Unrecht. Auch Theo ist schuld. Seit Holland ist er schuld, weil er den Bruder allein ließ, weil er beim Tulpenhandel blieb, anstatt mitzugehen. Da wird einer geopfert, langsam zu Tode gemartert, nur weil er weniger erbärmlich ist als die Mitwelt. Da er einen großen Gedanken hatte, bricht man sein Denken. Schließlich hat man es mit Christus auch nicht anders gemacht. Nur die Form der Hinrichtung hat sich geändert. – Damals verschlechterte sich Theos Gesundheit.

Vincent aber ist weit entfernt davon, als Opferlamm gelten zu wollen. Nur keine großen Geschichten! Schon darf er wieder arbeiten. Eine neue Berceuse, die nicht übel zu werden verspricht. Er darf auch lesen, zum Beispiel die Weihnachtsgeschichten von Dickens; höchst sonderbare Dinge, die man sich ruhig einmal vornehmen kann. Es gibt da interessante Beziehungen zu Carlyle. Gelegentlich muß man einmal auf Carlyles Friedrich den Großen zurückgreifen. – Es geht ihm sehr gut. Er hat die Bilder im gelben Haus zusammengepackt und dabei alle Guttaten Theos vor Augen gehabt. Überdenkt man das alles, wird die Güte Theos beschämend. Es steht dahin, ob etwas von den Bildern übrigbleiben wird, aber diese Güte wird ganz sicher bleiben. Theo hat sie gehabt und hat sie. Das ist ein Werk. Wahrscheinlich ist das Werk ihm sauer geworden, nicht nur des Geldes wegen. Wahrscheinlich hat er manchmal gezweifelt, zweifeln müssen, hat sich womöglich über die Unbilligkeit der Forderungen des Bruders empört. Wer weiß, wie peinigend das alles für ihn war! Und hat es doch getan, ohne ihm einen Vorwurf zu machen. Das ist Güte. Theo steht groß da.

Die Schuld an der Geschichte trifft höchstens den Hauptbeteiligten. Die Ärzte schieben es auf alles mögliche. Man soll nicht mit ihnen streiten. Übrigens hat er wirklich voriges Jahr, um das Gelb immer noch zu steigern, zuweilen mit Alkohol nachgeholfen, auch mit Kaffee. Möglicherweise schadete auch die Arbeit in der Hitze. Er hat wohl nie und nirgends das rechte Maß gehabt. Wer weiß, was alles ohne Wissen geschehen ist!

Die Anstalt schreckt ihn durchaus nicht, im Gegenteil. Alles das erscheint nur von ferne so kraß. Man kann sich einrichten. Unter anderen Verrückten wird man nicht als Ausnahme behandelt. Nichts ist schlimmer als die Ausnahme. Gleich bei Arles liegt die Anstalt von St. Remy. Sie soll vortrefflich sein, doch kostet es 80 Francs den Monat. Theo soll sich erkundigen. Es spricht natürlich auch manches dagegen, selbst abgesehen von dem fatalen Geldpunkt. Er hat schon gedacht, ob nicht die Fremdenlegion in Frage käme. Sie nehmen bis vierzig, und er ist erst sechsunddreißig. Roulin wäre auch dafür. In so einer Kaserne fühlt man sich ebenso geborgen wie in der Anstalt, und es kostet gar nichts. Malen könnte er dort ebensogut wie woanders. Theo, wenn man nur malen darf! – In Saint Remy soll die Freiheit arg beschränkt sein. Man erlaubt keinen Ausgang, und dann wäre es unmöglich, draußen zu malen. Die Fremdenlegion hätte sehr große Vorzüge. Soldaten nehmen es nicht so genau, und man käme auf diese Weise vielleicht einmal nach Arabien. Arabien muß wunderbar sein. Es gibt nur eine kitzlige Formalität, die Prüfung. Wird man genommen oder nicht? Sicher könnten berühmte Soldatenmaler, Detaille oder Caran d'Ache, die natürlich Beziehungen zur Militärbehörde unterhalten, für die Aufnahme wirken. Das wäre ein Weg. Mit Soldaten würde er, man sah es an Milliet, spielend fertig. – Sind wir nicht alle Soldaten?

Theo zermartert sich. Die Geschichte von der Rijswijker Mühle. Dann ging der eine dorthin, der andere dahin. – Natürlich ist sich Theo über das Nächstliegende klar. Ein Unmensch, der es nicht wäre! Auch Jo, die junge Frau, ist sich darüber klar, sagt aber nichts, wartet auf Theo. Wenn Theo es wollte, würde sie es auch sehr gern wollen. Es gibt Momente, wo Theo fest entschlossen ist, hinzufahren und ihn zu holen. Nun, Bruder, wollen wir beide zusammenstehen. – Nichts Gemeines hält ihn zurück. Das Nächstliegende wäre Rettung für beide oder Untergang für alle. Der Ausgang hängt von keinem guten Willen, von keinem selbst maßlos guten Willen ab, sondern von einem Unentwirrbaren. Eine Drohung liegt in der Lösung. Die war immer mit Vincent verbunden, ihm selbst unbewußt. Das Drohende kann dem Neuen, das Theo hier geschaffen hat, schaffen möchte, Gefahr bringen. Muß Gefahr bringen. Theo fühlt es. Es schnürt den Hals zu, bricht den Willen. Gefahr! Gefahr! – Es stand schon damals in Paris plötzlich hinten in der Ecke, schwarz. Auch Vincent sah es, hatte es in den Augen, schwarz. Mein Gott, kann man einen Bruder fürchten, einen Menschen, den man über alles liebt? Ja, über alles, selbst über Jo. Jo ist ein Geschenk. Theo möchte immer danken, denn wenn etwas Gutes kommt, kommt es von dort. Aber dieses Neue ist draußen, muß ja noch draußen sein, während der Bruder in ihm ist, unlösbar verbunden mit ihm, Teil seiner selbst. Diese Geschichte von der Rijswijker Mühle mag sein, wie sie will. Vielleicht hat er in andere Richtung gewollt, kann aber nicht. Auf Umwegen kommen sie immer zusammen und haben dann das Dunkle bei sich. Freilich, Theo möchte einmal froh sein, lachen, harmlos sein – wie Vincent. Manchmal ist es unbegreiflich, daß Vincent so sein kann. Ist es etwa die Krankheit, daß er so zu sein vermag? – Mit solchen Kranken soll man nicht leben, auch wenn's der Bruder ist. Man kann ihnen nicht helfen. – Ich kann ihm nicht helfen, sagt er zu Jo. Theo sagt es zweimal. – Irgendwo wiederholt das Dunkel: nicht helfen.

Auch nicht der Kunst Vincents? – Ein Mensch sieht diese Kunst. Da gibt es nichts Dunkles. Ein Mensch weiß, was sie bedeutet, ein nüchterner Mensch, der sich von keinen Geschichten die kühle Wägung des Wertes trüben läßt. Da unten lebt der Meister der neuen Zeit. Alle Änderungen der Richtung, die früher beunruhigen konnten, ergeben sich jetzt als notwendige Stationen des Aufstiegs. Seit Arles ist nicht mehr an ihm zu zweifeln. Die Krankheit ändert daran nicht das mindeste. Die Krankheit des Menschen ist der Sold für die Stärke des Künstlers; letzten Endes eine soziale Angelegenheit, Folge der Unfähigkeit Vincents, sich mit der Gesellschaft abzufinden, gegen die zum Beispiel Theos Gesundheit nicht die gleichen Widerstände aufbringt. Oh, diese Widerstände der Gesunden! –

Ohne seine unerfüllbaren Ansprüche an die Menschheit, ohne die unvermeidlichen Zusammenstöße wäre Vincent nicht krank. Ein Mensch hätte den Anspruch erfüllen müssen, ein Mensch kannte ihn, konnte ihn erfüllen. Einer hatte es versprochen an der Rijswijker Mühle. Ist etwa der Anspruch verrückt? Ist er nicht vielmehr höchst sachlich, sowohl in der Form wie im Inhalt? Die Form des Anspruchs muß unsozial werden, damit sich nicht der Inhalt vergifte. Dieser Mensch da unten bleibt rein, selbst wenn die Welt alles tut, ihn zu beschmutzen. Dieser Mensch hat es vermocht, unschuldig zu bleiben. Alle seine Kämpfe gingen um die Reinheit seiner Kindheit. Nicht seine Natur, nicht seine Farben sind groß geworden, sondern seine Kindheit, seine Unschuld. So schafft ein Mensch, der sich von der Welt nicht die Unbedingtheit seiner Bekenntnisse trüben lassen will. Wie dieser schafft, müßten alle schaffen. Dann ginge der Gang der Welt nicht talab, sondern bergan. Theo, hast du alles getan, du, der einzige, der ihn erkannte? Du hast ihm Geld gegeben. Ist Geld genug?

Ja, man müßte wohl Jo, Familie, Beruf, alle diese Bollwerke gegen die Angst aufgeben. Ja, man müßte wohl hingehen: Bruder, hier bin ich.

Aber täte er es wirklich, was würde dann aus der Malerei Vincents? –

Die Schlange beißt sich in den Schwanz, wenn sie nichts Besseres findet, und die Menschen pflegen zu denken, um nicht handeln zu müssen.

Theo durchsucht alle Möglichkeiten. Jede Nacht sitzt er und führt die verwickelte Korrespondenz mit allen möglichen Ärzten und Anstalten. Es macht viel Arbeit, und mit der Arbeit bezwingt man die Stunde. Doktor Rey glaubt an die Heilung, erachtet aber ständige ärztliche Kontrolle für unentbehrlich. Es kommen dann und wann Anfälle, und sie werden zunächst keineswegs milder. Eine Pension bei einem menschlichen Arzt bei Paris, wo man sich sehen könnte, wäre das Ideal. Jeden Sonntag würde Theo hinfahren. Vielleicht könnte die ganze Familie eines Tages dort zusammen kommen. Der alte Pissarro, der auf dem Lande wohnt, erbietet sich, den Kranken aufzunehmen. Aber Vincent will nicht. Man muß wissen, was man kann. Gewiß wäre es herrlich bei dem Père Pissarro, und später, in ein paar Jahren darf man es wohl wagen, möglicherweise. –

Theo altert in diesen Wochen, und Jo sorgt sich. Er schläft keine Nacht mehr, und die Tage bei Goupil sind schlimm. Während er noch schreibt und sucht, hat die Notwendigkeit schon entschieden. Am 8. Mai wird Vincent von Pastor Salles in das Irrenhaus von Saint Remy gebracht.

Das Kloster von Saint Remy

Ein Bekannter ist damals in Saint Remy gewesen und hat von einem Spuk erzählt. Ein rothaariger Maler saß da und bedeckte Leinwände mit dicken Farben, und ein anderer Verrückter saß in der Nähe und kratzte die Leinwände wieder ab. Man half sich so und anders. Die Verrückten waren gutmütiger als die einundachtzig Menschenfresser in Arles. Wenn einer schmutzig machte, kam gleich einer, dessen Krankheit das Reinemachen war. Schlug einer alles entzwei, nahm man ihm die Dinge aus den Händen, und wenn zweie übereinander herfielen, wurden sie auseinandergebracht. Die Leitung rechnete mit dieser Selbsthilfe und kümmerte sich nur um besondere Fälle. Trieb es einer zu toll, steckte man ihn in die Jacke, und er kam in die sogenannte Badestube. Die Anstalt gehörte nicht zu den besten und litt an einer gewissen Stagnation. Auch fehlte es an Patienten. Offenbar gab es mehr Verrückte draußen, als hier eingesperrt waren. An die dreißig großen Zimmer standen leer. Man hätte gute Ateliers aus ihnen machen können, Platz für die ganze Genossenschaft. Wenn man nicht ganz gesund war und Furcht hatte, fühlte man sich sehr wohl hier. Das Schreien der Kameraden klang nicht schlimmer als das Gebrüll der Herde vor dem gelben Haus und war im Grunde vernünftiger. Fühlte man sich dagegen gesünder, war der Aufenthalt weniger angenehm.

Wieder saß Vincent im Loch, und diesmal ging es tiefer unter die Erde als die Bergwerke des Borinage, aber seine Energie war inzwischen stärker geworden. Er gab sich keineswegs auf. Man mußte gegen das Übel kämpfen, gehorsam alle Vorschriften befolgen, aber brauchte sich im übrigen nicht weiter mit dem Arzt und seinen Geschichten einzulassen. Doktor Peyron, der Direktor, war sehr freundlich und geduldig, hatte aber offenbar an seinem Beruf nur mäßiges Vergnügen, was ihm niemand verdenken konnte. Man mußte vor allem sich selbst zu behandeln lernen, mit Umsicht und kühler Besonnenheit. Krankheiten waren entweder Heilmittel oder Zerstörung. Solange Hoffnung bestand, gehörte man hierher, hatte die kleinen Mißhelligkeiten zu tragen. Ohne Aussicht auf Gesundung gehörte man woanders hin. Die Anstalt war gut, weil sie Beobachtungen an ergiebigem Material und Schlüsse auf den eigenen Zustand erlaubte. Gewohnheit, die Natur zu beobachten, half. Dies und jenes hatte geschadet, zum Beispiel das viele Reden über Kunst, auch die Beschäftigung mit Äußerlichkeiten. Da die Kräfte beschränkt waren, mußte man sie ausschließlich auf das Notwendige richten und ein langsameres Tempo wählen, zum Beispiel die ruhige Gewichtigkeit eines Menschen wie Roulin. Die Krankheit war noch keineswegs chronisch, kam, zunächst ohne merkbaren Anlaß, in gewissen Abständen, die man vielleicht berechnen konnte. Die Anlässe zu erkennen und zu vermeiden, war das Ziel. Vielleicht konnte man die Anlässe hinausschieben, sie mit der Zeit milder machen, vor allem, sie irgendwie regularisieren. Ein russischer Dichter hatte seine epileptischen Anfälle ganz ruhig berechnet und sich mit der Arbeit darauf eingerichtet. Über die Art der Anfälle war natürlich nur aus Mitteilungen der anderen ein Bild zu gewinnen, und dabei mußten alle durch die mangelhafte geistige Verfassung der Genossen bedingten Fehlerquellen berücksichtigt werden. Die Attacken waren schlimm, denn man fühlte sich hinterher wochenlang zerrüttet, kam nur langsam wieder hoch. Es war genau zu merken, wann sich die geistigen Kräfte trübten, ob die Briefe an Theo klar oder unklar

21. *Irrenhaus, St. Remy,* 1888–90

waren, ob man bei der Lektüre richtig urteilte. Wie früher, las er sehr viel, hatte sich von Theo Shakespeare in der englischen Ausgabe kommen lassen und genoß die Königsdramen. Wieder wie früher fiel ihm das Rembrandthafte des Dichters auf und das Shakespearehafte in Rembrandt. Es gab da merkwürdige Zusammenhänge. Auch Voltaire war gut. Diese gesunden, starken Menschen mußten gute Mittel gegen solche Leiden sein. Natürlich sahen die anderen in seinen Büchern und Bildern seine Krankheit. Auch Doktor Peyron mochte das viele Lesen nicht, und sobald der Zustand schwankte, wurde das Malen verboten. Dumm, denn die Bücher und Bilder, zumal die Bilder, verschanzten den Geist gegen die Attacken. In der guten Zeit diente eines der leeren Zimmer als Atelier. Durch vergitterte Fenster ging die Aussicht auf Ebene und Hügel.

Auch durfte man in ganz ruhigen Zeiten im Garten malen. Der war schön. Eine Üppigkeit, die sich um keinen Arzt und um keine Kranken kümmerte. Es fiel nicht leicht, auch nur den leisesten Begriff von ihr wiederzugeben. Natürlich war es nicht die tolle Arbeit wie im vorigen Sommer, nicht das wilde Jagen nach dem Gelb. Und das war gut. Gauguin hatte recht mit seiner Abneigung gegen alle sinnliche Übertreibung. Ein Mensch, der umsichtig und gelassen seine Farben setzte, konnte nicht für verrückt gelten. Darauf kam es an.

Soweit ist alles in Ordnung. Nur läßt der Begriff des Vernünftigen verschiedene Auslegungen zu. Vernünftig sind zum Beispiel die Gartenbilder mit der Steinbank, auf denen man die vorsichtig gezeichneten Blätter zählen kann, oder manche Stilleben mit überwiegend dekorativer Wirkung. Solche vernünftigen Dinge stammen immer aus mehr oder weniger kritischen Perioden. Und die unvernünftigen, die hinreißenden Landschaften von Saint Remy, wo jeder Pinselhieb die Erregung verrät, wurden in ganz ruhigen Zeiten gemalt. Kein Wunder, denn zur Bändigung solcher taumelnden Massen bedarf es des soliden Hirns, während man solche Efeublätter auch stricken oder häkeln kann. Er malte viel weniger als früher, auch wenn er sich wohl fühlte. Der Umsicht und Gelassenheit wegen und um Kosten zu sparen. Theo sollte das für den Haushalt nötige Geld nicht für »abstrakte« Malerei verschwenden. Die Bremse hat kaum geschadet. Man sah die Dinge besser, wenn man sich zurückhielt. Er malte nicht mehr ausschließlich unter der Gewalt des Dämons, sondern, wie er sagte, um sich zu zerstreuen. Das löste um ein Geringes die Spannung, und die Lockerung kam zuweilen der Disposition zugute. Die Handschrift wurde gelenker, die Farbe dehnte sich über die enge Skala der Bilder von Arles hinaus. Damals entdeckte er die Zypresse. Gewellte

Linien von kleiner Struktur belebten den ersten Plan der Landschaft. In dem Gebüsch des zweiten regte sich stärkeres Gekräusel, ein Rokoko von verwegener Anmut. Noch größere Kurven desselben Spiels säumten den schräg aufsteigenden Horizont, und in dem Himmel, der zwei Drittel des Bildes einnahm, tobte das Barock in mächtigen Fugen. In so einer Landschaft stand die Zypresse »schön wie ein Obelisk«, und die tosenden, brandenden, stürmenden Wellen fanden in dem züngelnden Wuchs des Baumes Halt und Verbindung. War es eine Landschaft? Jedenfalls nicht die oder jene – Gauguin hätte nichts von Naturalismus gefunden –, eher ein Ornament aus wogenden Feldern, sich türmenden Bergen, jagenden Wolken. Und doch Natur, so organisch fügte sich Feld zum Busch, und Baum zum Gebirge, so sicher gab dieses vielfältige Kurvenwerk das Besondere der Materie. Ein Teppich, den die Sonne mit Fruchtkeimen bestickte.

Kein Unglücklicher malte solche Bilder. Wenn die Krankheit nicht am Malen hinderte, wollte er gern krank sein. Vieles verdankte er ihr, Zeit und Ruhe. Zum Beispiel sah er jetzt, wie weit noch vieles zurück war und wie dringend seine Zeichnung einer Auffrischung bedurfte. Er nahm sich die alte Zeichengrammatik von Bargue vor, die ihm schon im Borinage gedient hatte, und repetierte die Anfänge. Er tat es mit großem Behagen, und es förderte die Handschrift. Delacroix behauptete, das Wahre erst gefunden zu haben, als er Zähne und Atem verloren hatte.

Es gelang ihm sogar, Theo aufzurichten, der seit Saint Remy nicht aus dem Trübsinn herauskam. Jo, die junge Frau, war in der Hoffnung, und da sich keines der Eltern besonderer Gesundheit erfreute, machten sie sich Vorwürfe und bemitleideten das Kind, noch bevor es auf der Welt war. – Konnte man sich

22. *Der Schnitter*, 1889–90

etwas Unsinnigeres denken? Gut, sie waren krank, waren traurig. Deshalb konnte das Kind lachend zur Welt kommen wie der jüngste Roulin, der in der wildesten Misere der Eltern geboren war. Nur ruhig die Natur machen lassen und auch für ein krankes Kind dankbar sein. Würden sie es deshalb weniger lieben? Und wenn man liebte, war das nicht hundertmal mehr als alle Krankheit? Könnten die armen Pariser nur einmal die Zikaden im Garten singen hören und das Altgold des verbrannten Grases sehen!

Da Doktor Peyron erlaubte, die Staffelei ins Freie zu tragen, malte er die Felder, das Kornfeld mit dem Säer und der großen Sonne; leuchtendes Gelb mit veilchenblauen Hügeln, sehr hell. Als Pendant war dasselbe Kornfeld mit dem Schnitter gedacht. In dem Schnitter sollte etwas vom Tode sein, aber ohne Trauer, im gleichen Licht wie der Säer. So ein Teufel, der in der Gluthitze des Mittags mit allen Satanskräften kämpft, um mit dem Schlachten zu Ende zu kommen, ein Teufel in der Sonne.

Mitten in dem Bild kam der Anfall, und diesmal schlimmer als je. Er schrie so laut, daß die Leute ins Feld rannten, wo er im Kampf mit dem gelben Teufel lag. Die Kehle schwoll ihm an von dem Schreien, und er konnte vier Tage keine Nahrung zu sich nehmen. Möglicherweise war der Anlaß ein Gang nach Arles. Er hatte da Bilder verpackt und einen Augenblick mit Madame Giroux gesprochen. Vielleicht hätte er das gelbe Haus noch nicht wiedersehen dürfen. Hinterher war man immer klug. Fast den ganzen August und den ganzen September blieb er im Zimmer, die beste Zeit für die Herbstfarbe. Auch die anderen vermied er. Man mußte noch viel vorsichtiger sein und sich vor jeder Anstrengung hüten, mußte feig sein. Es war aber nicht die Sorge um das bißchen Leben, sondern die Angst um die Arbeit. Es blieb noch etwas zu tun, das unbedingt getan werden mußte, das ohne Anstengung nicht getan werden konnte. Sein ganzes Leben war nutzlos, wenn es nicht noch gelang.

Er erholte sich und machte den gelben Schnitter fertig, nicht draußen, sondern in dem Loch hinter den Eisenstäben, malte zwei Selbstbildnisse und das Porträt des gutmütigen Wärters mit dem Raubvogelgesicht. Dann ein Bild, das ungefähr sagte, was er wollte, mit dem man beinahe zufrieden sein konnte: das Irrenhaus mit dem Garten. Die Vorstellung von der Freude war darin, von frohem Dasein, das leichte, lächelnde Leben. Ursprünglich war das Haus ein Kloster, und dieser Ort stillen Behagens kam in das Bild. Eigentlich sah es wie ein blühender Palazzo des Südens aus, wo es nur glückliche Menschen geben konnte. Das Bild blühte, nicht nur der lachende Garten, auch die mit Menschen belebten Veranden des Hauses, jeder Winkel. Ja, es war wohl auch mit der Freude wie mit der Kunst. Man fand sie, wenn man keine Zähne noch Atem mehr hatte.

Dann ging es an die Oliven. Die Arbeitswut kam wieder, und der Anfall kam wieder, diesmal milder und kürzer, mit seltsamen religiösen Ängsten. Erinnerungen aus seiner geistlichen Zeit spielten mit, längst überwundene Dinge. Eigentlich war er damals in London und nachher dem Wahnsinn viel näher gewesen, während jetzt nur ein dummes, äußerliches Stück der Krankheit verfiel. Gott hatte für ihn keine Schrecken mehr. Gott war unendlich gütiger Sonnenschein, und nur die Pfaffen versuchten, ihn mit ihren Geschichten zu verdunkeln. Wie man dieses Kloster zum Irrenhaus machte, mit sogenannten barmherzigen Schwestern, so hatten die Pfaffen aus der Lehre Christi ein finsteres Gelaß gemacht. Vermutlich kam der letzte Anfall nur noch von diesem Verrücktenkloster her. Theo, der von Doktor Peyron auf dem laufenden gehalten wurde und

Vincents Briefe hatte, sah nur zu gut alle tragischen Zusammenhänge und besaß nicht den lebendigen Trost, der dem Kranken über jeden Anfall immer wieder hinweghalf. Vincent schickte nicht mehr so regelmäßig die Früchte der Arbeit, und wenn sie kamen, fühlte Theo zuweilen ein Schwanken des Urteils, war versucht, nicht zuerst nach dem künstlerischen Wert zu sehen, sondern nach dem Befinden des Kranken. Dabei kam man zu keinem Genuß. Früher hatte ihn der Verkehr mit dem Bruder für die Misere bei Goupil entschädigt; ein reinigendes Bad. Jetzt war jedes Briefkuvert aus Saint Remy eine Drohung. Bei Goupil wurden die Kompromisse mit jedem Tag ärger. Das Haus rückte immer weiter von seinem Programm ab und duldete ihn nur, weil er duldsam war. Man tat nicht das mindeste für Vincent in der Öffentlichkeit, hatte noch kein einziges der zahllosen Bilder verkauft. Vincent pries den Bruder bei jeder Gelegenheit als einzig fühlende Brust im Tulpenhandel. Das Lob war drückender als der Tadel, den Vincent schon lange verschwieg. Jo, die junge Frau, sah die vielen Briefe, begann zu fragen. Theo zögerte. Sollte auch sie in den dunklen Strudel gleiten, nun, wo sie Mutter werden sollte? Manchmal kam ihm ein ohnmächtiger Haß auf alle Bilder. Sie vergifteten die Menschen, machten sie untüchtig. Vielleicht würde das Kind gesünder, wenn nichts von Kunst und dergleichen in seinem Blute war. Es kamen zuweilen Bilder aus dem Süden, die an Pariser Abende erinnerten, da der Glaube an die Zukunft wie eine schwere Maschine bewegungslos zwischen den Brüdern stand und sie sich ächzend mühten, sie wieder in Gang zu bringen. Wo war die Wahrheit, in Paris oder in Saint Remy? Früher hatte man gefragt, Paris oder der Haag, Paris oder Drenthe, Paris oder Nuenen, Paris oder Borinage. Ach, er hatte immer nur gefragt.

Sprach er aber wirklich mit Jo über den Bruder, so kam er in Fluß. Dann flammte Theo, und die Worte strömten zu der Frau hin, die verwundert aufsah; Worte aus weiter Ferne, über die er sich selbst wunderte. Dann riß der dunkle Schleier, und Kräfte aus der Ferne standen auf. Die krassen Farben, vor denen Jo erschreckte, wuchsen zusammen, und das kleine bürgerliche Zimmer füllte sich mit Glanz. Dann deutete Theo jeden Strich, jeden Ton, drang ins kleinste; ein Schüler, der Tag für Tag um den Meister ist. Dann hob sich seine Einsicht über alles Persönliche hinweg und erkannte jenseits von Vincent das Ziel. Da wollte er hin, hier war er nahe, dort blieb er ferner. – Jo lauschte. Ein seltsames Schwingen war in Theos Stimme, und das klang wie Begleitung zu dem farbigen Spiel und machte sie mit ihm vertraut. Er las in den Bildern, als seien sie Seiten der alten Familienbibel, aus der am Abend der Vater die heiligen Geschichten nahm. Theo sah in solchen Monaten Vincent nicht als Bruder, sondern als seltenen Gast. Der Gast hatte ein blutiges Haupt und demütige Miene, und man wagte vor Ehrfurcht nicht, ihn anzublicken.

Pissarro verlor seine Mutter und bekam gleichzeitig ein Augenleiden, das anfangs gefährlich schien. Unter diesen Umständen war Vincent sofort bereit, auf die vorgeschlagene Kombination einzugehen und zu ihm zu ziehen. Als aber die Nachrichten besser lauteten, wurde der Plan aufgegeben. In diesem Herbst mußten die Olivenbäume geraten. Das Laub schillerte, bald grün, bald blau, bald silbern, und die Erde darunter ging über Rosa, Violett und Orange oft bis zum tiefsten Ocker. Es gab noch ungeheuer viel zu tun in dem Lande, und man konnte so ein Land doch wohl nicht verlassen, ohne es in sich zu haben. Ganz gewiß freute er sich auf den Norden. Der wurde jetzt ein ganz neues Land, da brauchte man wiederum ganz andere Mittel. Man schärfte sie sich an dem Süden.

Hier und da begann man auf van Gogh aufmerksam zu werden. Oktave Maus, Leiter der Ausstellungen der »Vingt« in Brüssel, ließ sich von Theo zu einer Einladung für Vincent zu der nächsten Ausstellung bewegen. Auch der Père Tanguy wollte wieder Bilder für seine Boutique, und Isaacsohn, ein talentvoller Journalist, plante eine Kritik in einer Revue.

Über die Ausstellung ließ sich reden, obwohl es unverständlich blieb, warum Maus gerade auf ihn fiel. Immerhin mochten manche Bilder als Versuche zu einer Landschaft des Südens Künstler interessieren und vielleicht diesen oder jenen zu einer Reise nach der Provence anregen. Man würde sich die Auswahl genau überlegen, zum Beispiel zwei Sonnenblumen, ein Efeubild, einen der blühenden Gärten aus Arles, ein Getreidefeld mit aufgehender Sonne und den Weinberg mit dem Mont Majour. Die Sechs gaben eine Art Ensemble, möglicherweise. Dagegen konnte von einem Aufsatz oder dergleichen keine Rede sein, und Herrn Isaacsohn wurde bedeutet, mit seiner Freundlichkeit noch ein wenig zu warten. Nach einem weiteren Arbeitsjahr hatten die charakteristischen Dinge des Südens vielleicht eine klarere Form. Der Herbst brachte noch gute Tage. Freilich fehlten in Saint Remy die Weinberge. Dafür ließ man ihn jetzt, da er eine Zeitlang ruhig geblieben war, in die nahen Berge. Dort entstand an einem Mistraltag – er mußte die Staffelei mit Steinen festmachen – der Ravin, die stark bewegte Felsenschlucht mit dem Flüßchen, ganz in reich getöntem Violett, ganz japanisch, wie er meinte, weil das Bild dem Ornament näher kam. Das Motiv, ganz tief, fast ohne Himmel genommen, eignete sich besonders. Später wurde es in noch üppigerer Fassung wiederholt. Ein Gobelin aus glitzerndem

Gestein statt Fäden, absonderlich starr auf den ersten Blick. Nur langsam löst sich aus der gehäuften Fülle gleichgerichteter Farben und Linien Fels, Vegetation, Leben. Wunderbar, wenn sich die Last endlich bewegt. Vincent ist in der Abstraktion nicht weitergegangen und kam hier an eine Grenze. Man atmet schwerer vor dem Bilde, als wandle man zwischen einander nahegerückten Felsen.

Theo warnte vor Übertreibung des Stils. Dabei kam leicht die Spontaneität zu kurz, und man machte Bilderrätsel. Theo war klug. Immer erkannte er rechtzeitig die Gefahr. Das Spontane war gut, aber man mußte nun endlich aus der Improvisation heraus und zu abschließenden Formen gelangen, wie Cézanne auf seine Weise. Natürlich handelte es sich nicht darum, Stilisierungen in die Welt zu setzen. Abstraktionen, die das Konkrete über den Haufen warfen, waren Unsinn. Der Stil mußte die Realität erhöhen. Zu der Erhöhung aber gehörte Verzicht auf alles irgendwie Entbehrliche. Auch ihm entging nicht die Gefahr. Heutzutage war jede, auch die einfachste Kunst lebensgefährlich. So galt es, der Gefahr mit Umsicht zu begegnen. Eben schickten Gauguin und Bernard aus Pont Aven Photographien der letzten Bilder: religiöse Motive, Abstraktionen von ganz anderer und höchst bedenklicher Art. Sie dachten wohl an Präraffaeliten? Wozu die Spielerei? Anstatt sich Primitive zu nennen und das Wort für einen wer weiß wie anspruchsvollen Titel zu gebrauchen, sollten sie erst einmal primitives Menschentum lernen. Wo nahm Gauguin die Frömmigkeit her? Die heiligen Geschichten Bernards hatten keine Knochen. Wenn etwas Frommes an der Kunst war, so doch nur in der Art, wie man die Dinge zu packen suchte. Wie sie hießen, war einerlei.

Er sprach sich nicht so scharf über die Sachen aus, aber dies war sein Gedanke. Möglich, daß die bigotte Schwesternwirtschaft des Verrücktenklosters die Widerstände gegen alles, was auch nur von weitem wie Kirche aussah, steigerte. Die Schwestern mit ihrer uniformierten Frömmigkeit, die in den Patienten nicht Kranke, sondern vom Teufel Besessene sahen und die Unglücklichen dementsprechend behandelten, waren ihm besonders fatal. Sie hätten bei den guten Mädchen der Madame Chose in Arles in die Lehre gehen sollen.

Obwohl es schon fröstelte, malte er nach der Natur die Hauptstraße von Saint Remy, die gerade gepflastert wurde; Sandhaufen, Platanen, Häuser, Menschen, mit der Unordnung solcher Pflasterstraßen, ohne Nimbus, voller Leben und Licht. Dann kamen die Oliven endgültig an die Reihe. Nach vielen Studien entstanden Ende des Jahres die beiden Fassungen der Olivenernte. Sie waren viel leichter als sonst gemalt mit schraffierten Flecken auf fast getuschter Untermalung. Auch die Pflasterstraße und das Regenbild der gleichen Zeit malte er so. Man sparte Farbe und gewann einen geistigeren Inhalt der Dinge. Cézanne wußte, was er tat, wenn er dünn malte. Man klärte sich, überwand den Zufall. Außerdem gelang auf diese Weise die Vereinigung mit dem Impressionismus des großen Boulevard.

Wieder in der ruhigsten Arbeit fiel die Krankheit über ihn her. Theo bat sofort Pastor Salles nach Saint Remy zu gehen. Vincent war schon wieder außer Bett und ärgerte sich über Peyron, der hinterrücks an Theo geschrieben hatte. Ein Anfall in einer Irrenanstalt gehörte schließlich nicht zu den anormalen Dingen, und man sollte sich freuen, wenn er nicht alle acht Tage kam. Man sollte nicht darauf achten. Man täte ihm den größten Gefallen, wenn man möglichst wenig darauf achtete. – Das einzig Unangenehme war, daß die letzten passablen Tage, die man im Freien hätte malen können, ungenutzt verstrichen. Nun schneite es, und man konnte Pikett spielen. Das Jahr ging nicht besser aus als das vorige.

Er hockte hinter den Gitterfenstern. Der Schnee legte sich in die eisernen Gitter, machte die Stäbe dicker und die Öffnungen kleiner. Manchmal saß man so sechs Stunden im Loch, ohne sich zu rühren. Die anderen kamen und sahen nach ihm. Er sollte mittun. Ja, die anderen. Fast hatte er sie in den letzten Wochen vergessen. So war es immer. Man brachte es bis zu einer kurzen Vergessenheit, und dann waren sie wieder da, genau wie vorher, der und der, mit denselben Geschichten. Er rutschte wieder zu ihnen. Es war vielleicht schlecht, daß er über sie weg wollte, er mit seiner Brüderlichkeit, daß er sie haßte mit seiner Umsicht und Besonnenheit. Nein, er hatte eigentlich keinen Haß, nur noch Schlimmeres, Ekel. Den Ekel, den man unbedingt haben mußte, den man mit Angst auf seinen Stärkegrad kontrollierte, von dessen Zunahme die Besserung abhing. Sobald er ein Nachlassen spürte, spornte er sich an, sah sie möglichst nahe, bis ihm übel wurde. Das Ekelhafte war nichts weiter als ihre ganze Existenz. Sie verbrachten die Hälfte der Zeit damit, sich den Fraß der Anstalt in den Rachen zu stopfen, und in der anderen Hälfte verdauten sie. War es möglich, auch in so einen Zustand zu kommen? Vielleicht mußte jeder in so einer Anstalt über kurz oder lang dahin. Dafür war man da. Der gutmütige Wächter mit dem Raubvogelgesicht sagte es jedem, der es hören wollte. Dafür war man da. Es ließ sich nichts gegen die Anstalt machen, auch wenn man sich vor ihr abschloß. Er nahm außerhalb der Anfälle immer nur Brot und Wasser, um nicht der Freßsucht zu verfallen, und verkleinerte die Ration auf ein Minimum, um so wenig Tier wie möglich zu sein. Peyron durfte nichts davon merken. Peyron wollte natürlich alle Insassen möglichst fett haben und besonders Empfohlene erst recht. Diese Herren Ärzte waren höchst merkwürdige Menschen. Die Anstalt, zu der wohltätige Leute, vermutlich alle einundachtzig Menschenfresser von Arles beisteuerten, war von höchst sonderbarer Nützlichkeit. Nie der leiseste Versuch, die Insassen zu etwas anderem als Essen und Verdauen anzuhalten. Abgesehen vom Beten, auf das die Schwestern Gewicht legten. Der gutmütige Wächter mit dem Raubvogelgesicht war früher im Asyl von Montevergues gewesen. Dort arbeiteten die Kranken, und es gab keine Betschwestern. Schmiede, Tischlerei, Schusterwerkstatt gehörten zu der Anstalt. Man zahlte nur zweiundzwanzig Sous täglich und wurde noch von der Anstalt gekleidet. – Ob man auch die Malerei als Arbeit gelten ließ? – Der gutmütige Wächter grinste. – Nun, meinte van Gogh ungeduldig, dann werde er schmieden oder tischlern. Alles war besser als diese Existenz. Solche Häuser wie Saint Remy stammten aus dem Mittelalter und mußten so bald wie möglich verschwinden. – Das Asyl von Montevergues war aber nur für die leichten und heilbaren Fälle da. Das mußte doch jeder verstehen. Man konnte doch nicht wirklich Verrückten Werkzeuge in die Hand geben. Da wären nette Tische und Stiefel herausgekommen. Wenigstens nach Ansicht des gutmütigen Wächters.

Vincent aber stellte die Frage, ob alle Leute in Saint Remy von Anfang an schwere Fälle gewesen seien. Doch wohl nicht. Vielleicht waren ganz milde Fälle darunter gewesen, Kerle mit einem kleinen Spleen oder ein wenig blöde oder solche mit zuviel Gedanken und Absichten wie zum Beispiel er. Denn ihn rechne man doch wohl nicht zu den schweren.

Der gutmütige Wächter grinste. Im Grunde war er wohl auch nicht mehr weit von dem Zustand der Leute, die er beaufsichtigen sollte. Man durfte nicht mehr allzulange hier bleiben, wenn man überhaupt noch hoffte.

Als Pastor Salles das nächste Mal kam, sagte es Vincent frei heraus. Man durfte nicht lange mehr hier bleiben. Pastor Salles antwortete, das sei schon längst Ansicht und Wille des Pariser Bruders. Man freue sich in Paris, wenn Vincent endlich hinkommen wolle. Dann werde man ihn in der Nähe auf dem Lande unterbringen. Es könne jeden Augenblick geschehen. Der Bruder hatte es zweimal sehr dringlich geschrieben.

Ja, Theo war gut. Er hatte es auch direkt geschrieben. Es war nicht etwa so ein Trost, den man dem Kranken hinsagt: Du kommst schon heraus, morgen, übermorgen, nur heute mußt du noch ruhig sein. Sondern wenn Theo so etwas sagte, galt es, und wenn nötig, kam er selbst und holte den Bruder.

Gut, daß man das wußte. Nun, nur nichts überstürzen! Die weite Reise, die Umstände – es konnte einem schwindeln bei all den Umständen. Warum war es nur nicht möglich, ruhig hier in der Nähe mit einem Freund zu bleiben? Ob Gauguin in Pont Aven wohl glücklicher war als in Arles? Ob man nicht doch in dem gelben Haus ruhig hätte zusammenbleiben können?

Aber es war ausgemacht, er ging weg. Der Ort mußte mit aller Gründlichkeit überlegt werden. Nur nichts überstürzen! Sicher wartete man besser bis zum Frühling, um dann in der wärmeren Zeit nach dem Norden zu kommen. Für das neue Land bedurfte es besonderer Kräfte.

Die Hauptarbeit dieses Winters sind die Kopien. Er hatte schon im Herbst damit angefangen, als einmal das Malen im Freien verboten war, und betrachtete sie als Notstandsarbeit. Ohne die Krankheit wäre er nie darauf verfallen. Sein Sinn stand nach dem Bild des Menschen unserer Tage. Das Bildnis schaffen, wie man die Landschaft geschaffen hat, womöglich noch eindringlicher als die Landschaft, so überzeugend wie für das Kind die Bilderbogen; Menschenbilder von der Einfalt alter Steinmetzfiguren in Kirchen und dabei Fleisch und Geist von heute. Denn auch die Menschen von heute, wie sie sich auch drehen und wenden, müssen ein Gesicht haben, und wenn sie es haben, muß man es darstellen können. Vielleicht zweifelt man an dem Gesicht nur, weil die rechte Gesichterkraft den Darstellern fehlt. Oder sollte es wirklich nicht dasein? Dann freilich gäbe es für die Kunst nichts mehr zu tun. – Bilder wie die Berceuse können nur als Anfänge gelten, denn so eine Berceuse hat zu wenig von dem Geist der Gegenwart, weil das Modell zu abseits steht. Nun, mögen andere weitermachen. Seinem armen Kopf wird die Aufgabe zu schwer.

Zu den Kopien bringt ihn nicht gerade Mangel an Einfall, denn wenn einer die Natur liebt, hat er mit einer Blume, einem Bauernstuhl, einer Pflasterstraße Motive genug. Eher treibt ihn das Gegenteil, die Notwendigkeit, dem Einfall zu wehren, Überschuß an Zündstoff. Und noch ein anderes, über das er sich nicht klar ist, eine geheime Sehnsucht, die mit Montpellier und Bruyas und mit dem gelben Haus zusammenhängt, ein fast mystisches Bedürfnis. Ja, dies ist mächtiger als alle Hygiene. Da aus dem gelben Haus ein Verrücktenkloster geworden ist, soll man sich wenigstens im Bilde so ein Haus schaffen. Es braucht nicht kleiner zu sein. Da es mit Gauguin nicht ging, muß man es mit Millet, Delacroix und den anderen versuchen. Die werden vielleicht geduldiger mit ihm sein.

Es war natürlich gar kein Kopieren. Theo schickte Abbildungen, Holzschnitte, Radierungen, Lithos. Nach denen entstanden Gemälde. Er setzte das Schwarzweiß auf seine Art in Farbe, übertrug das Motiv auf seinen Rhythmus. Zuweilen war es eine Übertragung von Kammermusik auf Blechinstrumente, des öfteren eine Dramatisierung, immer ein schöpferisches Unternehmen. Manche Vorbilder glichen Stückchen Metall, die man in eine Säure taucht und, bezogen mit glitzernden Kristallen, wieder herauszieht. Manchmal brachten die Kristalle das Stück erst zum rechten Ausdruck, als wäre es ursprünglich auf diese Form angelegt gewesen, die der erste Autor versäumt hatte. So ging es mit Millet. Endlich kam der »Sämann« heraus, Vincents Traum seit den ersten holländischen Anfängen, die Urgestalt seines Werkes, seines Lebens. Auch der Angelus, auch der Holzhauer, die Grabenden, die Frau, die ihr Kleines gehen lehrt, der ganze Millet. Erst hatte der Zeichner mit jahrelangem Bosseln und Stricheln die Form Millets alles sentimentalen Beiwerks entkleidet und auf einfachste Linien gebracht. Nun wandelte sich dieser strenge Bau in das Brokat aus Gelb, Blau, Rot, Violett, Orange, ohne die Strenge zu verlieren. Kein Umhang schwächte ihn. Der Bau blieb Bau, in allen Teilen gedrungenes Gerüst, in seiner Kühnheit ebenso nackt wie vorher, nur mächtiger. Der Prunk füllte Leeren, die nach Farbe riefen, belebte kahle Äste, machte stummte Teile beredt. Eine Transfiguration, nein, eine physikalische Transformation, Umwandlung einer Energie in die andere, nicht nur ohne Verlust, sondern mit Gewinn auf der ganzen Linie. Das ursprüngliche Bild am Anfang der langen Reihe, obwohl fast von gleicher Gestalt, verschwindet.

Millets Sämann ist ein gedachter Sämann, müde von dem Gedanken, schleichender Schatten auf dem Acker, der auch nur gedachter Acker ist. Vor dem Horizont pflügt noch so ein Bauer mit Ochsen. Vielmehr eine Silhouette pflügt mit regungslosen Tiersilhouetten vor einem Himmel aus Leinwand mit Papierschnitzeln statt Vögeln. Da schreitet ein Bauer vorüber. Du merkst es an der verdrängten Luft. Die Wucht reißt dich mit. Millionen Säer sind da in einem Flügelmann. So schreitet er nicht für dich, nicht für die Kunst, nicht für van Gogh, sondern für die Arbeit, jeder Nerv zum Säerschritt gespannt, jedes Glied, jedes Stück Kleidung Teil der Handlung. Schon ist die Ackerscholle offen zum Empfang. Hier wurde gepflügt, jetzt wird gesät, da hinten wird noch gepflügt. So und nicht anders geht es zu. Kein Teil der Handlung bleibt dunkel, keiner bleibt auf sich allein beschränkt. Vieh, Erde, Mensch sind Stoff zum Wachsen, und auch die Luft ist voll davon. So schreitet er, nicht für heute und morgen, sondern seit Jahrtausenden als Provencer Bauer, als Germane, Grieche, Bauer Ägyptens. Säen ist Symbol der Ewigkeit.

Nicht Farbe oder Strich, nicht Vereinfachung, nicht Instrumentation ist van Goghs Zutat; das könnte alles für zeitlich gelten; sondern der tiefere Ursprung. Millets Sämann war einmal, gehört zu Millets kleinbürgerlicher Symbolik. Van Goghs Sachlichkeit, van Goghs heroische Einfalt bewirkt, daß man in ein paar hundert Jahren seinen Sämann für das Original nehmen wird und den Millet für geschwächte Ableitung. Die Gestalt van Goghs rückt eher in die Nähe Daumiers und entfernt den Ballast, mit dem Millet das Barock des Vorgängers beschwerte. Aber Daumier, der Spötter, hatte nicht den Glauben für einen Sämann.

So wurde mancher gereinigt und erhöht, und sonderbare Neigungen Vincents fanden sich geklärt. So hergerichtet, ließ man sich Breton und Meissonier gern gefallen, und noch schlimmere Machwerke verwandelten sich in Kunst. Er war ein genialer Schauspieler, den ein banales Werk reizt, weil es gerade seine Fähigkeiten weckt. Mit seinem Tempo verschlingt er die Flauheiten des Textes, und da er den Rest – wo gäbe es keine Reste? – in scharfes Relief setzt, kommt ein ganz Neues heraus.

Selbstverständlich hielt sich Vincent nur für einen Musikanten, der die Noten anderer spielt, und die anderen waren immer Beethoven. Geriet er wirklich an einen Beethoven, versagte natürlich die Erhöhung. Der Lazarus nach Rembrandt verlor fast alles von Rembrandt und gewann nur eine zeitgenössische Farbe. Auch Delacroix' Pieta und der Samariter wurden vergröbert. Die Szene des Samariters gab eine Art Ravin. Aber es blieb nicht bei der Vergröberung. Van Gogh zog aus diesem Beethoven die Töne heraus, mit denen eine derbere Welt weiter musizieren konnte. Die Gruppe mit dem Saumtier vermochte die laute Ornamentik zu tragen, und die Wahrheit der Gebärde hatte genug Nerv, um zur Handlung eines Primitiven zu werden. Zeugnis für den alten Meister, Zeugnis für den Nachfolger. Das juwelenhafte Tafelbild verwandelt sich in jubelnde Dekoration. Van Gogh übersprang das unvergleichliche Virtuosentum und legte seine glühende Huldigung dem Meister der Wandbilder in S. Sulpice zu Füßen. So tat er mit Daumier. Aus der Lithographie mit den Trinkern löste er die räumliche Gewalt des latenten Freskos. Saphirenes Leuchten verschlang das bittere Lachen des Spötters, und der Erbe Michelangelos, den einst ein Zeitgenosse Daumiers in der Sixtina erkannt hatte, stand auf. Eine Enthüllung, über deren letzte Gründe und Bedeutung nachzudenken wäre. Vincent hatte nicht ein Atom Satire und ersetzte die des Vorbildes ohne Banalität. Wer möchte es nicht heute, wo die Bitterkeit in aller Munde ist und die Sehnsucht nach anderem uns martert, ebenso machen? War die Skepsis Daumiers, dieses Cervantes, leichter zu überwinden? Warum führte der Versuch nicht zu der matten Neutralisierung oder zu der heute üblichen Überwindung, mit der man gewaltsame Zerstörung bezeichnet? – Weil er nicht im Traum an Überwindung dachte. Natürlich opferte er hundert Reize,

23. *Der barmherzige Samariter*, 1890

die ihm verschlossen waren, Fernsicht in antike Gefilde, in Dämmerung Rembrandts, in alle Dämmerungen, wunderbare Hülle der Satire. So umhüllt, konnte er nicht sprechen, und der Versuch hätte zu Künstlichkeiten geführt. Aber bedurften diese Gestalten der Hülle? Er fand sie durchaus nicht komisch, noch viel weniger häßlich. Das waren doch Menschen wie der gutmütige Wächter mit dem Raubvogelgesicht, wie Roulin, wie er selbst, wie alle Leute seiner Welt. Nur hatte sich das Merkmal ihrer Art, Spur der Sorge, der Arbeit, der Reibung, zur Form erhoben. Man brauchte sie nur ins Helle zu rücken. Etwas von der Sachlichkeit des Sämanns stählte die ausgemergelten Gestalten, und das Barock Daumiers strahlte in ungebrochenen Wellen. Das Verfahren war lange nicht so umfassend wie die von Cézanne unternommene Wiederholung Poussins »nach der Natur«, und brauchte es nicht zu sein. Es war ebenso organisch und nötig.

Anfang Februar kamen von Theo gute Nachrichten. Ein ganzer Haufen auf einmal. Er war Vater geworden. Der Junge schien wider Erwarten gesund. – Vincent lachte: Wider Erwarten! Nun, es war eine große Freude in Saint Remy wider Erwarten. Da dieses Experiment wider Erwarten gut abgelaufen war, ging es wohl mit anderen ebenso – möglicherweise. Dieser kleine Bruyas gab Garantien für die Zukunft. Dieser kleine Bruyas würde so oder so nachholen, was die dummen und schwachen Alten versäumt hatten. Eine Augenweide wider Erwarten war der kleine Bruyas, und obwohl es einigermaßen gewagt schien anzunehmen, daß bei seiner Volljährigkeit noch Leute an Malerei denken könnten, sollte man ihm die Segnungen der Kunst so früh wie möglich zuführen und ihn jedenfalls abhalten, sich dem Tulpenhandel hinzugeben. – Außerdem hatte sich wider Erwarten bei den »Vingt« eins der sechs Bilder verkauft, der rote Weinberg mit dem Mont Majour, noch dazu für vierhundert Francs, noch dazu an eine belgische Malerin. Auch eine Art Geburt, eine Art Onkelschaft, ein Versprechen. – Und Theo schickte den Mercure de France mit dem Aufsatz Auriers. Eine Rhapsodie auf die Farbe der Bilder von Arles, voll glühender Metapher. Van Gogh brachte die notwendige Reinigung der modernen Kunst und die nicht weniger notwendige Reinigung der modernen Gesellschaft. Van Gogh brachte die neue Malerei. Das sagte ein Repräsentant der jüngsten Pariser Literatur, gewissermaßen der Zukunft. Das neue Frankreich bekannte sich zu der Schule des Südens.

Der Aufsatz war das am wenigsten erwartete Stück des Haufens und konnte nicht anders als mit gemischten Gefühlen aufgenommen werden. Sah man von der Person des Objekts und jugendlichen Übertreibungen des Autors ab, so ließ sich nicht leugnen, daß in dem sonderbaren Elaborat richtiges Empfinden steckte, Sprache eines Menschen, der von dem Kernpunkt der Sache wußte. Und der Herr Aurier hatte als Dichter ebensogut das Recht, Resultate seiner Beobachtung zu übertreiben, wie der Maler, um sich auszudrücken, seine Töne übertrieb. Solche Gedanken brachten Dichter und Künstler zusammen und halfen dem kleinen Boulevard. Nur handelte es sich nicht um dieses oder jenes Objekt, sondern um van Gogh. Die Freude kitzelte angenehm, aber kam an falsche Adresse. Es gab für diesen Fall nur einen Namen: Monticelli. Wie furchtbar, daß der junge Mann kein Wort von Monticelli sagte. Sollte es aber ein Junger sein, so kam wiederum nur einer in Betracht: Gauguin. Vincent setzte eingehend Herrn Aurier auseinander, wieviel er Monticelli, dem wirklichen Begründer der Schule des Südens, verdanke, und schickte ihm ein Zypressenbild, das nach seiner Ansicht diesen Zusammenhang besonders deutlich erwies. Herr Aurier möge sich einmal zu Theo bemühen und das dort hängende Blumenstück Monticellis genauer betrachten. Den Rest habe er von Gauguin. Auch gehe es nicht an, ihm ein neues Prinzip oder dergleichen im Gegensatz zu den Impressionisten zuzusprechen. Mit solcher Sektiererei geriet man nur in Gefahr, sich lächerlich zu machen. Was seine Blumen angehe, so müsse Herr Aurier einmal die Rosen und Iris des alten Guost in Augenschein nehmen und die ganz herrlichen Päonien von Jeannin. Ob nicht auf diese Blumenstücke die an sich richtigen Erkenntnisse in weit höherem Maße zuträfen? Und überaus schmerzlich berühre ihn in dem schönen Aufsatz das harte und unbegreifliche Wort über Meissonier.

Immerhin war dies und das andere gute Aufmunterung zur Arbeit. Wenn man so einem Dichter glauben wollte, könnte man sich ganz den Farben überlassen und so ein Musiker der Farbe werden. Aber da die Wahrheit dabei zu kurz kommen würde, blieb man besser bei seinem Leisten. Dagegen stand nichts im Wege, mit den vierhundert Francs für die rote Weinernte nach Paris zu fahren, um endlich Jo und den kleinen Bruyas kennenzulernen. Die Reise hatte jetzt höhere Ziele. Nur mußten vorher noch ein paar Bilder fertig werden. Mit denen gelang es vielleicht, den Frühling – nun war es der dritte im Süden – halbwegs zu erfassen. Gegenwärtig hatte er einen Mandelblütenzweig in der Mache, der sich nicht übel anließ. In dieser freien und üppigen Art müßten ganze Bäume gemalt werden, womöglich ganze Obstgärten. Dann kam die Baumblüte schon etwas vollständiger als vor zwei Jahren in Arles heraus.

Wieder der Anfall. Wieder bei einem Ausflug nach Arles. Er hatte die Miete für die Bilderkammer zahlen wollen, hatte ein Bild mitgenommen, eine Variante der Arlésienne, und war zwei Tage unterwegs geblieben. Einen hatte er irgendwo besinnungslos gelegen. Das mitgenommene Bild war verschwunden, und er erinnerte sich an nichts. Man brachte ihn nicht ohne Schwierigkeiten in die Anstalt zurück. Eine sehr unabhängige Krankheit! Kümmerte sich um keinen Aufsatz, um keinen kleinen Bruyas, um keine Arbeit, um keine Baumblüte, zerstörte immer wieder jede mühselige Hoffnung. Nun war der dritte Frühling im Süden endgültig dahin.

Es dauerte diesmal wieder länger, fast zwei Monate, bis Ende April. Wenigstens blieb solange das Malen verboten. Solange saß man, ohne sich zu rühren, war genau wie die anderen. Zwei Monate war man Vieh. Natürlich dauerte es nur, weil man es dauern ließ. Mit ein wenig Einsicht und gutem Willen hätte man die Qual abkürzen können. Die dümmste mechanische Arbeit wäre Wohltat gewesen. Gab es nicht in Paris oder in Holland so ein Asyl wie das in Montevergues, wo man tischlern oder schustern konnte? Dieses Stillsitzen nach dem Anfall, wo man alle Muße hatte, über die Angelegenheit nachzudenken, mußte mit tödlicher Sicherheit zum nächsten Anfall führen, und so ging es weiter bis zur Hölle. Doktor Peyron war gut. Auch die Schwestern waren vorzüglich. Aber Saint Remy paßte für ihn nicht. Der ganze Süden paßte nicht. Irgendwie hing die Krankheit mit dem Süden zusammen. Weg von hier und so schnell wie möglich! Die Geschichte mit dem Süden war bankrott.

Theo hatte durch den Père Pissarro eine Adresse erhalten, Auvers sur Oise, nicht weit von Paris. Da wohnte ein Arzt, Doktor Gachet, der sich auf solche Fälle verstand; Menschenfreund, Kunstfreund. Pissarro kannte ihn persönlich. Der Mann war bereit. – Also hin zum Doktor Gachet! –

Vor der Reise als solcher brauchte man sich nicht zu fürchten. Von Theos Idee, eine Begleitung zu schicken oder womöglich selbst zu kommen, konnte natürlich keine Rede sein. Dann fuhr er überhaupt nicht. Er gehörte nicht zu der gefährlichen Sorte. Höchstens konnte ein Wärter die paar Stationen bis Tarascon mitfahren, wo der Schnellzug hielt. Passierte irgend etwas unterwegs, halfen Mitreisende. Freundliche Leute fanden sich immer. Eine Krisis kam aber schon deshalb nicht, weil der Ärger, den Süden unvollendet zurückzulassen, viel größer sein mußte als die Verrücktheit. Übrigens konnte man jetzt mit einer längeren Pause rechnen.

Der endgültige Entschluß wirkte heilsam. Man sah die anderen und die Schwestern gleich ganz anders an, sogar mit einer gewissen Melancholie. Über Auvers verlautete nur Gutes, und allein die Befreiung aus den verpesteten Klostermauern mußte Wunder tun. Dann der Norden, das neue Land, die neue Familie, alles positive Medikamente. Übrigens hinderte nichts, bis zur Abreise noch ein paar Blumen zu malen. – Rätselhaft war diese Krankheit. Jetzt zum Beispiel fühlte er sich kräftiger als früher in den besten Tagen und ohne die geringste Trübung. Der Pinsel ging wie eine gut laufende Maschine. Der Lazarus nach Rembrandt und der Samariter nach Delacroix wurden in je einem Tage fertig. Dazu zwei Buketts mit Iris, die vielleicht Herrn Aurier interessiert hätten: das eine in zarten Tönen von Grün, Rosa, Violett, das andere in warmem Preußischblau. Dazu die Rosen auf hellgrünem Grund. Es war eine neue Art Blumen, nicht so ungestüm wie die Tournesols aus Arles, von intelligenterem Stil und leichterem, froherem Gepräge. Sie wirkten fast elegant neben den Tournesols. Herr Aurier hatte im wesentlichen wohl nur die alten Pariser Blumenstücke gesehen, die auch ihren Stil hatten, nur war der allgemeiner, ein Blumiges, das auf älteren Konventionen beruhte und die nähere Gattung des Objekts außer acht ließ. Jetzt erwuchs das Allgemeine aus dem durchaus Besonderen. Diese neuen Stücke stellten Iris und Rosen dar, nichts weiter, aber das bis zum letzten. Leute einer an Freuden reicheren Zeit hatten vielleicht solche Blumen nie wahrgenommen. Nur das von Sehnsucht gespannte Auge der Menschen von heute sah sie. Der Stil verschwieg nicht die Herkunft aus engen Kanälen. Dafür aber war er ausgetragenes Produkt, eigenes Gewächs, Neuheit; Blumen für Menschen von heute.

Nein, der Süden war doch kein Bankrott. Vincent saß zwischen Blumen. Sie überschütteten ihn. Dankbarkeit überströmte wieder einmal alles Elend. War es recht, bei der Farbenpracht und dem Duft der Rose nach dem Dünger ihrer Erde zu fragen? Dies wenigstens nahm man mit. Die Kanäle, auf die man angewiesen war, hatten das Bild des ersten Anlaufs in dem gelobten Lande – damals, als man halb toll vor Entzücken war – eingeengt. Es lag kein Grund vor, mit der Leistung zufrieden zu sein. Noch weniger aber Grund zur Unzufriedenheit mit dem Schicksal. Ließ es ihm keine Ruhe, den Frühling zu vollenden, so bewahrte es ihm einen Vorteil: man war noch nicht zu Ende. Vielleicht hätte er, ganz ungehemmt, zu schnell den Boden des Bechers gesehen. Jetzt schäumte es wieder wie im ersten Sommer, und man hatte noch kaum die Lippen genetzt.

Auch die Blumen von Saint Remy sind so etwas wie sehr freie Kopien, Notstandsarbeit, weil er nicht ins Freie durfte. Ja, sie sind es in mancher Hinsicht noch mehr als die Bilder nach Millet, da der Stil, der sie trägt, sie zugleich begrenzt. Man ahnt, daß eine Spezialität daraus werden könnte. Die Grenze entging dem Einsichtigen nicht. Ob man wohl noch einmal auf Arbeit ganz im Freien rechnen durfte, ohne Notstand? Dann würde man wohl auch in Auvers den Süden finden.

Der letzte Versuch

Am 17. Mai 90 endete der Klosterspuk von Saint Remy. Bis Tarascon, der Heimat Tartarins, wurde Vincent von einem Wärter gebracht. Dann ging es die Nacht hindurch nach Paris. Die Reise verlief programmäßig. Bruder Theo wartete an der Gare de Lyon, und Vincent lachte über das angstvolle Gesicht. Es war alles nur halb so schlimm. Es war sogar viel weniger schlimm als vor vier Jahren, denn man hatte etwas mitgebracht. Ein sonderbares Land dieser Süden! Gestern war noch ein Rosenbukett entstanden, zwei Grüns, zwei Rosas vor gelbem Grund, nicht übel, wenn auch noch lange kein Monticelli. Überhaupt brachten die Bilder der letzten Tage vielleicht die Reisekosten ein. Theo würde sehen. Wenn sie trocken waren, schickte man sie ihm nach. Für solche Bildchen fehlte in Paris die Sonne. Dafür konnte man hier einmal so einen Laden mit Schaufenstern malen, zum Beispiel so einen gelben Bücherladen bei Gasbeleuchtung. Künstliches Licht reizte ihn schon lange. Auch so ein Stückchen leerer Straße mit einem Kandelaber in früher Morgenstimmung. Lachend kamen sie in die Cité Pigalle, wo Jo, die junge Frau, seit einer Stunde am Fenster stand. Eine sehr gute Frau! Jo war höchst verwundert. Nicht die Spur merkte man ihm an, außer dem Ohr, wo man nicht hinzusehen wagte. Er hatte gar nichts von den unverständlichen Briefen, war gesünder als Theo, hatte etwas Bedächtiges wie ein Zimmermann, sprach Holländisch, machte Witze. Natürlich wurde vor allem der kleine Vincent inspiziert. Mußte er unbedingt unter so feinen Deckchen liegen? und wo war der Kackstuhl? und warum man ihm den dummen Namen Vincent gegeben hatte? Klang Bruyas nicht besser? Bruyas, Bruyas! –

Nun, weine nur nicht gleich, kleiner Schnapphahn! Man wird dich nicht fressen. – Nach der Stimme konnte ein Courbet daraus werden.

Dann sofort zu den Bildern. Kaum, daß er einen Bissen aß. So viel aß er überhaupt nicht. Die Städter konnten nie genug haben. – Butter, Käse, Konfitüre, Eier am frühen Morgen! Damit glaubten sie die frische Luft zu ersetzen. Aber so gutes Brot gab es weder in Arles noch in Saint Remy.

Alle Bilder wurden vorgeholt. Sofort stand und lag in der sauberen Wohnung alles durcheinander. Man hätte Säle haben müssen. Zuviel Bilder, zu wenig Resultate. Ja, warum rührte sich der Tulpenhandel nicht besser? Die Ardappeleters müßte man nun noch einmal malen, ohne die Dreckfarbe. Das lohnte sich. Die Ardappeleters waren der Anfang. Immerhin ein Weg in den paar Jahren. Hielt man sich an solche Anfänge, war es sogar ein sehr hübscher Fortgang. Neben dem wahren Süden blieb es aber doch nur ein winziges Stück. Übrigens konnte es sich nicht darum handeln, die Ardappeleters in südliche Farben zu setzen. Sie mußten schon die Gedämpftheit des Nordens behalten. Nur gehörte die Klarheit dazu, von der man damals noch keine Ahnung hatte.

Dann in den Louvre. Die Meister standen unerschütterlich, während man kreuz und quer um sie herumstrich. Delacroix und Rembrandt! Nein, Rembrandt und Delacroix! Für die Schule des Südens war Delacroix der größte Maler, weil er Monticelli und alle anderen enthielt, und wohl überhaupt der größte. Sein Süden enthielt mehr als der Norden. Alle die Venetianer und Raffael trafen sich bei ihm, auch Rubens. Es kam aber vielleicht einmal eine neue Schule des Nordens, für die das Selbstbildnis Rembrandts mit dem Kopftuch höher als alle Sinnesfreuden stand. Und er jedenfalls wäre im Süden ohne den Alten verloren gewesen. Das Brauchbare in den Ardappeleters kam von ihm her. Man mußte Delacroix immer haben. Da war Antwort auf jede Frage des Tages. Den Alten mit dem Kopftuch brauchte man nur bei besonderer Gelegenheit. Ohne solche Gelegenheiten aber blieb alles Malen unnütz. Wenn es einmal den Leuten wieder einfiele, Bildnisse zu malen, Gesichter, keine Farbengeschichten, mußte man zu Rembrandt zurück. Und das war doch wohl nötig, wenn die neue Menschheit, die demnächst die Welt auf den Kopf stellte, nicht ohne Gesicht bleiben wollte. – Ja, dieser alte zerlumpte Trunkenbold mit dem schmutzigen Kopftuch! Saß nicht Blut an dem Kopftuch? Hatte er sich etwa auch ein Ohr oder sonst etwas abgeschnitten?

Den nächsten Tag besuchte Vincent den Bruder im Entresol des Boulevard, lief dann die Rue Lafitte ab, zu Durand-Ruel und den kleinen Händlern bis hinauf zu dem Père Tanguy. Dann wie früher auf dem Imperial des Omnibus Clichy-Odeon wieder hinunter und über die Seine zum Luxembourg. Vom Luxembourg der Abstecher nach S. Sulpice zur Delacroix-Kapelle. Es wurde gleich zuviel. Paris lächelte noch genauso, war noch ebenso einladend, ebenso unzugänglich. Für einfache Leute taugte es nicht. Auch für Theo taugte es augenscheinlich ganz gewiß nicht. Er sah älter aus als Vincent und suchte Ausflüchte, wenn man ihn nach seiner Gesundheit fragte. Das ließ sich nun einmal nicht ändern.

Zwei Tage darauf fuhr Vincent nach Auvers. Es ging ausgezeichnet. Die Herberge war etwas teurer als im Süden und beschränkter, genügte aber für die erste Zeit, und mit dem zwirbeligen Doktor Gachet hätte man es gar nicht besser treffen können. Ein Original, wußte in Kunstdingen besser Bescheid als alle Ärzte der Provence zusammen genommen und malte in seinen Freistunden. Er hatte sogar noch Bruyas gekannt und dachte über den Ehrwürdigen genauso hoch, stellte ihn womöglich noch höher. Die Tat von Montpellier! So eine Tat bedeutete ganz zuletzt mehr als alle Schlachten Napoleons. – Gachet war mit Pissarro und Cézanne befreundet. Beide hatten hier gewohnt, auch Daubigny, auch Daumier. Es gab noch die Häuser. Auch die Gegenwart war vertreten. Mehrere junge Maler arbeiteten hier. Es gab eine Schule von Auvers. Gachet gehörte gewissermaßen dazu, hatte mit allen Meistern verkehrt, hatte Bilder von ihnen, wußte drollige Geschichten über sie, Apotheker-Geschichten. Ein sonderbarer Heiliger. Sein vergilbtes Pergamentgesicht aus vielen Falten und Fältchen trug einen kühn frisierten Schopf. Das Leben hatte ihm allerlei Mißlichkeiten beschert, und er wehrte sich dagegen mit Originalitäten. Wer die Kunst hatte, war gegen alles Unheil gefeit. In dem Apotheker steckte ein Tartarin, und der leitete wohl auch die Diagnosen des Arztes. Von einem organischen Leiden Vincents war nicht die Rede. Schrullen eines Künstlers, nichts weiter. Gegen solche Künstlerschrullen gab es kein Tränkchen, höchstens die Rettung in den Hafen des Bourgeois. Verrückt waren sie alle. Je bedeutender die Kunst, desto größer die Verrücktheit. Cézanne hätte man einsperren können. Wenn ihn einer unversehens ansah, riß er aus. Daumier hatte einen Vogel, den man ausstopfen konnte. Genie und Wahnsinn wohnten bekanntermaßen auf ein und derselben Treppe.

Die Theorien des Doktors hatten alles mögliche für sich, sprachen für seinen Witz, vielleicht auch für seinen Doktorverstand, obwohl sie sich nicht wenig von den Ideen der Spezialisten im Süden entfernten. Für den gesunden Menschenverstand waren sie unnütz. Nie kam aus einer brüchigen Mühle gesundes Mehl heraus, und Genie war genau das Gegenteil von Wahnsinn. Schon ein richtiger Handwerker brauchte seinen Kopf. Übrigens tat man gut, mit großen Worten wie Genie sparsam umzugehen und alltägliche Redensarten zu vermeiden. Insofern aber hatte der Doktor recht: Mit der Gesundheit ging es tatsächlich ausgezeichnet. Die Krankheit war im Süden zurückgeblieben. Ein Mensch aus dem Norden gehörte da nun einmal nicht hin, am wenigsten in so ein Kloster.

Auvers hatte Bauernhäuser mit alten Strohdächern, gemütliche Dorfstraßen, weite Kornfelder mit gewellten Hügeln im Hintergrund und gleich daneben die zierliche Oise. Bei dem Doktor gab es ein paar gute Bilder von Cézanne und Pissarro. Ein Unikum, dieses Doktorhaus! Bis oben hin voll von allem möglichen verrückten Kram, Möbel aus dem Mittelalter, gotische Aschenbecher, Zinnleuchter mit Schnörkeln, vermoderte Folianten, ausgestopfte Biester, und in einer Ecke die Bilder, ungerahmt zwischen Gerümpel. Auch ein paar Guilleaumins lagen dabei. *»Documents humains!«* meinte Gachet und lachte glucksend. Gut, man werde sie eines Tages rahmen lassen. Vincent malte ihn, sehr hell mit der drolligen weißen Mütze auf dem blonden Schopf, blaue Jacke vor blauem Grund; auf dem Tisch ein gelbes Buch und eine purpur-blühende Pflanze. Eine neue Art von Porträt, ein intellektueller Typ, fast elegant, mit einer gewollten prickelnden Schwäche in der Eleganz. Gachet verliebte sich in sein Ebenbild und bestellte für sich eine Wiederholung. Auch eine Radierung Vincents entstand nach dem Bild. Gachet ätzte selbst mit Geschick. Es gab alles in dem verrückten Haus, selbst eine Kupferpresse.

Der Doktor begriff Vincents Bilder. Das war weiter kein Kunststück. Man begriff sie mit derselben Erfahrung, die sich aus der Naturgeschichte ergab. Es mußte schon einer aller elementaren Begriffe von Wärme, Licht, Bewegung bar sein, um vor diesem Natur-Phänomen verständnislos zu bleiben. Ja, ein Natur-Phänomen! Dieser Holländer stellte die sogenannte Menschheit an einen Anfang; ein Rousseau der Malerei. Notabene stimmte das Leben dieses Rousseau mit seinem geformten Geständnis überein.

Der Doktor hatte eine Vorliebe für historische Feststellungen. Van Gogh setzte die Alten fort und drang durch die Alten hindurch, führte die Kunst aus dem engen Bereich plutokratischer Schleckerei in die breite Bahn urwüchsigen volkstümlichen Gestaltens. Urwüchsig und volkstümlich ohne Banalität, ohne Frömmelei, ohne Cancan. Volkskunst ohne Plebs, Kunst eines einzelnen, der zur Masse wollte – lauter Widersprüche, ebenso unlogisch wie der Plan des Holländers, aus auflösendem Impressionismus just das Gegenteil, Aufbau, zu gewinnen, lauter Probleme. Es gab für den Doktor nichts Schöneres als Probleme. Aber was theoretisch unausführbar schien, in Worten unsinnig klang, im Bild stand es auf einmal da, und dann kam plötzlich ein Sinn in die Tollheit, eine höchst natürliche Logik. Dieser holländische Rousseau machte Bauernkunst in Holzpantinen und raffiniert wie Japan, uralt und frei von Archaismus, von jeder Spur von Burne-Jones; urmodern und dabei so selbstverständlich, daß man plötzlich gar nicht mehr anders sehen konnte und sich fragte, warum nicht längst schon so und nicht anders gemalt wurde, warum nicht alle so malten. Natürlich war dieser Rousseau krank, denn man konnte unmöglich ihn im Gegensatz zu allen andern braven Bewohnern des Erdballs gesund nennen. Die Krankheit ließ sich bestimmen. Die Diagnose ergab Anomalie des sozialen Bewußtseins, Hypertrophie aller schöpferischen Kräfte, um mit der Menschheit zusammenzukommen.

So ging es manchmal stundenlang. Die Hymnen des Herrn

24. *Dr. Gachet*, 1890

Aurier waren daneben nüchterne Sachlichkeit. Vincent fand die Übertreibung ungemütlich. Der Humor fehlte ihm, und es ging auf die Nerven. Der Doktor gluckste. Ahnungslosigkeit gehörte zum Krankheitsbild. Einsicht in die Wirkung hätte den Fall verdorben. Der richtige Seher war immer blind, mußte blind sein. – Manchmal glich der kunstgesinnte Medizinmann aufs Haar einem der tollen Kerle im Kloster, der sich besonders hervortat.

Zu den Gewohnheiten des Doktors gehörte, Vincent, der jede Woche des öfteren bei ihm essen mußte, mit mehreren Gängen zu ehren, die mit Feierlichkeit aufgetragen wurden. Dazu gab es stets zwei verschiedene Weine in Gläsern von besonderer Form; erst einen kleinen Bordeaux, um die Zunge zu baden, dann nach dem Braten einen Bourgogne von höheren Jahren, im Schlosse Soundso abgezogen, geeignet, die Glieder zu wärmen und den Geist von überflüssigen Fesseln zu lösen. Dabei tauchte der Doktor kaum die Lippen ein, tat alles nur aus Zeremonie zu Ehren des Gastes. Vincent mußte bei jedem Gang sonderbar verbrämte Nötigungen über sich ergehen lassen, die sich in allen möglichen Variationen wiederholten. Am meisten verdroß ihn die Üppigkeit. Statt des Hors d'œuvre hätte der Doktor lieber ein paar Rahmen für die herrlichen Bilder Pissarros machen lassen sollen, die im Winkel lagen zwischen Gerümpel.

Dagegen schmeckte die Arbeit. Die Eingeborenen von Auvers, an Maler gewohnt, ließen ihn die Staffelei hinstellen, wo er wollte, und sahen nicht hin. Diese großen Strohdächer auf niedrigen Mauern, eingeschachtelt in kleine winklige Gärten, gaben ganz neue Motive. Die Details rückten näher zusammen als im Süden, waren ärmer an Farbe, reicher an Ton. Man mußte die Striche mehr zusammenhalten und für das Barock engere Strukturen suchen. Man sammelte sich in kleinen Formaten. Es gab hier nicht den starken Kontrast zwischen Blau und Gelb, noch flammende Himmel, dafür saftige Mischtöne, häuslichere Töne, Farben, die weniger von weitem anzogen, aber größere Tiefe erlaubten und länger festhielten. Man kam der Heimat näher. Die träumerische Verschwiegenheit holländischer Dörfer wurde mit wachen Sinnen gegeben. Jongkind hatte den gehauchten Ton der alten Holländer durch seine gerade gerichteten Striche ersetzt, aber hatte die Tiefe der Alten verloren, war flächig geworden. Nun galt es, die Farbe zu erhöhen, die Energie zu vergrößern, die Vereinfachung unverhältnismäßig weiter zu treiben und trotzdem in die Tiefe zu dringen. Der gekrümmte Strich kerbte sich tief in die Materie ein. Mannigfaltige Kurven, vom kleinsten Radius bis zur züngelnden Arabeske gaben mit ihren verschiedenen Helligkeiten das Vorn und Hinten der Pläne, und wo sich eine Gerade aus den Kurven löste, wirkte sie zehnfach. So entstand ein ungleich reicheres System als das des Jongkind und seiner Nachfolger. Mehr eine Struktur wie Aart van der Neer und van Goyen; nur war aus ihrer bescheidenen Vegetation inzwischen üppiger Urwald geworden. Das verdankte man alles nur dem Norden, weil man nicht gegen den Mistral und gegen alle andere Teufelei, die mit dem Mistral zusammenhing, zu kämpfen hatte. Ganz sicher gehörte der Nordländer in den Norden.

Über jedes neue Bild brach der zwirbelige Doktor in Entzücken aus. Unmöglich, über dieses oder jenes Stück sachlich zu sprechen. Es gab keine Mängel, nicht einmal leere Stellen. Zeigte man ihm eine, wurde er außer sich, schalt den Maler kleinlich. Ein Undankbarer, unwert der begnadeten Tollheit. Mit einem Zehntel der Tollheit kamen andere in die Akademie. – Vincent wies ihn auf die Pissarros und Cézannes in dem

Winkel, die er nun endlich einmal aufhängen möge. Brachte er es je zu dieser Gelassenheit, zu dieser milden Ruhe? – Gachet pfiff auf die Gelassenheit und die milde Ruhe. Halbheiten, Kompromisse! So eine Dorfstraße neben einem Pissarro, neben hundert Pissarros! – Vincent wurde unwirsch, ging zur Tür. Er müsse an die Arbeit. Beinahe warf er den Doktor zum Tempel hinaus. Es sei ihm sehr schwer, so etwas anzuhören, und er empfinde es als Erniedrigung. Es sei auch erniedrigend, die Pissarros und Cézannes nicht rahmen zu lassen. – Der Doktor gluckste. Und die van Goghs saßen im Hemd, splitternackt, sogar ohne Keilrahmen. – Er ließ sich nicht nehmen, wenigstens die kleinen Dorfstraßen, wahre Bijoux von Dorfstraßen, zu dem Tischler von Auvers zu bringen, um sie in Bagetten zu legen.

Angenehm, daß man dann und wann nach Paris zu Theo konnte und daß der Ausflug der Pariser nach Auvers keine große Sache war. Im Juni kam das junge Paar einmal an einem Sonntag und brachte den kleinen Vincent mit. Gachet gab ein Festdiner. Es war eine Art Jubiläum. Theo sah nicht gut aus. Die Herren am Boulevard – die alte Misere. Eine eigene kleine Bude wäre das Ideal, wenn es schon nicht die Genossenschaft sein konnte. Gachet war sehr dafür. So ein Laden nur mit Bildern van Goghs mußte ein Riesenerfolg werden; ein Laden mit menschlichen Dokumenten mitten auf dem Boulevard. – Blieb die Frage nach den Mitteln. Mußte nicht der Staat dafür einspringen? Hatte nicht ein Staat, dem die Kultur keine Farce bedeutete, die verdammte Pflicht, für die Wirksamkeit menschlicher Dokumente zu sorgen? – Vincent beteiligte sich nicht an dem Gespräch, sondern zeigte dem Kleinen die Hühner auf dem Hof, machte Kikeriki mit ihm und überwachte die Milchversorgung. Wenn der Kleine hier auf dem Lande sein könnte, hätte er bald bessere Farben. Auch für Theo wäre es gut, für Jo nicht minder. – Gachet entwarf den Plan, alle Hauptbilder van Goghs zu radieren und ähnlich den von Lauzet lithographierten Monticellis herauszugeben. Für den Druck kam er auf. Vincent sagte ja unter der Bedingung, daß man Radierungen Gauguins mit dazu nahm. Es gab eine Diskussion über Gauguin. Vincent wurde ausfallend, rannte hinaus, machte Kikeriki und tanzte mit dem Kleinen herum. Der Junge brüllte. Theo und Jo versprachen, bald wieder zu kommen. Inzwischen sollte Vincent sie einmal in Paris besuchen. Alle vierzehn Tage mindestens konnte man sich so ein Rendezvous gönnen.

Auvers entwickelte sich. Der Garten der Madame Daubigny gab ein Bild, nicht so kernig wie die Dorfhäuser, nicht so tief eingekerbt, ohne das dramatische Barock, noch mit der gedrängten Leibhaftigkeit, mehr Betrachtung als Handlung, aber reich in der Farbe; ein Idyll aus der noch unvergessenen Pariser Mitgift. Gachet nannte es den Garten Frankreichs. Als die von Arles und Saint Remy nachgeschickten Bilder ankamen, sperrte Vincent die Türe, verbarg die Sachen in einem anderen Zimmer der Herberge, sagte dem Doktor kein Wort. Aber das zwirbelige Männchen kam doch dahinter, und nun verlor es das Maß. Auf solche Dinge war man nicht gefaßt. Dies waren keine menschlichen Dokumente, sondern Heldengesänge. Er meinte es wörtlich. Malen hörte auf, Farbe, Pinselwerk zu sein, wurde Klang, Rauschen, Fluß, heroisches Tönen. Der Doktor hörte die Wellen. Die Farben des Irrenhausgartens ließen sich in Klängen darstellen. Wenn auch noch nicht in ganz zutreffenden Tönen, da die bisher erfundenen Instrumente nicht ausreichten, so doch mit annähernden Klangwerten. Er probierte sie mit dünner Stimme, flötete, blies, posaunte. Vincent rettete sich in die Felder. Als er abends wiederkam, war der Doktor immer noch da, hatte Notenblätter zur Hand, zwirbelte mit dem Papier zwischen den Bildern herum, kicherte, gluckste. Man war bereit, die Praxis aufzugeben, um diesem hochinteressanten Problem auf die Spur zu kommen, man wäre geehrt und hocherfreut, wenn der Meister sich hier und da zu einigen Experimenten, gewissermaßen Explorationen und anschließend daran Expektorationen bestimmen lassen könne. Auch Sohn und Tochter, geeignete Adepten, würden helfen.

Wirklich probte das Trio anderen Tags mit dem Klavier die Arlésienne.

Von Theo kam schlechte Nachricht. Der Junge war krank. Vincent wollte gleich hinfahren. Auch Jo sei nicht wohl, und Theo mache sich hundert Sorgen. – Eine Wolke, schwarz. Es war aber besser, nicht hinzufahren. Was konnte er helfen, er, der Unbeholfene? Stand nur im Wege, nahm den Geschwistern die Zeit weg, erschreckte das Kind. – Er schrieb ein Wort, stürzte sich in die Arbeit. Wenn dem Kleinen etwas zustieß, stand es um alle schlecht. Er warf den Pinsel hin, rannte zum Doktor. Gachet lachte. Das Baby zahnte ganz einfach. – Das lag viel zu nahe, und dieser Doktor nahm es wohl mit seiner Sache nicht genauer als mit der Malerei. –

Aber nach zwei Tagen kam die Bestätigung, es waren wirklich die Zähne. So hatte man Zeichen des Lebens für Zeichen des Verderbens genommen. Ein Alp, unverhältnismäßig größer als der Anlaß, schwand. Vincent söhnte sich mit dem Doktor aus und malte Fräulein Gachet am Klavier, und gleich darauf ein anderes Mädchen von Auvers im Kapottehut. Schwache Bilder, wohl weil man nicht an solche Fräuleins gewohnt war und die Gedanken nicht beisammen hatte. Auch das hohe Format des Bildes mit dem Klavier lag ihm nicht. Der Rhythmus setzte aus, die Hand zögerte, verlor den Schwung,

25. *Mutter mit Kind (Frau Roulin)*, 1889

fuhr leer über die Leinwand. Vielleicht hinderte der Doktor, der an der Staffelei klebte und fortwährend gluckste. Eins war sicher: wenn zufällig wieder einmal ein Anfall kam, konnte man auf alles andere, nur nicht auf den Doktor rechnen. Es stand dahin, wer von beiden der Verrücktere war. – Er ließ die Bilder, obwohl er sie schlecht fand, begann eine Landschaft. Die Hitze in Auvers war drückend.

Gauguin schrieb sonderbare weiche Briefe. Er war immer nur weich, wenn es ihm schlechtging. Seine neuste Idee mit Madagaskar kam dem Selbstmord gleich. Sollte es aber dazu kommen, ging Vincent mit. Vielleicht war es ganz gut in Madagaskar. Ein Freund Milliets hatte dort gedient und es schlecht gefunden, aber wer weiß, was der Mann dort getrieben hatte. Doch, Madagaskar war sicher gut. Man mußte unbedingt sofort nach Pont Aven fahren und mit Gauguin reden. Auch konnte man da Marinen malen. Marinen hätten jetzt gut gepaßt, und er hatte überhaupt noch keine gemalt. Es kam ihm plötzlich unbändige Lust nach Meer und Schiffen. Aber die Reise nach Pont Aven war über die Maßen kompliziert, komplizierter als die nach Madagaskar. Manchmal schien alles, auch das kleinste, mit unentwirrbaren Verwickelungen verbunden. Manchmal war das Einfachste, zum Beispiel der Weg zum Doktor, undurchdringlich.

Man durfte sich nicht fürchten, sonst kam das Gefürchtete gewiß. Oder war es gut, sich zu fürchten? Die Erfahrung sprach dafür. Es fiel über einen her, wenn man es am wenigsten ahnte, mitten in der Arbeit. Nie hatte er es kommen gefühlt. Namentlich bei guter Arbeit kam es wie der Blitz. Folglich sollte man sich vor zu guter Arbeit hüten. Die letzten Male aber war diese Sache in Arles schuld gewesen. Diese Sache lag fern, Arles lag hundert Meilen weit. Nein, das war alles im Süden geblieben.

Was sollte die Krankheit hier in der Herberge, wo es kein Kloster, keine Wärter, keine Badestube gab? Da man ihn frei herumlaufen ließ, mußte er doch gesund sein. – Aber war es nicht vielleicht ein wenig leichtsinnig, so einen Menschen frei herumlaufen zu lassen?

Zuweilen glaubte er die Gefahr sehr nahe. Sie stand vor der Tür, drückte leise. Man hatte Lust, sich mit aller Gewalt gegen die Bretter zu werfen, um sie draußen zu halten. Er sprach wenig, vermied den Doktor, aber dann entstand ein gefährlicher, luftleerer Raum. Nein, lieber malen. Kam es, dann kam es. Krampfhaft stürzte er sich auf die Arbeit. Es ging sehr gut, die Farben saßen. Von morgens fünf Uhr an stand er an der Staffelei. Es war ganz sicher falsch, so zu malen. Es war der einzige Ausweg, so zu leben.

Einmal, Anfang Juli, floh er nach Paris. Bruder und Schwester hatten ganz andere Sorgen, und er tröstete sie, war gesund und lustig. Immer noch schwankte die Gesundheit des Kleinen. Nun, jedes Kind mußte zahnen. Theo fragte immer wieder, ob Vincent wirklich wohl sei. Warum er nur immer fragte? Sah man's ihm etwa an? Er heiterte sie auf, machte Kikeriki mit dem Kleinen. Ja, man mußte eben auf dem Lande leben. In Auvers lebte man wie der liebe Gott. Das sollten sie mal sehen!

Während er sprach, dachte er an andere Dinge, saß da wie ein lächelnder Verbrecher, der jeden Augenblick die Polizei erwartet, sprach, um zu sprechen. Theo taute auf. Vielleicht konnte man jetzt doch die große Genossenschaft gründen. Er hatte mit einem Amerikaner gesprochen, einem reichen verrückten Kerl, der es vielleicht aus Sport machte, eine Art Vanderbilt. Der Vanderbilt – er trug eine grüne Weste – schien unter Umständen bereit, einen Teil des Kapitals zu zeichnen, sogar einen sehr großen Teil, aber es blieben natürlich die Umstände. – Gewiß, es blieben immer die Umstände. – Theo sah für einen dieser Tage den endgültigen Krach mit den Herren des Boulevard voraus. Einmal mußte er kommen. Dann gab es natürlich eine schlimme Zeit. – Ja, es konnte schlimm werden. –

Jo meinte, da Vincent nun, Gott sei Dank, die Gesundheit wiederhabe, müsse er heiraten. Es gab in Holland noch eine Menge ordentlicher Mädchen, die ihn wohl glücklich machen könnten. Sie hatte eine Freundin.

Nun, man würde sehen. Er sagte nicht nein, doch bedurfte es reiflicher Überlegung. In dieser besten aller Welten ging immer alles zum besten.

Bekannte kamen, Lautrec, Anquetin. Sie sprachen anders mit ihm als früher, ohne das dumme Lächeln, behandelten ihn halb aus Spaß, halb ernst, wie einen Menschen, der eine schwierige Expedition in ferne Weltteile hinter sich hat. Diese Entdeckungsreise an den Südpol bewirkte, daß man sich mit den Parisern vertrauter als sonst fühlte, sogar ganz gern bei ihnen anstatt in Auvers geblieben wäre. Schließlich gehörte er zu den Copains. Übrigens kannten alle den Aufsatz Auriers und fanden ihn ulkig. Man behauptete, Bernard sei bei der Lektüre geplatzt, und Gauguin habe dem Mercure eine Entgegnung geschickt, er sei vierundzwanzig Stunden vor van Gogh am Südpol gewesen. – Schließlich kam auch noch Isaacson und blieb bis zum Abend, redete unverständliche Dinge über die Bilder. – Es wurde Vincent zuviel, und er fuhr nach Auvers zurück.

Ja, kleine Jo, wohl wäre es besser, Kinder statt Bilder zu machen. Oder man müßte mit Worten Menschen machen können. Mit gemalten Worten gelang es nicht; die waren schon zu abseits. Mit Bildern von heute machte man die Menschen krank, weil Bilder von heute dem Wort schon zu fern waren und nur Kraft hatten ohne Ziel. Freilich gelang es auch nicht mit solchen Fremdworten der Dichter. Christus war größer als alle Künstler, weil es ihm noch heute ohne alle Fremdworte gelang. Seine Worte schritten dahin, Menschentum streuend, Ackersaat. Solange die Künstler diese reinen Worte gehabt hatten, hatte die Kunst geblüht.

Er nahm die Bibel vor, seit langer Zeit zum ersten Male wieder, aber die vertrauten Verse brausten irgendwo draußen, drangen nicht zu ihm. Vergessener Geruch der Obstkammer im Elternhaus beunruhigte ihn.

Also wieder malen. Er malte, bis ihm der Pinsel aus der Hand sank. Junge Maler, mit denen er bekannt geworden war, redeten vergeblich zu ihm. Wie ein Lastträger sparte er die Kraft des Odems. Er vermied das Barock, und die Bilder waren freundlicher als viele der früheren. Als sich zur Feier des 14. Juli Auvers mit Fahnen schmückte, malte er die kleine Mairie mit den blau-weiß-roten Wimpeln und den bunten Lampions, die an Fäden tanzten. Der Auftrag kam Monet und Pissarro nahe. Regelmäßige, kleine, parallele Striche teilten die Fläche. Signac hätte seine Freude daran gehabt. Keins der früheren Bilder war so systematisch. Das System schwächte in Einzelheiten die gewohnte Natur. Die Bäume um den Platz herum waren mehr Ornament als gewachsener Organismus. Aber das System rührte nicht an die Gedrungenheit der aufbauenden Zeichnung. Das Haus stand wie in Felsen verankert, stand wie der Bauernstuhl in dem gelben Haus von Arles, stand wie die Sonnenblumen. Und das System rührte nicht an das gewachsene Symbol. Mit ungetrübter Lust gab sich ein männliches Herz den farbenfrohen Festen der Menge.

26. *Mairie in Auvers. »Quatorze juillet«*, 1890

Als Doktor Gachet das Bild vor Augen bekam, behauptete er, der *Quatorze juillet* werde erst durch dieses Werk zum Feiertag, und von Rechts wegen müsse das Bild unter Absingung der Marseillaise betrachtet werden, deren Rhythmus aus den flackernden Farben hervorging. Ein Staat, der auf seine Feste hielt, würde es in den Louvre hängen, noch besser ins Pantheon. Vincents Idee, es dem Père Pissarro zu schenken, war profaner Unfug.

Vincent antwortete nicht, kam aber nachher und bat den Doktor um eine Unterredung. Er fing umständlich an über die Pflichten, die man Künstlern schulde, namentlich so ehrwürdigen Veteranen wie dem Père Pissarro. Er hatte etwas Sonderbares in der Stimme. Und kurz und gut, nun müßten endlich die Bilder Pissarros gerahmt werden und auch die Cézannes.

In der Stimme war Flehen eines Kindes. Der Doktor ließ sich über Künstlerlaunen aus, aber versprach gleichwohl, den Tischler holen zu lassen.

Am nächsten Tag kam Vincent wieder, ging stracks in das Zimmer. Wie erwartet, lagen die Bilder immer noch im Winkel unter Gerümpel.

Das war zuviel! Das war unrecht! So handelten ehrenvergessene Schurken! Der Père Pissarro! Der Vater von uns allen! Der heilige Vater!

Er hatte rote Augen. Dem zwirbeligen Doktor verging das Glucksen. Im Spiegel sah er zufällig hinter dem Rücken Vincents den Revolver. Das Pergament der vielen Fältchen spannte sich. –

Mon ami! stotterte er.

Vincent sah ihn groß an, lachte verlegen, machte kehrt. In seiner Herberge angekommen, schoß er sich eine Kugel in den Leib. Es war am zweiten Sonntag nach dem Fest. Man fand ihn bewußtlos. Er kam wieder zu sich und verlangte nach seiner Pfeife. Gachet schrieb dem Bruder. Da er nicht die Adresse wußte, und Vincent, der Umstände haßte, die Auskunft verweigerte, wurde der Brief zu Goupil geschickt. So erhielt ihn Theo erst am folgenden Morgen. Als er kam, lag Vincent ruhig ohne Schmerzen. Gachet hoffte. Man fällte so einen Koloß nicht gegen seinen Willen. Und man mußte den Eingriff, obwohl von eigener Hand, einer Willkür zuschreiben, die nur vorübergehend den Willen des Kolosses usurpiert hatte. Wenn der Koloß leben wollte, würde er leben. Solange er schaffen konnte, starb er nicht. Und da es angesichts der mit nichts vergleichbaren Schöpfungen unangebracht schien, an den lebensbejahenden Fähigkeiten des Kolosses zu zweifeln, durfte die Welt Heilung erwarten.

Theo van Gogh wurde ungeduldig, fragte nach der Art der Verletzung.

Ernst, sogar sehr ernst. Perforierung verschiedener Gefäße. Aber der Wille des Kolosses hatte schon Schwereres vollbracht. Zu operieren gab es in dem Fall nichts. Der Schußkanal war intakt. Wie gesagt, der Wille! –

Vincent nickte. Dies war eine in jeder Hinsicht vorzügliche Diagnose.

Auf seine Diagnosen könne man sich immer verlassen, gluckste der Doktor, sowohl auf die der allgemeinen Therapie wie auf die der Pathologie.

Theo brachte ihn hinaus, und Vincent begann:

Was willst du, Bruder? Ich habe zuviel Mißhelligkeiten gehabt. Es gibt natürlich unglücklichere Leute, zum Beispiel die Frau, du weißt schon, die Sien, die nun wohl doch wieder im Hurenkasten steckt, und an vielen Mißhelligkeiten bin ich selbst schuld. Hast du je einen so ungeschickten und unordentlichen Menschen gesehen? Nicht einmal das mit dem Revolver mache ich richtig. Nie habe ich die Sachen ordentlich zusammenhalten können. Ein anderer Mensch hätte aus meinem Leben die Mißhelligkeiten entfernt und wäre mit ihnen sogar sehr gut gefahren, möglicherweise. Ich bin ganz gewiß nicht gut gefahren. Nein wirklich, es waren zu viele Mißhelligkeiten.

Eine schlechte weitläufige Fahrt. Immer von einem zum anderen, ohne Ruhe und Rast. Schon in London im Bratenrock und Zylinder hatte man keine Ruhe. In Brabant sehnte man sich nach dem Londoner Bratenrock, und in der City, wo alle Menschen sind wie sie sein müssen, sehnte man sich nach Brabanter Feldern. Unverträglichkeiten, Unvermögen, mit irgend etwas auszukommen, ja, eine unverschämte Unzufriedenheit. Wenn aber zum Beispiel dieses Fräulein Ursula, oder wie sie hieß, die sich einen Papagei hielt, eingewilligt hätte, wer weiß? Es war natürlich eine ganz banale Geschichte. Es gab hunderttausend Fräulein Ursulas. Aber war es nicht sonderbar, daß man durch die ganze Welt lief, immer suchte und sich wirklich beim Suchen Mühe gab und nicht einen Menschen erwischte? Vielleicht hinderte nur eine Kleinigkeit, zum Beispiel, weil man immer Antwort haben wollte. So war es auch mit Vater und Mutter. Aber konnte man reden ohne Gegenrede? Also müßte man glauben, alle Menschen redeten ohne Antwort. Glaubst du das? Redest du auch so, zum Beispiel mit Jo? – Man hätte sich mit ein paar Redensarten begnügt. Nein, es gab nicht einmal Redensarten. So sprach man nur mit sich selbst und wurde hinterlistig und gehässig. So geht man zu Gott, ein Umweg. Im Verkehr mit Gott redet man nur mit sich selbst, kommt sich nachher womöglich selbst wie der liebe Gott vor oder wenigstens wie ein Oberkonsistorialrat. Außerdem wird man sonderbar bei der Methode und leicht zudringlich. Wenn man damals in London jemanden gekannt hätte, dem mit den Ohren gedient gewesen wäre, hätte man sich alle beide abgeschnitten. Natürlich ist es zudringlich, einem solche Sachen zu schicken.

Theo, was willst du? Ich hätte jede und jeden gern gehabt. Ist es nicht sonderbar, daß mich keiner von den vielen, die mir begegnet sind, gern gehabt hat? Du kannst das prätentiös finden, aber ich sage, kein einziger. Auch du nicht, Theo, obwohl du alles für mich getan hast. Warum hast du es getan? Du kannst sagen, das sei wieder so eine Frage, und ein ordentlicher Mensch halte sich an das Tun. Aber das ist ja gerade mein Leiden, daß mir jede Ordnung fehlt. Ich weiß wohl, du hast mich gern haben wollen und wirst mich morgen ganz wahnsinnig gern haben und wirst daran zugrunde gehen, möglicherweise. Aber solange ich da war, hast du mich nur ertragen. Immer warst du froh, wenn ich wieder weg war. Deine Haut juckte, wenn ich kam. Gib es nur ehrlich zu! Ich habe es wohl auch nicht verstanden, da mir nicht einmal gelang, die paar Äußerlichkeiten zu unterdrücken, von denen dir die Haut juckte.

Theo, was willst du? Mir ging es vielleicht immer so wie in London mit den Brabanter Feldern, und wenn ich dann bei dir war, bekamen wir Streit. Ist das nun wirklich etwas Kleines, das Hautjucken, oder etwas ganz Großes, das man nicht unterdrücken, sondern gerade zum Brennen bringen muß? Nein, es ist Gehässigkeit und Hinterlist. Neulich sehnte ich mich unerträglich nach euch, so daß ich keine Stunde warten zu können glaubte, und als ich dann kam, vergaß ich über eurem dummen Büfett in dem Eßzimmer alles, was ich euch sagen wollte, und wollte so schnell wie möglich wieder weg. Natürlich ist es nicht nur das Büfett, obwohl ich es nicht mag, ich mag eure ganze Einrichtung nicht, obwohl sie vortrefflich ist und gar nicht besser sein kann. Christus war so groß, weil er über alle Einrichtungen hinwegkam. Vielleicht ist das aber nur den Jüngern hinterher so erschienen, weil da nur das Große vor ihnen blieb. Sie haben sich vielleicht zu Lebzeiten wahnsinnig über ihn geärgert, zum Beispiel dieser Judas, und könnten recht haben. Er dagegen ärgerte sich nicht über sie, obwohl er Grund genug haben mochte. – Glaubst du, ich weiß nicht, wie Gauguin zu mir war? Er ist vom ersten Tage an giftig zu mir gewesen, sagte mir Dinge, von denen er ganz genau wußte, daß sie mir gegen den Kamm gehen mußten, hatte ein besonderes Talent für solche Dinge. Wer sagt dir aber, daß er nicht mit dem ehrlichen Willen kam, mich zu lieben, und alles mögliche getan hat? Was treibt ihn zu den Wilden? Doch nur das Gift, das ihn nicht losläßt. Doch lebt er von dem Gift. Er hat vielleicht ein wenig zu viel davon, und meine ganze Krankheit ist, zu wenig davon zu haben, möglicherweise. Denn meine Hinterlist ist nur Mangel an Gift. Aber damals in Montpellier in dem Saal Bruyas war Gauguin einmal sehr nahe daran, mich zu umarmen, weil er da an Delacroix dachte. Delacroix war so ein Gegengift. Ja, wir haben uns, ohne es zu wissen, umarmt. Und gleich darauf machte er mich verrückt. Theo, auch du hast mich einmal damals in unserer alten Wohnung auf dem Montmartre umarmt, weil du nicht an mich dachtest. Und vorher haben wir uns einmal in Holland umarmt. Das war an der Mühle. Da dachten wir an die Zukunft. Mit den einfachen Leuten hat man weniger Mißhelligkeiten und kommt leichter zu ihnen. Die Kohlenhauer im Borinage waren gut, auch die Roulins, auch der Wächter mit dem Raubvogelgesicht. Nur langweilt man sich mit ihnen. Steckt man ganz drin in der Arbeit, hat man miteinander genug, weil sie immer ganz drin stecken. In den Pausen ruft man sich etwas zu, und dabei bleibt es. Natürlich verstehen sie dies und jenes an unseren Dingen besser als wir selbst, aber halten nicht viel davon, weil sie zu tief in ihrer Sache stecken. Im Grunde ist ihre Einfachheit Schutz. Man lebt aber doch nicht zusammen, um sich zu schützen. Oder ist das das Ganze?

Gachet hatte vieles Sprechen verboten, aber Vincent strengte das Sprechen nicht im mindesten an. Merkte Theo nicht, daß jetzt für sie ein guter Moment kam, wo sie sich zum dritten Mal umarmen, dieses Mal aber aneinander denken würden, möglicherweise? Theo war noch nicht soweit, hatte noch Angst, hielt sich mit Kleinigkeiten auf, wie alle Städter.

Er erkundigte sich nach Jo und dem kleinen Vincent. Die waren vor einigen Tagen nach Holland gereist, wo Theo den Urlaub verbringen wollte. Statt dessen saß Theo hier und wartete auf den guten Moment. Es war rechte Bosheit. Da er aber einmal hier war, konnte er Gauguin ein Wort schreiben und auch dem kleinen Bernard. Da Gauguin Gefallen an der einen Arlésienne fand, sollte er sie haben, und Bernard erhielt nun doch die Sonnenblumen, die man ihm neulich in einem dummen Augenblick abgeschlagen hatte.

Um zu unterbrechen, lief Theo eine Stunde in den Feldern herum. Es wurde dunkel, und der Wind ging. Einmal fiel er hin und blieb vor Müdigkeit eine Weile knien. Es brannte in ihm eine Erbitterung. Auf sich? Auf Vincent? Selbst jetzt noch? – Drüben stand eine Mühle. Richtig, die Rijswijker Mühle. Er hob sich auf und stand da in seinem Rock einsam in den Feldern, flatternd wie eine Vogelscheuche. Dann ging er schnell zurück und umarmte mit ungewohnter Heftigkeit den Bruder. Sie hielten sich lange umschlungen und dachten an die Vergangenheit.

Vincent ließ Licht machen. Die letzten Felder von Auvers waren zu dünn geraten, aber die Dorfstraßen hielten; kleine, zähe Kerle, die sich auch von den mächtigen Arleser Gesellen nicht bange machen ließen. Sie waren alle da, der Irrenhausgarten, die Berceuse und die Sonnenblumen, der Zyklus vom Garten des Dichters, das Selbstbildnis mit der Binde, die Crau-Landschaften, die Arlésienne. Theo nahm sich eins nach dem anderen vor, trat vor und zurück, wunderte sich, ging noch mal hin, rückte die Lampe, kniete nieder, um in Augenhöhe zu kommen. Etwas Besonderes ging vor sich. Theo kannte alle Bilder genau. Die aus dem gelben Haus hatte er flüchtig in Arles gesehen und neulich beim letzten Besuch stundenlang nebeneinander gehabt. Entweder hatte er damals geschlafen oder befand sich jetzt in anormalem Zustand. Die Bilder, nicht eins, sondern alle aus Arles, hatten sich verändert. Dies war ein Rätsel. Sonst versetzten ihm alle Bilder Vincents, die er nicht gerade bei sich an den Wänden hatte, zu allererst einen Stoß, den sogenannten Gruß mit dem Stelzfuß; schlechtes Anrücken eines unerfahrenen Lokomotivführers, das die Insassen des Zuges durcheinanderwirft. Den Stoß hatten alle, ganz abgesehen von der Qualität untereinander; Zeichen des Outsidertums eines Holländers in Frankreich, unvergorenes Überbleibsel der Ardappeleters. Aurier und solche Leute rechneten den Stoß zur Originalität, machten einen Vorzug daraus, eine Neuheit. Theo ließ sich nicht täuschen. Dieser Gruß mit dem Stelzfuß hinderte den letzten Schritt, war unüberwundene Willkür, vielleicht Schuld der Krankheit. Heute blieb der Stelzfuß aus. Die Farben fingen den Blick, sobald er sie nur berührte; derbe, aber erfahrene Hände, von der notwendigen Kraft im Griff ohne jene überflüssige Roheit empfingen den Betrachter, leiteten ihn weiter. Sofort war man im Strom, drang ins Innere des Bildes, ins Innere seines Schöpfers, und die Gewalt war nicht geringer, sondern hatte sich, als seien plumpe Gerüste weggenommen, ins Räumliche gesteigert. Man sah unverhältnismäßig mehr; Wölbungen, Gipfel. Das vorher nur Gewollte war vollkommen da. – Theo, sachte wie immer, traute sich nicht, suchte den Stoß, ging von einem Bild zum andern und kam zum Bruder, alle Pracht der Bilder im Auge.

Vincent lachte. Das kam von dem Waschen her. Er hatte die Bilder aus dem Süden, die inzwischen getrocknet waren, mit Wasser bearbeitet, das Ölige entfernt und dann gefirnißt. Wenn Theo mit denen in der Wohnung ebenso verfuhr, mußten sie ebenso werden. Bei den letzten aus Auvers mußte man noch warten. Je dicker die Farbe, desto länger dauerte es. Mit den Jahren wuchsen die Töne immer mehr zusammen. Manches, was heute noch stieß, konnte später besser werden, möglicherweise.

Sie sahen auf die Bilder und rauchten. Dann und wann wies Vincent mit der Pfeife auf eins, das sich vordrängte. Dann nahm man es und gab ihm einen anderen Platz, wo es stillhielt. Theo stellte sie so zusammen, wie sie auf einer Ausstellung hängen könnten. Vielleicht brachte man doch einmal die Herren auf dem Boulevard dazu. Doch hielt Vincent die Hintergründe im Entresol des Boulevard nicht für geeignet. Das war alles zu fein. Am besten wirkten die getünchten Wände des gelben Hauses. Theo widersprach. Er hatte einmal zu Hause hinter den Korb mit den gelben Äpfeln aus Arles ein Stück alten Brokats gespannt, und das hatte wunderbar gewirkt. Sie vertrugen auch andere Rahmung. Man sollte ja nicht glauben, schlicht empfundene Bilder blieben in Schlichtheit befangen und seien nur für die Bagetten des armen Mannes gemacht. Da würde sich die Schlichtheit bald als Misere erweisen. Für die Einfalt großer Meister waren geschnitzte Rahmen reicher Zeiten, Gold auf seidenen Wänden, kostbare Teppiche gerade gut genug. Gelänge es nicht, die Kulissen ihrer Herkunft zu überwinden, was wäre Kunst?

Vincent horchte auf; das war ihm nie gesagt worden. Und Theo begann: Ja Bruder, du hast Mißliches in Fülle gehabt, und das ist das Glück deiner Bilder geworden. Wenig gute Augenblicke zählst du, da du den Menschen nahen durftest, und vielleicht blieb auch mir die Liebe zu dir versagt. Ungezählte Umarmungen sind deine Werke. Viele Menschen haben das mittlere Maß von Leid und Lust und schleichen blöde lächelnd und des öfteren seufzend über die Erde, vom Winde zerzaust, bis sie einen Winkel finden, der sie noch kleiner macht, und sie hinterlassen wieder Seufzer und blödes Lächeln im Winkel. Du aber gräbst ewige Rinnen, und an deinem Schmerz letzen sich Geschlechter. Je größer dein Leid, desto gewaltiger die frohe Spur deines Weges. Ackerfurchen ist dein Geschick, und wie ein Sämann schreitest du über die Felder. Denke der Tage der Saat. Wenig tatenlose bleiben übrig. Wohl verzerrte sich dein Gesicht. War es Schmerz oder Drang guter Arbeit? Hart war dein Brot, hart waren Menschen zu dir, hart ist jedweden Tag Gott mit dir umgegangen. Mit der Härte bautest du deine Zeichen. Still wurde dein Herz, aber wenn es aufhört, wird sein letzter Schlag in deinen Bildern sein.

Er erhob sich und trat vor die Versammlung der Bilder. Vincent sah erstaunt auf den Bruder. Wie gut er das sagen konnte! Theo war klüger als alle modernen Dichter, und es mochte im allgemeinen wohl zutreffen, was er über solche Wandlungen sagte. Wenn aber diese Metamorphosen vorkamen, waren wohl auch die entgegengesetzten denkbar. Gut wäre es zu wissen, wie das alles ging, und es nicht zu spät zu erfahren. So glaubte man, einen Baum oder eine Frau zu malen, ohne jemanden zu kränken, und malte statt des Baumes oder der Frau etwas Spitzes, das die Leute kitzelte, das sie stach, etwas Krummes, über das sie fielen, ein Ärgernis, möglicherweise. Da fragte sich, ob dieses nicht des öfteren vorkam und ob es nicht besser wäre, die Gegenwart nicht zu stoßen, anstatt dunkler Zukunft zu helfen. Die Zukunft war wohl recht groß, und man konnte darüber allerlei Gutes sagen, aber keiner war da gewesen.

Theo nickte. Er stand so da wie vorhin im Feld, und Vincent wunderte sich, wie dünn der Bruder in den letzten Jahren geworden war.

Freilich ein Ärgernis, murmelte Theo. Denn alle anderen

trieben Nützliches, selbst die Herren am Boulevard. Saßen in einer Kruste – o, er kannte die Kruste –, hielten sich daran wie Frösche im Modder, sagten nicht nein, nicht ja, waren nicht heiß und nicht kalt, sahen nicht, dachten nicht, ließen die Kruste sehen, sprechen, handeln. Nur so einer tat nichts für die Kruste, sondern alles dagegen. Er fing immer von vorn an, tat allen Modder von sich, stand allein nackt drüben auf dem Festen und rief von dort zu den anderen hinüber, er, der letzte Sprecher. Natürlich sagte er Ärgernis. Wie sollte er anders, da er die Kruste sah und das Feste unter sich spürte? Sagte weiß, wo die anderen schwarz sagten, lachte, wo sie weinten. Womöglich machte er sich nur lustig, da er nur einer war und die anderen alle waren; ein buckliger Zwerg, den man früher an Höfen hielt. Womöglich saß er in seinem Loch und blieb ewig darin. Es dauerte, bis er die Kruste durchstieß. Durchstieß er sie je bis zum Grunde? Riß er die Menschen je ganz zu sich, obwohl er sein Leben dafür ließ? Oder kam er mit letzter Kraft immer nur zu einer letzten, undurchdringlichen Kruste, der schlimmsten von allen, ihrem Beifall? Nähme man ihn ernst, wäre er der Zertrümmerer der Welt, er, der einzige. Furchtbares Ärgernis, Stachel im Fleische der Menschheit! Reißt ihn heraus, schlagt ihn tot! Unter die Erde mit dem Frechen, unter die Kruste! – Nein, schlagt ihn nicht, denn mit so einem lohnt's nicht. Lacht! Laßt den Verrückten malen!

Theo zitterte. Was zitterte er nur so? Eine Vogelscheuche stand da.

Plötzlich warf sich Theo nieder oder eine Macht stürzte ihn hin. Und seinen Lippen entrang sich dies: Nie wieder, Bruder! So Gott mir helfe! Er lag mit dem Kopf auf dem Bett, der Mund auseinandergerissen.

Vincent verstand nicht, denn eine Wolke trat in seine Sinne.

Nur das eine glaubte er zu begreifen: sie gingen nicht in zwei Richtungen, sondern in eine, wie es Brüdern zukommt, und dies war der gute Moment.

Nun möchte er heimgehen, flüsterte er. Er sagte es holländisch – *zóó heen kan gaan.* – Theo beugte sich über ihn und schloß ihm das Auge.

Es war in der Frühe des 29. Juli des Jahres achtzehnhundertneunzig. Theo wartete, bis es Tag wurde, und dann ging er, um den Doktor zu holen.

Am dritten Tage wurde Vincent auf dem kleinen Kirchhof zwischen den Kornfeldern begraben. Ein paar Maler waren dabei, und Doktor Gachet pflanzte Tournesols um den Hügel. Theo nahm die Bilder zu sich und hatte Mühe, sie in der Wohnung der Cité Pigalle zu bergen. Er bereitete die Ausstellung vor. Gauguin, der eine weitere Beschäftigung mit den Produkten des Geisteskranken nicht für nützlich hielt, war gegen die Ausstellung, denn sie konnte die ohnehin zerfahrenen Anschauungen der Kunstwelt nur noch mehr verwirren. Theo ließ sich aber nicht abhalten, und Bernard willigte ein, eine Vorrede zu verfassen, in der das Publikum über seine Stellung zu van Gogh aufgeklärt werden sollte, gab auch für den Mercure seine Briefe Vincents heraus, wiederum mit einer Vorrede.

Jeden Abend saß Theo und errechnete die Kosten für die Genossenschaft. Die dringende Arbeit brachte ihn um die notwendigen Ferien, von denen sich Jo eine Besserung seiner Gesundheit versprochen hatte. Zunächst wollte er sich auf den Betrieb der Genossenschaft in Frankreich und Holland beschränken, mit einer Filiale im gelben Hause von Arles und einer anderen in Nuenen. Der Hauptsitz mußte zunächst Paris bleiben, weil man hier wichtige Fäden zusammenhalten konnte. Später aber sollte sich das Unternehmen ausschließlich auf ländliche Bezirke ausdehnen und Paris aufgeben. Er schrieb viele Briefe. In später Stunde kam regelmäßig der Amerikaner mit der grünen Weste zur Unterhandlung und brachte jedesmal neue unvorhergesehene Wünsche, die das am vorhergehenden Tag mit Mühe erreichte Resultat umwarfen, aber, wenn man mit dem Milliardär nicht brechen wollte, in den Organisationsplan eingereiht werden mußten. Nicht später als ein halbes Jahr nach dem Sonntag in Auvers folgte Theo van Gogh dem Bruder. Er liegt neben ihm zwischen den Feldern.

Der Maler

EPILOG

Die Kunst van Goghs ist der germanische Beitrag zur Entwicklung der modernen europäischen Malerei, der einzig unentbehrliche im neunzehnten Jahrhundert, nahezu der einzige seit Rembrandt. Als sich nach langem Schweigen die Malerei bei uns und in anderen germanischen Ländern wieder zu regen begann, fand sie kaum je das unbedingt notwendige Wort, das über die Grenzen des eigenen Landes hinausdrang. Am wenigsten in der Heimat Rembrandts, am ersten noch in Deutschland. Mögen aber die Jugendwerke deutscher Maler im neunzehnten Jahrhundert noch so hoch geschätzt werden, und sie stehen hoch: den Lauf der großen Bewegung, die in Paris aus allen einst blühenden Malzentren Hollands, Flanderns, Italiens, Spaniens zusammenfloß und hier eine, der höchsten Kunstblüte des alten Europas ebenbürtige, Malerei entstehen ließ, haben sie nicht bestimmt, auch wenn ihnen das noch wenig erkannte Verdienst bleibt, Teile der Bewegung vorausgesagt, auf ihre Art bedeutsam bestätigt und gefördert zu haben. In die Leitung dieser großen Bewegung vom Ende des achtzehnten bis zum Ende des neunzehnten Jahrhunderts teilt sich ein Dutzend genialer Franzosen. Sie gleicht einer Verteilung der Welt. Die Arbeit entwickelt sich so organisch, so sorgsam auf die Kräfte des einzelnen und die Bedürfnisse des Ganzen bedacht, so folgerichtig, daß man glauben könnte, sie sei nach einem vorher entworfenen Plan unternommen worden. Der Konzern konnte nur aus Leuten einer Rasse, aus einem begrenzten, sehr eng zusammenhängenden Kreis innerhalb der Rasse bestehen. David, Ingres, Delacroix, Daumier, Corot, Courbet, Manet, Renoir, Cézanne, Degas: die Unterschiede zwischen ihnen sind ungeheuer, aber nicht um ein Haar größer, als die Notwendigkeit, die Aufgabe bis zu einem bestimmten Punkt zu bewältigen, erfordert.

Ein Holländer ergreift nach allen möglichen anderen Berufen halb zufällig und im Grunde als Notbehelf die Malerei. Bevor er, vier Jahre vor seinem Tode, als Maler Paris betritt, ist ihm von den entscheidendsten Werten der Gegenwart kaum etwas vor Augen gekommen. Er hat lange Zeit auf holländischen Dörfern bei Bauern und Webern herumgelegen und hat Ardappeleters gemalt, ist selbst ein Ardappeleter gewesen. Sein Wesen ist allem Französischen so entgegengesetzt wie nur möglich.

Dieser grobkantige Sonderling fügt sich im Handumdrehen in die Pariser Zunft ein. Es spricht für die Zunft, für das große Herz des Pariser Idealismus. Der Holländer summiert binnen zwei Jahren die letzten Werte der Gegenwart und rührt an den Punkt, bis zu dem die Aufgabe vor ihm bewältigt wurde, findet im richtigen Augenblick die von dem Instinkt der Zeit am dringendsten verlangte Losung. Seltenes Phänomen, im neunzehnten Jahrhundert einzig. Wohl gibt es andere Fremde in Frankreich, sogar einen anderen Holländer. Jongkind bleibt im wesentlichen Holländer, vermittelt holländische Landschaft, hilft zu der Kurzschrift der Impressionisten; eine Nuance. Van Gogh rührt an den wichtigsten Punkt, gibt sich für ein Ziel, das weder französisch noch holländisch genannt werden kann, das ihm ein allmächtiges, ein unendlich demütiges Weltgefühl befiehlt. Nicht sein Resultat, wohl aber der Geist seiner Rolle gehört zu der Art der großen Völkerwanderungen, Völkerdurchdringungen, von denen die bildende Kunst eine zur Zeit Antonellos, die Musik eine im siebzehnten Jahrhundert, als deutsche Sänger das tönende Venedig nach dem Norden entführten, erlebte. Daß ein einzelner solches wagte, verringert das

Erreichbare und vergrößert die Mystik des Begehrens. Die große Bewegung in der Malerei, die jeden Tag des neunzehnten Jahrhunderts mit unerhörten Taten gefüllt hat, nähert sich der Erschöpfung. Wieder wie hundert Jahre vorher ist der sinnliche Zauber für Auflösung reif, und ein neuer Rationalismus, gefährlicher, konsequenter als der des *Dix-Huitième*, droht die Kunst zu entwurzeln. Der Ardappeleter festigt den Pariser Farbentaumel, stellt in das überdifferenzierte malerische Mittel sichere zeichnerische Struktur, stärkt gleichzeitig die Farbe. Und das geschieht nicht mit einem fremden Import aus holländischen Dörfern, sondern mit der französischen Kunst, mit neuer Einsicht in ihr Wesen, mit rechter Verwendung ihrer Mittel. Der Ardappeleter ist Naturarzt und behandelt den hohen Patienten mit Hausmitteln. Aus der gegebenen Palette der Impressionisten, aus dem verworrenen Rhythmus ihrer Pinselschrift wird die Synthese gewonnen. Ihr Resultat ist von schlagender Neuheit.

Noch wichtiger die soziale Bedeutung des Eingriffs. Der Holländer versucht, die Wirkung menschlich zu erweitern. Malerei soll nicht für Amateure, die keinen anderen Beruf haben, dasein. Arme und Einfältige haben ein Anrecht auf Kunst. Der Holländer mutet der Welt die bunte Sinnfälligkeit seiner Symbole zu. Das Paris der Manet und Degas erhält eine Kunst in Holzpantinen. Natürlich akzeptiert es sie nicht, läßt ihn verkommen. Natürlich muß es sie schließlich akzeptieren, ob es will oder nicht. Dafür steckt zuviel Revolution in der Lichtstadt. Dieser Bauer, dieser Ardappeleter gehört zum großen Zentrum, wenn nicht mit dem Recht der Delacroix, Corot, mindestens wie Courbet. Und Paris hat ihm zu danken. Den Bauern gab es schon in der Schule von Barbizon; Staffage der Landschaft, Staffage bürgerlicher Empfindung; Nachfolger des holländischen Bauern des siebzehnten Jahrhunderts. Corot und Millet entziehen ihm nie die Hülle dämmernder Antike. Die Pantine Millets ist griechisch geschwungen, und der Schwung genügt nicht immer, um alle bürgerliche Sentimentalität auszuschließen. Van Gogh ist Bauer mit dem Bauer, weiß nichts von sozialen Unterschieden, kennt nichts anderes. Der Bauer ist Teil der Natur wie Berg, Himmel, Baum, ja, mehr noch, er ist für Maler, die den Menschen geben wollen, der beste Typ, bestes Modell für das Bildnis. Und mehr noch: er ist Subjekt und Objekt zugleich. Man sollte nicht nur ausschließlich ihn, sondern auch ausschließlich für ihn malen. Das Bauerntum wird Atmosphäre. Es vollzieht die relative Verallgemeinerung und Erhöhung des persönlichen Einfalls und soll schlechterdings auch noch das latente Griechentum in der Überlieferung Frankreichs ersetzen.

Dieses soziale Subjekt entscheidet. Es legitimierte, so gut es konnte, den Übergang in das Dekorative, der wieder einmal unvermeidlich geworden war, legitimierte ihn jedenfalls besser als der weltferne Puvis, als Seurats kühler Rationalismus und Gauguins exotisches Gründertum. Mit einer Einfalt, der jeder bewußte Gegensatz zu irgendeinem zeitgenössischen Meister fernlag, weshalb sie nie aus der Zeit heraus mußte, mit einem leidenschaftlichen Bekennertum, dessen Wärme immer wieder die engende Stilisierung überflügelt. Die Wärme ist in jedem Bild, ist der Anfang, war schon in den Bildern, als sie noch keine Farbe hatten. Es gibt ein frühes Stilleben mit ausgetretenen Bauernstiefeln, ein echtes Vincentsches Motiv, höchst sachlich gemalt. Die Wärme ist just in der handwerkerhaften Sachlichkeit. Um Gottes willen keine lächelnden oder traurigen Stiefel, gar keine genrehafte Symbolik. Alles das wäre kalt. Van Gogh liebte solche derbe ausgetretene Dinge, weil sie ausgetreten sind. Es ist ihm nie eingefallen, seinen Menschen andere Art von Gesichtern geben zu wollen. Er behielt als Maler von dem Gottsucher. Gotisches Flechtwerk ist in seinen Stiefeln und macht sie zu Reliquien. Geschwungene Hände inbrünstiger Beter sind seine Bäume, und sein Arles hat von den flachsenen Köpfen sonntäglicher Bauern im Norden. Jedes Bild ist eine Kirchweih.

Ruhmreiche Entwicklungen laufen in van Gogh zu Ende. Er ist Schlußstein Alt-Hollands, das er von der schwächenden Grübelei der Israels und Mauve befreit; Jünger Daumiers, dessen Schwung den seinen vertiefte, dessen Barock er in die Gegenwart trägt; Verwandter Millets, den er größer macht; Schüler der Monet und Pissarro, deren Erbe er rettet. Er steht am Ende, möchte an einen Anfang. Ein Primitiver gegen die zerstückte Welt, primitiv in allem, was er vom Leben fordert, duldsam, unendlich bescheiden, nur nicht, wo es seine Anstrengung gilt. Dieser Primitive hat hellen Intellekt und entgeht dem Outsidertum voreiliger Verzichter. Er kämpft nicht gegen die Gegenwart. Wie sollte er? Er liebt sie, da sie ihm die Kunst gab. Er schleppt keine Gotik verschollener Zeiten herbei. Er weiß nichts von verschollenen Zeiten. Die Minute der Gegenwart reicht ihm die Mittel des Kampfes, und seine Gotik ist nur der vereinfachende Trieb robuster Männlichkeit. Sein Gehäuse ist klein, muß klein sein. Künstler hat kein Land, und seinen Herd führt er im Kopfe. Aber in das Gehäuse trägt der Enthusiasmus des Unsteten alles Gegenwärtige herbei, reißt es herbei, das Beste Europas und die Crepons Ostasiens, Monticelli und Rembrandt, die neue Lehre von Farben und Flächen, Delacroix und Seurat. Das einzelne wird nicht vorsichtig durchlebt noch mit sanfter Hand geschichtet. Auch dies ist modernes Schicksal: alles fehlt ihm, am dringendsten die Zeit. Die Not zwingt den Autodidakten zu eiliger Improvisation, und die Eile wird Stilbildner wie bei uns allen. Gekringel kleiner verbogener Kreise, Schraffierungen von kurzen oder längeren, geraden und krummen Strichen sind die Zeichnung, deren letzte Vollendung das Schema des Kindes erreicht. Ein paar starke Farben geben die schematische Palette. Die Einfalt japanischer Holzschneider reinigt sich von aller Ziererei. Fern ist jeder Stolz auf persönliche Mittel. Als brauchte die Heftigkeit der überfallenden Empfindung, um den Empfinder nicht zu zerschmettern, diesen im Dunkel greifbaren Apparat; als zieme dem Gläubigen, der sich hingibt, nur diese Kleidung der Demut. Man soll das Gekringel, das Leuchten nachmachen können. Ein Kind macht es nach. Es ist für alle da. Einmal glaubten wir alle, ihm nachmachen zu müssen, auch wir, die nicht malten; glaubten, in dieser Demut und Einfalt, in diesem Glauben Rettung zu finden. Er brachte uns von einer Seite, was Dostojewski von vielen brachte, stand uns womöglich noch näher.

Van Gogh ist aktuell. Man sieht keine Ackerscholle, ohne seiner zu denken, keinen Bauer auf dem Acker, keinen Arbeiter, der die Arbeit mit seinen Gliedern macht. Man denkt an ihn bei den meisten Künstlern des Tages. Ein Stück van Gogh steckt in vielen typischen Zuckungen der jungen Generation. Nur in seiner hingerissenen Form vermag man die Mitgift der Vergangenheit, die er retten wollte, zu empfangen, wenn man überhaupt empfängt. (Lieber begnügt man sich mit seiner Eile und läßt das von ihm Zusammengeraffte weg.) Ein Stück van Goghschen Schicksals erhebt und bedrückt jeden geistigen Arbeiter unserer Zeit. Jeder Mensch, der heute mit dem Leben ringt, spürt etwas von seiner Spannung. Soweit sich unsere zerrinnende Zeit überhaupt noch in der Gestalt eines Künstlers zu erkennen, mit der Anschauung eines Künstlers zu identifizieren vermag, wird sie sich in guten Augenblicken mit van Gogh eins fühlen.

Diese Aktualität gehört zum Schicksal des Künstlers, der Mühe hatte, Kameraden zu finden, die seine Bilder geschenkt anzunehmen bereit waren, und zu dem Schicksal des Menschen, der mit einem immer heller brennenden Licht in der Hand die Welt nach Gleichgesinnten durchsuchte und schließlich selbst von der vergeblichen Flamme verzehrt wurde. Die Aktualität begrenzt ihn. Tragische Ironie, daß selbst das Herz eines Christus für die Forderungen unserer Kunst zu klein ist, daß eine so reine, so ungehemmte Hingabe – wie anders leuchtet sie als Tolstois Askese! – nicht den selbstischen Dämon der Delacroix ersetzt! Die Leidenschaft seiner Sehnsucht entriß dem Sucher die Reserve, die dem Genie erlaubt, über den Zeiten zu bleiben. Was bedeutet für Cézanne, mit dem er sich in den Einfluß auf die Gegenwart teilt, dieser Einfluß, das Stück Palette und Gerüst, das auf die vermeintlichen Nachfolger wirkte? Unter hundert Cézanne-Epigonen hänge einen echten Cézanne, und die anderen verschwinden spurlos, als hätten sie einen ganz anderen Menschen vor sich gesehen. Auch van Gogh haben die Nachfolger nicht erreicht, aber man ahnt, sie könnten eines Tages dahin kommen oder hätten dahin kommen können. Nicht das Gekringel allein erscheint erreichbar; auch das, was als Sonderheit aus seiner Norm herausfällt, was als letzte Glut, letzte Höhe unerschöpflich, unnachahmlich sein müßte. Er hat nicht die Rundheit Renoirs, geschweige den Kosmos der Delacroix und Marées. Es gelang ihm die Fortsetzung einer Richtung. Er tauchte den Impressionismus der späteren Manet und Monet und ihres duldsamen Anhangs in ein härtendes Bad. Wird das immer so wichtig erscheinen wie der Gegenwart? Es geht uns heute schon viel weniger an als vor zwanzig Jahren. Immer noch ist das Bild von Arles ein Trank von berauschender Würze. Man kann ihn nie schnell genug zum Mund führen, aber er gehört zu den Genüssen, die einmal ausgetrunken werden. Nie wird man mit dem Doppelklang Antike und Rembrandt in unserem Marées fertig, nie mit dem Poussin in Cézanne, nie mit dem Raffael in Delacroix, mit dem Renoir in Greco, mit der Statue in Renoir. Es sind undurchdringliche Bildungen. Das Ornament an der Oberfläche ist nur ein zufälliger Querschnitt durch ein Geäder, das sich in alle Tiefen fortsetzt und dort erst die ganze Wirksamkeit offenbart. Van Gogh ist kein Wunder. Das Schöne, daß er es nie sein wollte, daß nicht die Spur einer Fiktion seine Einsicht in seine Grenzen trübte, daß seine Demut keins der hohen Rechte seines Verdienstes in Anspruch nahm. Seine Kunst sollte Brot und Wasser sein. Ein Handwerker von alter Holzschnitzerart stand ihr vor, und keiner der Alten hat das Werk mit reinerem Gewissen betrieben. Vollendungen aller Art gab der arbeitsheiße Tag, nur nicht die Verwandlung von Wasser und Brot in den Heiligen Geist. Das Wunder hinderte der unverrückbare Umstand, daß es heute keine Gemeinde von Armen und Einfältigen gibt, der mit Kunst gedient wäre. Der geringste Anspruch barmender Menschenliebe führt in die Enge. Auch diesen Germanen, so schlagend sein Augenblick scheint, so sicher er die Bresche der Zeit erkannte, so kühn er hineinsprang und sich, ein rastloser Sebastian, den tausend Pfeilen hinhielt, auch ihn trifft das Schicksal, zu spät gekommen zu sein. Sein Zug in den Süden wiederholt uralte Irrfahrten mit neuem Gepäck. Das Japan, das er in der Sonne zu finden glaubt, für das er sein Werkzeug bereit hat, ein Japan ohne China, ist zu klein, und dahinter liegt auf unzugänglichem Felsen die südliche Burg des alten Europas. Japan und Antike sind keine Äquivalente. In die Erde griechischer Kolonisten braucht ein Erbe wie Maillol nur gedankenlos die Hände zu wühlen, um neue Götterbilder zu finden, Standbilder gegen die drohende Zeit. Keine nordische Inbrunst, kein nordischer Gedanke, kein nordisches Geständnis schafft die Schule des Südens. Bauerneinfalt und Antike sind keine Äquivalente. Der Gotik van Goghs bleibt das ganz gesicherte Eiland verwehrt. Die Vision erhitzt sich im Süden, schnellt aus eng bemessenem Feld zu zerklüftet empor, zu spitz, als daß sie nicht in Gefahr geriete, von plumpen Händen abgebrochen und irgendwo als geiler Zierat verwendet zu werden. Sicher lag nichts dem Instinkt van Goghs ferner als der Ausgang ins Kunstgewerbe. Nie kam ein Stil tiefer aus dem Gefühl des Bekenners, war inniger mit dem Erlebnis verwachsen. Trotzdem befruchtet er das Kunstgewerbe in der Malerei stärker als die Kunst. (*Nota bene:* van de Velde wurde von der Handschrift van Goghs zu seiner viel berufenen Ornamentik angeregt.) Man könnte sich vorstellen, die Stürme der Erregung, die den Menschen höhlten, hätten alles Visionäre in die äußerste Oberfläche geschleudert und ihm und seinem Ornament den Schutz verborgener Tiefen entzogen. Die Malerei hat ihm die Eingeweide aus dem Leibe gerissen. Es ist billig, das Gebaren unklassisch zu finden. Wo Blut fließt, sagt der Volksmund, hört die Diskussion über Stilfragen und dergleichen auf.

Wirklich? – Dann, Volksmund, erspare uns lieber, Blut zu sehen! –

Fühlloses, ästhetisches Tier, was hast du in den Adern? Hat sich dieser Mensch nicht für sein Bekenntnis zur Menschheit kreuzigen lassen?

Ja, er ließ sich kreuzigen, der Mensch, der Mensch, für das Bekenntnis des Menschen. Also war seine Kunst zu klein, da sie ihm nicht Platz für das Leben ließ. Also war seine Vision – wir sehen sie leuchten – zu schwach, auf zu wenig Farben gestellt, die Einfalt zu einfach, um ihn da festzuhalten, wo Menschen nicht gekreuzigt werden. Was wißt ihr von der Kunst, gefühllose Menschentiere, wenn ihr in ihrer Nähe von Kreuz zu reden wagt! – Er selbst tat es nie. Seine Kunst ist reines Brot und Wasser, und es wäre ihm Erniedrigung gewesen, hätte einer sie Kreuz genannt.

Deshalb soll sich keiner auf seine Enge berufen, wo er verbrannte, nur auf das Feuer, das ihn brennen ließ. Es ist kein Zweiter seitdem in seinem Süden gewesen und hat das Mobiliar des gelben Hauses zu ergänzen gesucht. Keiner hat die Heiligenbilder gemalt, an deren Stelle er die Kohlköpfe nahm, fürchtend, die Erregung für Heiligenbilder könnte zu stark für ihn sein, nicht ahnend, daß für Heiligenbilder seine Erregung zu schwach war. Dagegen haben die Maler von ihm die Erlaubnis genommen, in Farben zu winseln und ihre Verzweiflung über die Welt in stumpfe Gefäße zu schreien. Wohl haben sich die düsteren Anlässe seitdem nicht gemindert. Der Riß durch die Welt, den keiner deutlicher als Vincent merkte, nicht nur verstandesmäßig merkte, sondern in allen Sinnen spürte, den er um jeden Preis schließen wollte und mit jedem Strich vergrößerte, wurde Abgrund, und die Künstler, der letzte Schutz der Welt, verzichten. Der Tumult ist größer geworden, als er je in Vincents wildesten Gemälden war. Das Leuchten um die Ekstase aber hat abgenommen.

Gelingt es je, der Menschheit das Leuchten zurückzugewinnen, wird man es schwerlich an Bildern van Goghs lernen. Dafür bedarf es gelassenerer Verkünder, von größerem Umfang und geringerer Aktualität. Sind es von Asien begeisterte Erfinder, müssen sie ein China hinter sich haben.

Aber wenn einst sein mutiger Eingriff in die Malerei verblassen sollte, wenn seine Gestalten, seine Ebenen, seine Himmel fühlende Menschen nicht mehr zu erschüttern vermöchten: Eins bleibt von ihm, sein Heldentum. Die Geschichte seines Lebens ist bestimmt, eine neue Art von Legenden zu bilden, die einzige, die uns übrigbleibt, die Legende von dem Sämann, der Menschen machen wollte. – Dies ist kein Kunstgewerbe.

So kann die Zeit mit seinem Leben das letzte Stück der Verewigung nachholen, das seine ungestüme Not dem Werke seiner Hände vorenthielt.

Und damit holt sie etwas von den anderen Versäumtes nach. Was haben die Delacroix und Corot mit dem ungeheuren Umfang ihres Schaffens, mit der Tiefe ihrer Visionen erreicht? Sie sind ins Museum gekommen. Was nützte Cézanne sein zuweilen umstürzender Haß auf den Louvre? Er konnte sich der Ehre nicht erwehren. Was half Renoir der Ruf nach der kooperativen Schöpfung, die er so gut wie ein Rubens befruchten konnte? Er ist nichtsdestoweniger eine der Säulen mehr, die man im Museum und nur im Museum bewundert. Nichts ist von allen übriggeblieben, außer dem Platz in dem gläsernen Haus. Ihr Leben selbst mit Frau und Kind ist Farbe geworden.

Dieser Eine hat widerstanden. Wohl sind auch seine Bilder in das Museum gewandert. Von dem Menschen aber ist ein Stück übriggeblieben, eine Legende.

Die Legendenbildung zu fördern ist der Zweck des Buches Vincent. Denn nichts ist uns nötiger als neue Symbole, Legenden eines Menschentums aus unseren Lenden.

VINCENT VAN GOGH
LEBENSDATEN

1853 Van Gogh wird am 30. März 1853 als ältester Sohn des Pfarrers Theodorus van Gogh und dessen Frau Anna Cornelia Carbentus in Groot-Zundert in Nord-Brabant geboren.

1869 Lehrzeit in der Kunsthandlung seines Oheims Vincent van Gogh in Den Haag, einer Filiale der Pariser Firma Goupil & Co.

1873 Für Goupil in London und später in Paris tätig. Erste künstlerische Arbeiten.

1876 Beendigung seiner Tätigkeit als Kunsthändler. Als Hilfsprediger in Isleworth.

1877 Beginn des Theologiestudiums in Amsterdam.

1878 Missionstätigkeit im Borinage und Wasmer.

1879 Entlassung aus dem Missionsdienst nach einem Zerwürfnis mit dem Kirchenrat.

1885 Besuch der Akademie in Antwerpen.

1886 Übersiedlung nach Paris, wo sein Bruder Theo eine Filiale der Kunsthandlung Goupil leitete. Durch ihn kam er hier erstmals in Berührung mit Werken der Impressionisten und Neoimpressionisten.
Freundschaft mit Paul Gauguin.

1888 Mit Unterstützung seines Bruders und Mentors Theo wird ihm die Übersiedlung nach Arles ermöglicht. Erst hier findet van Gogh, nach ersten künstlerischen Versuchen der Pariser Zeit, aus der sich nur wenig erhalten hat, zu seinem eigenen malerischen Stil. Die Stadt und Umgebung von Arles sollten in der Folgezeit die Motive seiner Bilder bestimmen.
Im Herbst dieses Jahres folgt auf nachhaltiges Drängen van Goghs Paul Gauguin dem Freund nach Arles, um in einer Wohn- und Arbeitsgemeinschaft den von van Gogh postulierten Prinzipien einer freien, kreativen Gemeinschaft zu leben.
Am Ende dieses Jahres kommt es zu einer ersten Nervenkrise, in deren Verlauf van Gogh sich selbst ein Ohr abschneidet und Gauguin tätlich bedroht.

1889 Wiederholte Anfälle machen eine Internierung in einer Heilanstalt notwendig. Auch in der Anstalt des Dr. Peyron in St. Rémy ist van Gogh weiterhin künstlerisch tätig.

1899 Entlassung und Übersiedlung nach Auvers-sur-Oise.
Am 27. Juli begeht van Gogh einen Selbstmordversuch, dem er zwei Tage später erliegt.

JULIUS MEIER-GRAEFE
LEBENSDATEN

1867 Am 10. Juni wird Julius Meier-Graefe in Resitza als Sohn des Ingenieurs Eduard Meier und Marie Graefe geboren.
Kindheit im Rheinland und in Westfalen.

1886 Abitur in Gleiwitz.

1887 Volontär in einer Maschinenfabrik in Wetter an der Ruhr.

1888 Studienjahr in München.

1889 Ein Semester in Zürich und Lüttich. Erste dichterische Arbeiten und Abkehr vom ursprünglichen Berufsbild des Ingenieurs.

1890 Übersiedlung nach Berlin. Vorlesungsbesuche bei Herman Grimm, Treitschke und Simmel. Seine erste Novelle »Ein Abend bei Laura« erscheint.

1893 Erscheinen seines ersten Romans »Nach Norden«. Freundschaft mit Bierbaum, Strindberg und Munch.

1894 Gründung des »PAN«. Reisen nach Paris und London.

1895 Erscheinen des Romans »Fürst Lichtenarm« und »Der Prinz«. Ausscheiden aus der Redaktion des »PAN« und Übersiedlung nach Paris.

1899 Gründung der »Maison Moderne« in Paris. Reisen nach Italien und England.

1900 Beginn der Arbeit an der »Entwicklungsgeschichte der modernen Kunst«.

1903 Erscheint die »Entwicklungsgeschichte . . .« in Stuttgart.

1904 Reisen in Skandinavien und Deutschland.

1905 Der »Fall Böcklin«. Freundschaft mit Rudolf Alexander Schröder, mit dem er gemeinsam die Berliner Wohnung teilt.

1906 Deutsche Jahrhundert-Ausstellung in der National-Galerie in Berlin. Erscheinen der Studie »Der junge Menzel«.
Reisen nach Rom und Neapel und Arbeit am Marées-Werk.

1907 Erscheint sein Drama »Adam und Eva«.

1908 Reise in Spanien. »Die Großen Engländer«. Marées-Ausstellung in München.

1911 Reisen in Italien und Frankreich.

1914 Im Krieg im Verwundetentransport tätig.

1915 In Gefangenschaft in Rußland.

1917 Übersiedlung nach Dresden.

1921 Rückkehr nach Berlin.

1923 Reisen in Spanien und Italien.

1925 Beginn seiner Mitarbeit bei der »Frankfurter Zeitung«.
Reisen nach Ägypten, Griechenland und Palästina.

1926 »Dostojewski«.

1935 Am 5. Juni stirbt Meier-Graefe in Vevey.

Abbildungen

I. *Schuhe*, 1888

II. *Blühende Obstbäume*, 1888

III. *Stilleben mit Kaffeekanne*, 1888

IV. *Zimmer van Goghs in Arles*, 1888

V. *Postbote Joseph Roulin*, 1889

VI. *Selbstbildnis*, 1889

VII. *Sternhelle Nacht*, 1889

VIII. *Kornfeld mit Krähen*, 1890

TEXT- UND BILDNACHWEISE

Der Text folgt der Ausgabe: Vincent. Von Julius Meier-Graefe. R. Piper & Co. Verlag, München 1925.

Schwarzweiß-Abbildungen

1. *In der Kirche*, 1881-82
2. *Schüssel mit Kartoffeln*, 1887-88
3. *Kartoffelschälerin*, 1885
4. *Selbstbildnis*, 1886-87
5. *Bücklinge*, 1886
6. *Liegende*, 1886
7. *Restaurant*, 1886
8. *Père Tanguy*, 1887
9. *Die Ebene von Arles*, 1888
10. *Boote in Saintes-Maries*, 1888
11. *Mont-Majour*, 1888
12. *Landschaft mit Windmühle*, 1888-89
13. *Der blaue Karren*, 1888
14. *»Arlésienne«*, 1888-89
15. *Café in Arles*, 1888-89
16. *Getreidefeld und Zypressen*, 1888
17. *Der Sämann*, 1888
18. *Straße in Arles*, 1890
19. *Selbstbildnis mit der Widmung an Gaugin*, 1889
20. *»Italienerin«*, 1888
21. *Irrenhaus St. Remy*, 1888-90
22. *Der Schnitter*, 1889-90
23. *Der barmherzige Samariter*, 1890
24. *Dr. Gachet*, 1890
25. *Mutter mit Kind (Frau Roulin)*, 1889
26. *Mairie in Auvers. »La Quatorze juillet«*, 1890

Die Schwarzweiß-Abbildungen wurden dem Band entnommen: Julius Meier-Graefe, Vincent. Zweiter Band. R. Piper & Co. Verlag, München o. J.

Farbtafeln

I. *Schuhe*, 1888.
Öl auf Leinwand, 44×53 cm.
Privatsammlung, USA

II. *Blühende Obstbäume*, 1888.
Öl auf Leinwand, 72×58 cm.
Privatsammlung, Schweiz

III. *Stilleben mit Kaffeekanne*, 1888.
Öl auf Leinwand, 65×81 cm.
Privatsammlung, Lausanne

IV. *Zimmer van Goghs in Arles*, 1888.
Öl auf Leinwand, 72×90 cm.
Rijksmuseum Vincent van Gogh, Amsterdam

V. Postbote Joseph Roulin, 1889.
Öl auf Leinwand, 64×54,5 cm.
Privatsammlung

VI. Selbstbildnis, 1889.
Öl auf Leinwand, 60×49 cm.
Courtauld Institute Galleries, London

VII. *Sternhelle Nacht*, 1889.
Öl auf Leinwand, 73×92 cm.
Museum of Modern Art, New York

VIII. *Kornfeld mit Krähen*, 1890.
Öl auf Leinwand, 50,5×100,5 cm.
Rijksmuseum Vincent van Gogh, Amsterdam

Umschlagabbildung: *Sonnenblumen*, 1888. Öl auf Leinwand, 91×72 cm.
Bayerische Staatsgemäldesammlungen, München

Inhalt